UM SÉCULO
DE HISTÓRIAS

UM SÉCULO DE HISTÓRIAS

O BRASIL E O MUNDO PELOS OLHOS DO MAIOR JORNAL DO PAÍS

GLOBOLIVROS

Copyright © 2025 by Editora Globo S.A. para a presente edição
Copyright © 2025 by O Globo

Todos os direitos reservados. Nenhuma parte desta edição pode ser utilizada ou reproduzida — em qualquer meio ou forma, seja mecânico ou eletrônico, fotocópia, gravação etc. — nem apropriada ou estocada em sistema de banco de dados sem a expressa autorização da editora.

Texto fixado conforme as regras do Acordo Ortográfico da Língua Portuguesa
(Decreto Legislativo nº 54, de 1995)

Editora responsável: Amanda Orlando
Editora de produção: Viviane Rodrigues
Editor-assistente: Rodrigo Ramos
Curadoria: Míriam Leitão
Organização: André Miranda e Mànya Millen
Consultoria editorial: Silvia Fiuza
Pesquisa: Luciana Barbio Medeiros e Paulo Luiz Carneiro
Acervo: Centro de Documentação e Informação da Editora Globo
Revisão: Bruna Brezolini e José Figueiredo
Diagramação: Abreu's System
Capa: Alvim
Imagens do verso de capa: Acervo O GLOBO e Roberto Moreyra

1ª edição, 2025

CIP-BRASIL. CATALOGAÇÃO NA PUBLICAÇÃO
SINDICATO NACIONAL DOS EDITORES DE LIVROS, RJ

S452

Um século de histórias: o Brasil e o mundo pelos olhos do maior jornal do país / [curadoria Míriam Leitão; organização André Miranda, Mànya Millen]. — 1. ed. — Rio de Janeiro: Globo Livros, 2025.
304 p. ; 23 cm.

ISBN: 978-65-5987-274-9

1. O Globo (Jornal) — História. 2. Jornalismo — Brasil — História. 3. Imprensa brasileira — História. I. Leitão, Míriam. II. Miranda, André. III. Millen, Mànya.

25-98171.0   CDD: 079.81
                   CDU: 070(81)

Gabriela Faray Ferreira Lopes — Bibliotecária — CRB-7/6643

Direitos exclusivos de edição em língua portuguesa para o Brasil adquiridos por Editora Globo S.A.
Rua Marquês de Pombal, 25 — 20230-240 — Rio de Janeiro — RJ
www.globolivros.com.br

Sumário

PREFÁCIO: A alma de um jornal, Alan Gripp 7

O Brasil onde O GLOBO fez sua jornada, Míriam Leitão 11

A Cidade Maravilhosa, Lauro Jardim 39

Um jornal de todas as famílias, Cora Rónai 57

O Bonequinho viu, a Barbara criticou, o Aquarius uniu,
Arthur Dapieve 95

As vistas para o meio ambiente, Agostinho Vieira 119

O jornal vai à guerra, Ascânio Seleme 145

A nossa Seleção, Toninho Nascimento 173

Carnaval: o maior espetáculo do GLOBO, Flávia Oliveira 205

Do linotipo à inteligência artificial, Pedro Doria 225

Os amigos das colunas, Ancelmo Gois 249

À luz da história, Merval Pereira 273

Prefácio

A alma de um jornal

Alan Gripp

Casou-se aos 75 com o amor da juventude. Tocava violão para os netos dormirem. Era motorista de ambulância havia trinta anos. Ajudava a vizinhança com receitas de família. Nunca faltou ao trabalho em quarenta anos. Cuidava dos filhos sozinha desde os 20. Gostava de dançar bolero aos domingos. Levava flores para a esposa toda sexta.

Frases curtas como essas, notas delicadas de despedida, estamparam a capa do GLOBO em 10 de maio de 2020. O Brasil alcançava a marca de 10 mil mortos pela Covid-19 e exibir pequenos epitáfios na primeira página foi a forma encontrada pelo jornal para destacar as histórias por trás dos números. Pequenos fragmentos, feitos de afeto, rotina e sonhos, que definiam de maneira simples as vidas interrompidas.

A iniciativa, que mais tarde serviu de inspiração para o *New York Times* homenagear as vítimas da mesma pandemia nos Estados Unidos, não foi um acaso na trajetória do GLOBO. O jornal, fundado em 29 de julho de 1925 por Irineu Marinho, nasceu para mostrar que números não são apenas números.

E também que o carnaval não é apenas uma festa popular, que o Maracanã não é apenas um estádio de futebol, que o Rio de Janeiro não é apenas uma cidade, que a bossa-nova não é apenas um estilo musical e que o jornalismo não se limita a uma simples exposição de fatos.

É assim há cem anos, e este livro procura mostrar como gerações de profissionais trabalham para cumprir a missão traçada por Irineu. Os onze textos que você encontrará neste exemplar, escritos por jornalistas que ajudaram a moldar a personalidade do jornal, revelam como O GLOBO retratou de forma única os fatos que marcaram o Brasil e o mundo no período.

Existem muitas formas de documentar a trajetória de um jornal. Quando começamos a trabalhar neste projeto, buscamos evitar o caminho biográfico tradicional, cronológico. Surgiu então a ideia de convidar jornalistas que viveram a Redação por dentro (alguns ainda vivem) para contar, a partir de uma ampla pesquisa e de sua própria experiência, como grandes temas do país e do mundo foram tratados pelo GLOBO.

O resultado é um documento com diversidade de estilos e narrativas que fará o leitor viajar pela História do Brasil de uma forma diferente. A História pelas lentes de um jornal com personalidade única, vibrante, com um jeito próprio de relatar os fatos, muitas vezes com um sarcasmo admirado por seus concorrentes, mas que, acima de tudo, nunca se contentou em apenas empilhar notícias.

Termino este projeto convencido de que só O GLOBO, liderado por Roberto Marinho, poderia enviar uma edição do jornal para o front da Segunda Guerra Mundial, levando notícias e mensagens de familiares aos pracinhas da Força Expedicionária Brasileira (FEB). Só O GLOBO poderia acreditar na ideia de que multidões populares lotariam parques do Rio para assistir a concertos de música clássica. Parecia um delírio — e foi! Só O GLOBO poderia criar um bonequinho de traço minimalista para guiar os leitores pela programação de cinema. O nosso Bonequinho, com B maiúsculo, o mais antigo "funcionário" do GLOBO, como bem definiu Arthur Dapieve em seu texto.

Um século de histórias não é destinado apenas a jornalistas. O conjunto de textos a seguir traz bastidores saborosos do funcionamento da Redação; a história de grandes furos que sacudiram a política e a economia; e a contribuição de alguns de seus grandes nomes, como Nelson Rodrigues, Ibrahim Sued e Evandro Carlos de Andrade, este o diretor de Redação responsável por levar O GLOBO ao panteão dos jornais brasileiros.

Analisamos ainda a evolução dos artigos de opinião do GLOBO, de forma corajosa, com seus erros e acertos, e uma coerência histórica na defesa do desenvolvimento econômico brasileiro.

Este livro revela como O GLOBO retratou o Brasil virando Brasil, na definição de Míriam Leitão, que conduziu brilhantemente a curadoria dos textos. De um esboço de país, em 1925, ao que virou hoje, com incontáveis crises políticas e econômicas, períodos ditatoriais, cinco Constituições, dois impeachments de presidentes e uma gigantesca transformação comportamental, cultural, esportiva e tecnológica que só o tempo histórico permite compreender.

Para nós, do GLOBO, um emocionante exercício de autoconhecimento. Para o Brasil, um documento histórico.

Boa leitura.

Alan Gripp é o décimo diretor de Redação do GLOBO e ocupa o cargo desde 2017, seguindo a tradição de Irineu Marinho (1925), Eurycles de Mattos (1925-1931), Roberto Marinho (1931-1966), Moacyr Padilha (1966-1971), Evandro Carlos de Andrade (1971-1995), Merval Pereira (1995-2001), Ali Kamel (2001, como diretor-executivo) Rodolfo Fernandes (2001-2011) e Ascânio Seleme (2011-2017).

O Brasil onde O GLOBO fez sua jornada

Míriam Leitão

O GLOBO nasceu no fim de uma era. Como todo período de transição, foi um tempo tumultuado. A Primeira República chegava aos seus últimos anos num Brasil convulsionado por conflitos das oligarquias regionais com o governo central, levantes políticos e rebeliões militares. No interior do país, avançava a Coluna Prestes com a estratégia da "guerra em movimento". Os quartéis estavam inquietos, o mundo das artes vivia uma revolução criativa. A economia estava mudando com o enfraquecimento do produto agrícola e o avanço da indústria. O presidente Artur Bernardes governava com mão de ferro um país que lhe escapava pelos dedos. O estado de sítio cerceava as liberdades, censurava a imprensa e enchia as prisões de adversários políticos. O PIB terminou o ano de 1925 com crescimento zero, resultado de uma alta de 1,1% do produto industrial e queda de 3,2% do produto agrícola.

"O jornal nasceu quando começava a agonia, o crepúsculo da República Velha, por isso 1925 é justamente o ano em que todas as contradições estão claras", diz o embaixador e historiador Rubens Ricupero.

Os fatos dos anos anteriores mostravam mesmo um país em transição em várias áreas.

"Indo um pouco para trás, o ano de 1922 viu nascer o Tenentismo, com o levante dos 18 do Forte de Copacabana, ao mesmo tempo em que houve o grande marco da revolução estética e literária, o Modernismo. O Tenentismo é o precursor da Coluna Prestes e da Revolução de 1924, em São Paulo. O GLOBO surge quando o primeiro regime político da República estava prestes a entrar em ebulição. É o começo do nascimento do Brasil moderno", completa o embaixador.

Imagine o que os atuais consultores diriam ao jornalista Irineu Marinho. Instabilidade política e crise econômica não recomendam um novo empreendimento. Ainda mais na área da comunicação. A lei de imprensa, de 1923, era conhecida como "lei infame", segundo o historiador Edgard Carone, e com essa arma legal "o governo pode, então, controlar os meios de informação". Irineu Marinho conta na primeira nota da coluna "Écos", na página dois da edição inaugural do GLOBO, que a nova empresa nascia com recursos próprios, como "garantia de independência". O preço do exemplar avulso era "100 réis em todo o Brasil". Na verdade, segundo o economista Gustavo Franco, o padrão monetário da época era mil-réis. "O réis virou moeda divisionária de mil-réis. Era como o nosso corte de zeros." Por muito tempo aquele preço ficou fixo. E a moeda só mudaria em 1942, quando passou a se chamar cruzeiro.

Irineu Marinho, com 49 anos na época da fundação do jornal, era jornalista desde os quinze. Entrou nessa empreitada como um experiente empresário do ramo. Em 1911, ele fundou *A Noite*, jornal que está na raiz do movimento de renovação da imprensa, com a chegada dos repórteres profissionais. A historiadora e socióloga Maria Alice Rezende de Carvalho escreveu no livro *Irineu Marinho: imprensa e cidade* que "Irineu Marinho teve trajetória afortunada como empresário, mas politicamente atribulada. Foi perseguido por Hermes da Fonseca, preso por Epitácio Pessoa e partiu para o autoexílio sob a presidência de Artur Bernardes. Defensor de um projeto de nação mais inclusivo, acompanhou os estratos médios urbanos em seus anseios por uma república antioligárquica".

Em reação a uma manobra que o tornaria sócio minoritário do jornal que fundara, Irineu volta ao país, abandona *A Noite* e, em apenas quatro meses, funda O GLOBO, com nome escolhido em consulta popular. Usa para imprimi-lo uma rotativa Marinoni que pertencera ao Exército Britânico, mas que fora comprada pelos editores do jornal *A Nação*, do Partido Comunista Brasileiro.

O novo jornal nasceu com linha editorial de oposição ao governo Bernardes e deixou isso claro. Na segunda-feira, 15 de novembro de 1926, O GLOBO saiu com uma edição especial de oito páginas toda dedicada a criticar Bernardes. Era o último dia daquela administração, por isso o jornal quis registrar o que chamou de um "apontamento para a História". Na primeira página, no lado esquerdo, vinha o editorial "O uso e o abuso da censura". Ao fim das oito páginas, em destaque, o jornal lembra que aquele foi "o mais longo sítio de que se tem memória" e registra a esperança de que no governo Washington Luís "nos sejam devolvidas as conquistas liberais, usurpadas por um ensaio rude de ditadura".

O historiador Boris Fausto iria descrever aquele tempo assim no livro *A Revolução de 1930*: "O sistema começa a apresentar sinais inquietantes de desequilíbrio, nos primeiros anos da década de 1920 que se revelam no inconformismo das classes médias e sobretudo nas revoltas tenentistas". O economista Winston Fritsch escreveu no livro *A ordem do progresso*, organizado por Marcelo de Paiva Abreu: "Este é um dos poucos períodos da História republicana onde uma sucessão de crises econômicas esgarça o tecido político além da sua possibilidade de resistência, ensejando ao longo dos anos 1930, não só um profundo redesenho de suas políticas econômicas, como das formas de organização do Estado".

O GLOBO iniciou sua jornada nesse país instável, turbulento e em mutação. Do ponto de vista interno, a empresa sofreu um trauma, aos 24 dias de vida, com a morte de seu fundador, Irineu Marinho. O filho mais velho do jornalista, Roberto, tinha apenas vinte anos. Sinceramente, que probabilidade tinha essa empresa de chegar aos cem anos? Perguntei a um programa de inteligência artificial, sem citar a que jornal me referia, e a resposta foi que seria muito baixa a probabilidade de permanência, porque o contexto era muito "adverso", e a perda precoce da liderança tornava a sobrevivência do jornal ainda mais "desafiadora". Estimou a probabilidade de a empresa sobreviver por cem anos sob tais condições entre 1% e 5%. E citou O GLOBO como um dos exemplos para avaliar que havia alguma possibilidade de sucesso.

O programa de inteligência artificial diz o que sabemos, que a maioria dos jornais do século passado não sobreviveu nem mesmo às primeiras décadas. E acrescenta que, para aumentar as chances, o jornal teria de ter uma visão inovadora e uma capacidade de adaptação aos novos formatos e tecnologia. O segredo seria atender a uma "lacuna de mercado" e ter o foco em "temas populares e comunidades específicas". Foi esse o caminho seguido.

Ao longo de um século, O GLOBO retratou o Brasil virando Brasil. Daquele esboço que era o país em 1925, ele virou o que é hoje, mudando ao longo de todos esses anos na economia, na política, na demografia, na ocupação do território, passando por crises econômicas, rupturas políticas, ciclos autoritários, cinco Constituições e revoluções comportamentais. O jornal fez sua história num país que nunca parou de mudar e numa área, a comunicação, que passou por uma profunda revolução tecnológica. Do tipo móvel de Gutenberg, no século xv, os jornais haviam avançado para a impressão rotativa e para a linotipia, naquele começo do século xx, saltando em seguida para a impressão em offset. Décadas depois, as mudanças tecnológicas se aceleraram e atingiram velocidade exponencial na era digital.

O GLOBO foi fundado na maior cidade do Brasil, a única que tinha mais de um milhão de habitantes em 1925. Edgard Carone registra que o Distrito Federal, ou seja, o Rio, tinha, em 1920, 1,2 milhão de habitantes. São Paulo, a segunda maior cidade, tinha 587 mil. No país como um todo, o recenseamento de 1920 registra 30,6 milhões de brasileiros. Vinte anos depois, 40 milhões de pessoas. Não houve censo em 1930, conta a demógrafa Ana Amélia Camarano. "Houve censo em 1920, depois só em 1940. A partir daí passou a haver o censo regular, por isso 1940 é considerado o começo dos censos modernos."

Em 1925, o Brasil era um país no qual a escravidão acabara havia apenas 37 anos e que estava encerrando um período de imigração europeia, principalmente italiana. Nas décadas seguintes, passaria por uma vasta migração interna dentro do imenso território brasileiro. O último censo antes do nascimento do jornal mostrou um país no qual a expectativa de vida era de 32 anos. No censo de 1940, pouco havia mudado. A expectativa de vida era de 36,7 anos. A mortalidade infantil em 1920 era de assombrosos

162,4 por mil. Em 1940, de cada mil crianças nascidas, 154 não completavam o primeiro aniversário. Não houve o registro de urbanização, mas a maioria absoluta da população era rural, e a taxa de analfabetismo era, segundo Ana Amélia Camarano, de 71,2%. A economia na década em que o jornal foi criado ainda era predominantemente agrária, mas estava mudando. Em 1928, segundo Carone, pela primeira vez o total do valor da produção industrial chegou ao nível do agrícola.

Um novo teste para a sobrevivência da empresa aconteceria ainda na sua primeira infância: o *crash* da Bolsa de Nova York. "Após um breve interlúdio de estabilidade, o país recebe o impacto avassalador da crise internacional de 1929, complicado aqui pela superprodução do café, que amplifica enormemente os efeitos negativos generalizados da Grande Depressão sobre as economias primário-exportadoras. Não é só o sistema político que se desintegra", escreve Winston Fritsch. O país é forçado a impor restrições cambiais e controle de importação. O Brasil teria que se voltar mais para si mesmo no momento em que vivia a radical mudança política conhecida como a Revolução de 1930.

Antes de prosseguir, precisamos retornar ao dia 29 de julho de 1925 e olhar aquela primeira página com a conhecida manchete "Voltam-se as vistas para a nossa borracha". Do lado direito, vinha a reportagem. "O que o sr. Ford vem fazer no Pará". Abaixo, um subtítulo bem explicativo: "A luta contra o predomínio inglês no mercado de borracha".

No Brasil, o Ciclo da Borracha acabara em 1910. Daí em diante ela passou a ser produzida nas colônias europeias, principalmente na Malásia, sob controle britânico. O economista e historiador Marcelo de Paiva Abreu explica melhor: "A borracha nativa da Amazônia teve um boom, mas acabou em 1910. A vinda de Henry Ford ao Brasil era uma tentativa de retomar. Os ingleses estavam naquele momento estimulando a alta do preço da borracha. A argumentação de Ford é que, se para produzir automóvel era preciso cinco pneus, por que não ir para o Brasil, retomar a produção de borracha e fazer a Fordlândia?".

O GLOBO escolheu bem a manchete. Aquela era a notícia do momento. Os rumores já circulavam em Londres. O jornal informa que não havia confirmação dos Estados Unidos, mas era "corrente em Mincing Lane", nome de uma rua londrina que, na época, era o centro do mercado mundial da borracha, entre outras commodities. A história daquela vinda ao Brasil, que estava na primeira página da primeira edição do jornal, seria contada, décadas depois, por Greg Grandin, no livro *Fordlândia*. O relato começa exatamente no mês e ano do nascimento do GLOBO.

"Durante um longo almoço em sua casa, em Dearborn, Henry Ford ouvia Harvey Firestone se queixar dos britânicos. Era julho de 1925 e Firestone havia se empenhado pessoalmente numa campanha para frustrar o cartel britânico da borracha proposto por Winston Churchill." O secretário de Comércio e futuro presidente, Herbert Hoover, havia alertado aos empresários que usavam como matéria-prima o látex "que o suprimento era demasiado dependente da Europa imperialista", conta Grandin.

Se desse certo, o Brasil exportaria matéria-prima para comprar manufaturados, uma velha sina. Uma nota naquela edição dizia que era assombroso o aumento da importação de automóveis, de 2.772 para 12.995 em um ano. Outra nota dizia que aumentara muito a importação de automóveis dos Estados Unidos. O aumento foi de 112% em maio daquele ano, em relação a maio do ano anterior.

O governo do Pará doou a Henry Ford um milhão de hectares de floresta, que, em 1928, foram incendiados para servir ao projeto de plantar uma cidade. Foram duas, Fordlândia e Belterra. O projeto foi um absoluto fracasso econômico e uma tragédia ambiental. O incêndio da floresta foi iniciado na época das chuvas, e o fogo era apagado pelas águas. Eles tiveram então que usar uma grande quantidade de querosene. Centenas de hectares de floresta nativa arderam por dias e dias. Nas décadas seguintes, o equívoco de incendiar a Amazônia para implantar projetos artificiais, de suposto desenvolvimento, permaneceu.

A primeira página da primeira edição do GLOBO trouxe várias notícias cujos desdobramentos ocupariam as manchetes nos anos e décadas seguintes. Crise política em Varsóvia, atribuída aos comunistas, e uma anistia sendo preparada na Alemanha, mas que excluía os comunistas. Uma missão belga que foi aos Estados Unidos para consolidar a dívida de guerra do país. Era o mundo vivendo as tensões decorrentes da Primeira Guerra Mundial e que iriam eclodir numa Segunda Guerra Mundial, anos depois.

O déficit público, sempre ele, está lá na charge da primeira edição. O desenho é de uma luta, em que o lutador mais magro está sendo derrotado, com a legenda: "Assim o campeão da Despesa derrota o campeão da Receita". Embaixo: "Não faz mal. É do programa. Já estamos acostumados".

Curioso é que, de acordo com o capítulo de Winston Fritsch, no livro *A ordem do progresso*, o país estava naquele momento em pleno ajuste fiscal ortodoxo, com corte de despesas e contração monetária que iria até o fim do governo Bernardes. Isso levaria à recessão, estagnação do produto industrial, com perda de empregos. A moeda local se valorizou. "A taxa de câmbio apreciou-se abruptamente em mais de 40% entre agosto e outubro de 1925." Com a alta da moeda brasileira e a queda da produção, a inflação diminuiu no fim do governo Bernardes.

Ainda na primeira edição, na página dois, foi registrada a notícia da volta ao Brasil de Washington Luís. "No seu regresso da Europa, como era natural, o sr. Washington Luís foi abordado pela curiosidade dos jornalistas querendo saber sua opinião sobre os problemas principais que agridem a arena política. Foram esforços inúteis." Ele respondia que de nada sabia. "Ora, toda gente sabe que aquele antigo ferrabrás da política paulista é candidato à Presidência da República", concluía a nota.

No fim do governo Washington Luís haveria a crise internacional iniciada com o *crash* da Bolsa de Nova York, em 24 de outubro de 1929. Aquela terrível quinta-feira, que provocou o mais longo período de recessão econômica global do século xx, chega ao Brasil com o colapso do café, nosso principal produto de exportação e pilar da economia.

No jornal, a notícia do *crash* da Bolsa de Nova York saiu na primeira página no dia 25 de outubro de 1929, dia seguinte à primeira queda. A edição dava em destaque as notícias das articulações para as eleições nos principais estados e para o Catete. Uma nota abaixo à direita informava: "Alarmante a baixa registrada na Bolsa de Títulos de Nova York". No pé daquela página havia outro despacho da agência United Press especial para O GLOBO, em apenas duas linhas, mas em corpo maior e ocupando todas as colunas. "Nova York, 25 – Anuncia-se que foram designadas para a Wall Street e vizinhanças esquadras de polícia, em grande uniforme, a fim de impedir a possibilidade de perturbações, se as oscilações do mercado de títulos se repetirem hoje, e também para impedir que se aglomerem espectadores desocupados."

No noticiário interno, o assunto voltava dentro da coluna de economia, "O GLOBO no Mercado de Café", e da perspectiva do efeito da crise no Brasil. "Sob uma impressão cada vez mais desfavorável da Bolsa dos Estados Unidos, cujas alternativas acusavam fortes depreciações sobre o nosso principal produto de exportação, o mercado continuava impelido para a baixa."

Em 28 de outubro de 1929, o título na primeira página sobre o assunto era "Uma calamidade". Abaixo, os subtítulos "A crise do café e um apelo ao presidente da República" e "O retraimento sistemático dos banqueiros estrangeiros". Informava-se que o Centro de Comércio do Café tinha decidido, após uma assembleia de trezentas pessoas, "entre comerciantes de café e fazendeiros em trânsito", fechar a instituição e mandar um telegrama pedindo providências ao presidente da República. "Até a hora de encerrarmos esta página não havia, ainda, o sr. Washington Luís respondido ao apelo aflitivo do Centro de Comércio do Café", informa o jornal. Na mesma edição, nas páginas seguintes, mais reportagens sobre a crise do café e o reflexo disso nos debates do Congresso.

No dia 29 de outubro, um título na primeira página mostra onde estavam os olhos do país. "A crise do café está asfixiando a praça e interessando tanto o Congresso e o Conselho como o problema da sucessão." No dia 30 de outubro de 1929, o abalo econômico vai ganhando ares de crise política. "A nação comprimida na sua liberdade e asfixiada no seu comércio pode agora julgar melhor as responsabilidades do sr. Washington Luís, cujos caprichos desencadearam a maior crise política, que é a da atual sucessão, a do sr. Júlio Prestes, a quem se deve a maior crise comercial que é a do café." Naquela época, frases grandes assim vinham logo abaixo do logotipo do jornal, no espaço da manchete. O texto informava que a solução do problema do café envolvia direta ou indiretamente o cenário político. Nas páginas internas, o jornal contava que tinha havido uma saída "enorme" de ouro da Argentina e havia o risco de paralisação do porto de Buenos Aires. De Berlim, a informação era de queda também da Bolsa alemã. Para o Brasil, o impacto daquela crise foi principalmente em um produto, mas que envolvia toda a economia.

"O Brasil era café e não tinha conversa. Era café", diz Marcelo de Paiva Abreu. O economista explica que não houve uma grande depressão no Brasil como a que ficou registrada na História mundial. "O produto interno bruto caiu espetacularmente em alguns países desenvolvidos, principalmente Alemanha e Estados Unidos. No Brasil caiu pouquíssimo. Com a sustentação do preço do café, o Brasil fez uma política keynesiana sem saber que estava fazendo. Além disso, tinha uma indústria que poderia responder a uma grande desvalorização. Ao contrário de vários países que não tinham essa possibilidade, como a Argentina, por exemplo."

Essa política de sustentação do preço levou à queima de estoques do produto.

"Com a queda dos preços, o Brasil não conseguia mais tomar empréstimos para estocar o café. Mal ou bem o governo queimou substancialmente os estoques, tentando segurar os preços", diz Paiva Abreu.

O jornal cobriu essa crise. "Agita-se agora, mais do que nunca, a questão da queima do café", diz em destaque no dia 30 de novembro de 1931. Na matéria, uma entrevista com um dos integrantes da "Comissão Executiva da Queima do Café", que havia acabado de chegar de São Paulo, Joaquim Cândido de Azevedo.

Como sempre, as crises econômicas agravam os problemas sociais, e o jornal também cobriu isso, falando da "situação precária dos colonos da lavoura do café" e do aumento da miséria. Uma das técnicas do jornalismo é contar a história de um "personagem", como definimos a pessoa que resume a situação de todo um grupo social.

John Ladick perambulava pelas ruas do Rio de Janeiro, com suas duas filhas, em busca de emprego. Era imigrante romeno e queria voltar para a sua terra. O jornal traz a sua história na edição de 25 de fevereiro de 1930 com o título "Vítimas da crise do café". Ao ser entrevistado, ele contou que trabalhava na fazenda Santo Dois, na cidade de São Carlos, em São Paulo, na lavoura de café. "Trabalhava das 7h da manhã às 7h da noite, sendo o seu salário, que não recebia, de 7.500 réis. Vendo que de dia para dia a situação piorava, John resolveu deixar a terra bandeirante e veio para o Rio." Ele definia como de "sacrifício" a vida nos cinco anos desde a sua chegada ao Brasil. Passava fome no Rio, dormia na frente da Central da Polícia e foi fotografado sentado, com as filhas, na calçada de um prédio na Rua Primeiro de Março, onde ficava a representação diplomática russa.

Os leitores se mobilizaram, e o jornal também. Foram enviadas doações em dinheiro e em roupas para as crianças, que Ladick recebeu na sede do GLOBO. O cônsul romeno, a Secretaria da Agricultura e o Juizado de Menores se articularam por uma solução para a família. Ele foi internado para se tratar porque estava doente, e as meninas Vorsvara e Dukia, de cinco e quatro anos, ficaram em um abrigo de menores até o restabelecimento da saúde do pai.

O caso do imigrante ilumina um outro drama do Brasil. Proprietários de terra continuavam escravizando trabalhadores, mesmo depois da Abolição. Ao ir à Redação, mesmo falando mal o português, Ladick contou que perdera a mulher de parto dois dias após o nascimento da filha menor. E que, apesar de trabalhar 12h diariamente, "nunca recebeu qualquer salário, tendo apenas como remuneração a casa, a comida e a roupa necessária".

O país estimulara a imigração de europeus com a proposta racista de embranquecer a população. Em *Brasil: uma biografia*, as autoras Lilia Moritz Schwarcz e Heloisa Murgel Starling contam que, em 1929, no I Congresso Brasileiro de Eugenia, o antropólogo Roquette-Pinto previa que "em 2012 teríamos uma população composta de 80% de brancos e 20% de mestiços. Nenhum negro, nenhum índio". E por "mestiços" ele se referia aos pardos.

Muitas décadas depois, a sociologia e o movimento negro ensinariam ao país que negros são tanto os pretos quanto os pardos. Muitos censos depois, os negros seriam a maioria da população brasileira. Mas isso só no século XXI, quando o debate das cotas raciais elevou o nível de compreensão do fosso social que separa os brancos, de um lado, e os pretos e pardos, de outro. O século XX foi vivido inicialmente sob as políticas de embranquecimento, e sempre sob o racismo estrutural e sua negação.

Voltemos, leitoras e leitores, porque ainda estamos em 1930, e o trabalho que realizo é o de traçar o pano de fundo, contar sobre o país no qual O GLOBO fez sua centenária caminhada. Estava chegando ao fim o governo de Washington Luís e, com ele, a Primeira República. A coreografia do poder era alternar no governo os presidentes de Minas e de São Paulo. Os governadores eram chamados de presidentes. Em 1926, Minas se antecipou e indicou Washington Luís, que, a despeito de ter nascido no Rio, era representante dos interesses de São Paulo. Na hora de retribuir, Washington Luís ignorou Minas e indicou Júlio Prestes. "Até hoje os historiadores discutem os motivos que levaram Washington Luís a apostar pesado na ruptura com Minas", escreveram Schwarcz e Starling. As lideranças de Minas montaram a Aliança Liberal, uma coalizão econômica e social mais ampla, para além do setor cafeeiro, que incluía os remanescentes do Tenentismo, e lançaram Getúlio Vargas, o presidente do Rio Grande do Sul, como candidato de oposição. A propósito, Getúlio Vargas havia sido ministro da Fazenda de Washington Luís, antes de ser eleito para governar os gaúchos.

Foi uma campanha eletrizante, diferente do jogo de cartas marcadas que foram várias das eleições da Primeira República. O jornal foi noticiando as idas e vindas da política, enquanto falava da crise econômica. Em 25 de outubro de 1929, no alto, o título longo: "Ao passo que as forças da Aliança, do R. G. do Sul e de toda parte procuram manter a frente única de Minas, os elementos do Catete e de São Paulo promovem surdamente a ruptura das alas liberais". No dia 1º de março de 1930, os brasileiros saíram para votar. "Os brasileiros" é uma forma de dizer, afinal, aquela era uma democracia muito restrita. Os que podiam votar eram apenas os homens, adultos, alfabetizados. Correspondiam a 5,6% da população segundo o livro *Brasil: uma biografia*. Era uma estimativa. Para Jairo Nicolau, autor de *História do voto no Brasil* e de *Eleições no Brasil*, não há dados confiáveis sobre os votantes em toda a Primeira República.

Os acontecimentos se precipitaram no fim de 1930. Júlio Prestes recebe mais votos; o candidato a vice na chapa de Getúlio, o paraibano João Pessoa, é assassinado; e, em 3 de outubro, tem início a revolta civil e militar de 1930. Getúlio entra no Catete como chefe do governo provisório e só sai quinze anos depois.

"Acabou o café com leite e apareceu um gaúcho com ideias diferentes. Ele tem um lado monstruoso, que é o lado Olga Benário, e tem um lado construtor do Brasil moderno. Mas é só olhar os edifícios que estão lá as impressões digitais do fascismo europeu, como no prédio do Ministério do Trabalho, no Rio", diz Marcelo de Paiva Abreu.

Nos livros de História se registra o dia 3 de outubro como o da Revolução de 1930. Na verdade foi um longo outubro. No dia 2, véspera da deflagração do movimento, o jornal traz Getúlio Vargas na manchete. Ele havia feito um discurso em Porto Alegre, falando em ameaças e necessidade de união. "O estilo daquele discurso é ambíguo", alertou O GLOBO. No dia 4, um dia depois da eclosão do movimento, o jornal publica uma coluna, na primeira página, cheia de notas e com o título "Notícias de um movimento sedicioso". Depois, por vários dias, nem parece que o país estava em chamas, a partir do movimento que se formara nos estados de Rio Grande do Sul, Minas e Paraíba. E que se espalhava.

No dia 24 de outubro, a manchete da primeira edição é: "Vitória da revolução que empolgou o país de norte a sul". Aquele foi um dia tenso para a política brasileira. Oficialmente deposto, Washington Luís se negava a deixar o Palácio Guanabara. Dizia que só sairia morto. Foram três edições do jornal. Na que circulou às 20h, vinha um furo histórico de fotojornalismo. Só O GLOBO conseguiu a imagem do ex-presidente saindo do Palácio Guanabara, onde morava. Ao lado dele, no carro, estava o cardeal Sebastião Leme, que fora lá convencê-lo.

Durante décadas contou-se uma história, nunca confirmada, de que a foto só foi possível porque Roberto Marinho, que nesta época tinha funções de secretário e repórter — só no ano seguinte, aos 27 anos, assumiria a direção do jornal —, teve a ideia de colocar galhos de árvore na pista, que obrigaram o carro a parar. A tecnologia da época não permitiria registrar de forma nítida um automóvel em movimento. No dia seguinte, 25, o jornal republicou a foto, com o título de que era "o mais eloquente documento histórico da deposição do sr. Washington Luís". E vem a explicação que nada cita sobre os tais galhos. "Tivemos a rara felicidade de conseguir, ontem, o instantâneo fotográfico de um episódio central do movimento pacificador da família brasileira, tomado com grande senso jornalístico e especialmente para O GLOBO ". E continua o texto comemorando, com expressões como "precioso flagrante", "documento histórico", "expressiva eloquência na sua mudez", "O GLOBO estampou com extraordinário êxito, na sua 3ª edição de ontem, rapidamente esgotada".

A busca do furo de reportagem, da informação exclusiva, sempre foi uma marca do jornal, e isso fez parte da evolução do próprio jornalismo, inicialmente exercido por "literatos emprestados ao ofício", como definiu

Maria Alice Rezende de Carvalho. Ela explica essa mudança no livro sobre Irineu Marinho. "São, a rigor, as figuras do repórter, da imprensa profissional e popular, e de um território socialmente mesclado, que permitem entrever os andaimes do mercado de notícia e entretenimento em construção."

Nesse dia 25 de outubro, o jornal teve três edições, das 17h, das 19h, das 21h. Na última, foram publicados os primeiros decretos da Junta Provisória. Destaco uma reportagem sobre como foram as últimas horas de resistência de Washington Luís. Hoje definiríamos como uma matéria de bastidor. Tem de tudo, detalhes, emoção, frases. Octávio Mangabeira foi falar com o cardeal Leme antes de ir para o Palácio Guanabara convencer o presidente de que o governo já havia caído. "Aeroplanos sobrevoavam a cidade", e ele permanecia irredutível. "Em dado momento, avisado de que, num caso de reação ao ultimátum, seria bombardeado o palácio, exclamou: 'Que bombardeiem, mas não saio. Ainda há de haver soldados para a defesa do governo'." Não havia. O cardeal conseguiu, enfim, convencê-lo a se render. Depois de sair do Palácio Guanabara, o ex-presidente foi levado preso para o Forte de Copacabana. "E eram 19h30m, mais ou menos, quando o último dos auxiliares do governo deposto se retirava daquele próprio federal que tanto tempo abrigara o senhor Washington Luís. Era o sr. Octávio Mangabeira." Terminava, naquele momento, a Primeira República.

No dia 3 de novembro de 1930, a notícia foi da posse de Getúlio "com poderes discricionários, como declarou à imprensa", mas não tendo, "como espera a opinião pública, outros compromissos que não a regeneração nacional". Abaixo da manchete, as fotos de alguns dos novos ministros: Assis Brasil, Oswaldo Aranha, Juarez Távora e Afrânio de Mello Franco.

Há uma reportagem na primeira página que hoje a gente chamaria de "feature". É a história de Constança de Góis Monteiro, mãe de cinco líderes da Revolução de 1930. Um deles, coronel Pedro Aurélio Góis Monteiro, viraria general, seria ministro da Guerra e depois chefe do Estado-Maior do Exército. Outro filho, Cícero, naquela época capitão, morreria dois anos depois, combatendo a Revolução de 1932 em São Paulo.

Vargas, com sua ambivalência, vai marcar definitivamente o Brasil com as leis dos direitos trabalhistas e a ditadura do Estado Novo. Góis Monteiro elaboraria a "doutrina de segurança nacional" de inspiração fascista. O pior período foi o Estado Novo. O embaixador Rubens Ricupero define assim esse momento:

"O Estado Novo é autocrático, uma ditadura, mas é um marco na modernização da máquina pública e no fortalecimento da indústria. Um traço que vai se tornar dominante no desenvolvimento brasileiro é o Estado ser promotor da indústria pesada através das estatais. É nesse período do Estado Novo que é fundada a Companhia Siderúrgica Nacional, em Volta Redonda, em 1941, e a Companhia Vale do Rio Doce, em 1942. É também entre 1930 e 1945 que se começa a institucionalizar o serviço público, com o Dasp. O Instituto Rio Branco é de 1945, quando então começa o recrutamento dos diplomatas por meio de concurso e a profissionalização."

Em 1946, com a posse de Eurico Gaspar Dutra, começaria um período democrático. Com 21 anos incompletos, O GLOBO já havia testemunhado muitos eventos históricos. Mas o Brasil, mesmo entrando em um novo ciclo político, permanecia com uma marca, uma certa atração à solução autoritária, como explica a historiadora Angela de Castro Gomes. A raiz é antiga, mas ela vê um momento importante naqueles anos 1920 em que a publicação nasceu.

"O centenário da Independência, em 1922, foi uma espécie de chamado, um sino que convoca os intelectuais e políticos a pensar o Brasil, pensar que país é esse que estava fazendo cem anos de Independência, e que República é essa. Mais precisamente, que República é essa que não deu certo. A ideia mais forte que surgiu foi a conclusão de que as instituições liberais são falhas, que não funcionam, que o povo nunca soube votar, nem saberia. Poucos votavam no Brasil, mas poucos votavam no mundo inteiro. Vamos lembrar que até na França as mulheres tiveram o direito de voto em 1944. Era a ideia de que essa proposta de, pelo voto, escolher representantes havia se desencaminhado. Esse é o momento mais importante de fortalecimento dessa ideia. A crítica ao liberalismo cresce na década de 1920, e ela vem com a proposta de um Estado Nacional Autoritário."

Na visão da historiadora e cientista política, esse pensamento acompanha a História do país e explica as tentativas de golpe e os períodos autoritários que o Brasil enfrentou.

"É feito um diagnóstico do país que, mesmo errado, é extremamente atraente e convincente até hoje. Mesmo agora se vê a repetição das mesmas ideias. A explicação de que, por ser um país grande, um continente, precisa do ator Estado. Mas não o Estado liberal, porque o povo é insolidário, manipulável e não participante. E não haveria uma sociedade brasileira que atuasse com a imagem do pertencimento. Há também uma crítica aos partidos políticos e ao Legislativo, com a conclusão de que, para corrigir tudo isso, seria preciso um Estado forte, centralizado, o que só poderia ser implantado pelo Executivo."

Ela vê os anos 1920 como o momento inaugural dessa construção teórica duradoura, que permanecerá, a despeito das evidências em contrário. O país demonstrava, sim, capacidade de se mobilizar. As greves começaram a acontecer em 1910, quando se organizaram as associações carnavalescas, culturais, econômicas, ligas contra a carestia, movimentos de povo na rua, as sufragistas. A permanência dessa ideia deslegitima as instituições democráticas e explica os surtos autoritários, segundo a historiadora. Ela acha que o século passado tem a marca desse equívoco de diagnóstico, que nos traz até o movimento mais recente de conspiração para um novo golpe de Estado.

"Chega agora na forma de um discurso antipartidário e antieleitoral, com esse negócio de que as urnas não são seguras, que ela é fraudada, que não é confiável, e o resultado, portanto, não é legítimo. Isso aconteceu também no intervalo de 1946 a 1964, essa desconfiança da democratização, e voltou a se repetir agora", diz Angela.

"Tendo isso em mente, da persistência de um diagnóstico autoritário e equivocado do Brasil, voltemos ao fio da História que nos levará de volta aos anos 1930, que continuaram turbulentos e desaguaram na ditadura do Estado Novo. Houve, em 1932, a Revolução Constitucionalista de São Paulo e, em 1934, uma nova Constituição, feita por uma Assembleia Constituinte. Em 1935, a Intentona Comunista. Em 1937, o golpe de Getúlio que iniciou o 'Estado Novo' e uma constituição imposta de inspiração fascista, conhecida na História como "a polaca", que, entre outros arbítrios, proibia as eleições. A Carta de 1937 inaugurou o único regime político do país que suspendeu completamente as eleições", escreveu Jairo Nicolau.

No dia 10 de novembro de 1937, data da decretação do Estado Novo, o jornal faz uma edição especial às 14h, em que informa que o país tem nova Constituição e que Vargas fechou a Câmara e o Senado, e iria falar ao Brasil às 20h. Às 17h, uma nova edição, que diz ser a última. Traz em destaque os comunicados do ministro da Guerra, Eurico Gaspar Dutra, aos militares, afirmando, como em toda ditadura no Brasil, que o movimento era contra "os adversários do regime democrático". O dia teria ainda uma "edição extra". Nela, o jornal contaria que dois governadores, Juracy Magalhães, da Bahia, e Lima Cavalcanti, de Pernambuco, tinham sido substituídos. Os outros declararam apoio a Getúlio Vargas.

A marca do jornal é essa impressionante agilidade de fazer várias edições, uma espécie de versão antiga das mudanças que o jornal tem hoje, ao longo do dia, nas suas edições on-line. Agilidade herdada do jornal A Noite, que também, em dias frenéticos, fazia várias edições.

No Estado Novo, Getúlio avança com a sua ambiguidade, num governo que modernizava a legislação trabalhista e o país, enquanto impunha o horror de um Estado policial. No mundo, as tensões aumentavam e chegavam ao auge na eclosão da Segunda Guerra Mundial. Nela, o Brasil inicialmente oscila e depois entra no conflito contra o Eixo, formado por Alemanha, Itália e Japão.

A opção de Getúlio pelo apoio aos Aliados, liderados por Estados Unidos, Reino Unido e União Soviética, não é uma decisão óbvia. Havia pessoas em seu governo favoráveis ao Eixo, como o ministro do Exército, Eurico Gaspar Dutra, e o general Góis Monteiro, chefe do Estado-Maior do Exército. Por outro lado, havia Oswaldo Aranha, que Rubens Ricupero definiu como sendo a consciência liberal do governo e que defendia a adesão aos Aliados. Após o ataque japonês a Pearl Harbor, em dezembro de 1941, o Brasil decide sediar a conferência dos chanceleres das Américas que vai hipotecar solidariedade aos Estados Unidos. Acontece em Petrópolis, no Quitandinha, em janeiro de 1942. Chile e Argentina foram contra, mas aprovou-se uma recomendação de rompimento com o Eixo.

"O Brasil se alia aos Estados Unidos e vai mandar tropas para a Europa, sendo o único país da América Latina a participar com tropas, ainda que modestamente, mas com grande valor simbólico. É um marco na evolução internacional do Brasil", explica Ricupero.

No dia 28 de janeiro de 1942, no encerramento da reunião, o jornal faz três edições. A primeira, num horário não usual, às 11h, cuja manchete era "A decisão do Brasil", com telegramas de Washington dizendo que a conferência era histórica, e seu êxito se devia ao próprio Getúlio e a Oswaldo Aranha. A segunda era a "edição final", com a manchete "O Brasil cumpre o seu dever" e um editorial de apoio. Por fim, uma edição extra com o título "Rompe o Brasil com o Eixo". A decisão havia sido comunicada pelo chanceler à imprensa e em despachos para Berlim, Roma e Tóquio. O GLOBO informa que há "grande entusiasmo popular" e "emoção nas ruas". Uma nota menor, à direita, noticiava que o ministro da Fazenda, Arthur de Souza Costa, estava embarcando para Washington para tratar dos acordos econômicos fechados durante a conferência.

Quando a guerra terminou, o Brasil já havia mudado muito. Getúlio Vargas encerra seus quinze anos no poder e vê Eurico Gaspar Dutra, seu ex-ministro da Guerra, ser eleito. Começa então o curto período democrático, até 1964.

A sociedade brasileira, nessa época, inicia uma revolução demográfica e de costumes. O Brasil explode, vamos dizer assim. É a geração dos *baby boomers*, até hoje estudada como marco não apenas em multiplicação de brasileiros, mas em mudança de parâmetros de comportamento. Ana Amélia Camarano é uma especialista nessa "coorte", como se diz em demografia.

"A coorte dos *baby boomers*, que começou mais ou menos entre 1945 e 1950, ocorreu no mundo todo e se estende pelas décadas seguintes. Mas o processo é muito mais profundo do que as pessoas se dão conta. Foi recorde de nascimento, mas o fenômeno foi amplificado pela redução da mortalidade infantil. Muitas crianças que iriam morrer não morreram. Somos uma geração que nasceu muito, morreu menos na infância e pariu pouco", explica Ana Amélia.

Ela quer dizer que os brasileiros que nasceram no pós-guerra e, depois, nas décadas de 1950 e 1960, fizeram a ruptura demográfica. Nasceram no meio do fenômeno de muitos filhos por mulher. Depois romperam com esse padrão e tiveram muito menos filhos que suas mães. No meio do caminho, mudaram os costumes completamente.

"Fizemos várias revoluções, a revolução sexual, a adoção da pílula, a revolução feminista, o aumento da escolaridade da mulher, a ida da mulher para o mercado de trabalho. Foi nessa época que as meninas foram maciçamente para as escolas e depois para as universidades. Os vários casamentos, o divórcio, a mudança do conceito de família, a diminuição drástica do número de filhos, os direitos à orientação sexual, a urbanização, a migração interna. Tudo foi comandado por essa geração. Somos muito diferentes dos nossos pais", diz a demógrafa.

O GLOBO acompanhou essas mudanças em suas páginas, e não apenas nas do *Jornal da Família*. Os cadernos e revistas dedicados ao comportamento mostram isso. A edição do caderno "Ela", no dia seguinte ao AI-5, em 1968, traz o que jamais seria aceitável hoje. Havia uma reportagem sobre roupas com transparências. O texto citava um psiquiatra americano para dizer que aquela moda revelava a tendência de ser "superficial, infantil e gostar de aparecer". Uma página inteira é dedicada aos "Bacaninhas de 1968". Não havia uma única mulher nesses destaques do ano do caderno "Ela", que tinha pessoas como Delfim Netto e Magalhães Pinto. Há neste livro um capítulo dedicado ao comportamento, mas aqui cabe registrar que aconteceu uma revolução, e ela desembarcou nas páginas do GLOBO.

O país em ebulição, a tecnologia mudando tudo, a televisão se espalhando como meio de comunicação, a Humanidade atingindo a Lua. É nessa década de 1960 que o Grupo Globo dá um grande passo. Já havia ido das páginas do jornal para as ondas do rádio em 1944 e, em 1965, inaugura a Rede Globo. Aquele jornal que começou no tumultuado ano de 1925, e que perdeu seu fundador no primeiro mês de vida, chegava aos quarenta anos virando um conglomerado de comunicação.

No curto período democrático entre 1946 e 1964, o Brasil viveria momentos de tumulto e tensão, liberdade e ameaças golpistas, construção de uma capital e crise econômica. Os militares sempre estiveram à espreita, interferindo nos acontecimentos de alguma forma. Nesses dezoito anos, o momento mais traumático estava expresso na manchete do dia 24 de agosto de 1954. A palavra de maior destaque, em negrito, no alto da primeira página era "Suicidou-se". No texto, o que o jornal descrevia era um daqueles momentos de mandar parar as máquinas. "Já estávamos com esta edição pronta para impressão quando o redator do GLOBO destacado para o Palácio do Catete nos informava que o presidente da República se suicidara com um tiro, em seus aposentos. Logo depois obtínhamos a confirmação. Dos aposentos saíam pessoas da família do sr. Getúlio Vargas, em prantos." Informou ainda que o presidente agonizava quando foi chamada uma ambulância, mas ela chegou no momento em que ele já estava morto. Conta o que aconteceu com o chefe do Gabinete Militar da Presidência. "O general Caiado de Castro, que se encontrava próximo aos aposentos do presidente, saiu rapidamente. Mal, porém, deu alguns passos, desfaleceu, sendo socorrido." Notas na primeira página diziam que Oswaldo Aranha caiu em prantos quando soube, que dona Darcy e a filha Alzira estavam "em estado de desespero". Que o tiro fora dado às 8h30, e o primeiro a descobrir o fato foi o filho Lutero Vargas. Mas era claramente uma edição refeita às pressas. Nas páginas internas ainda se informava que Getúlio soltara uma nota às 5h30, quando acabou a reunião ministerial no Catete, avisando que sairia de licença.

Fatos que sabemos dos livros de História, relidos agora como foram escritos no calor da hora, mostram a força do jornalismo, o ofício do contar diário, em suas páginas, os momentos históricos e o cotidiano. O Brasil ficaria nos dias seguintes em estado de choque, com a população indo às ruas em grandes massas de protesto. "A resposta veio rápida: em Porto Alegre, Belo Horizonte, Salvador e São Paulo eclodiram motins populares, e a população destruiu tudo que estivesse, de alguma maneira, relacionado com a oposição a Vargas", escrevem as autoras de *Brasil: uma biografia*. Todos os símbolos do antivarguismo foram atacados, o jornal O GLOBO inclusive.

O livro de Schwarcz e Starling informa que o único jornal a circular naquele dia foi o *Ultima Hora*, porque os outros teriam sido impedidos pelos protestos. Uma nota na primeira página da edição do dia seguinte ao suicídio registra que houve manifestação em frente à Redação do GLOBO e aos estúdios da Rádio Globo. Essa nota termina admitindo que houve dificuldades no jornal naqueles dois dias. "Em consequência dessas perturbações, O GLOBO teve a edição de ontem (24) sacrificada nos seus serviços e números de páginas, o que também se verifica na de hoje. Já amanhã, entretanto, daremos ao público O GLOBO a que ele está habituado."

No verbete do CPDOC da Fundação Getulio Vargas, a historiadora Alzira Alves de Abreu afirma que no dia do suicídio "O GLOBO e a *Tribuna da*

Imprensa tiveram dificuldades de circular, pois a população tentou impedir a sua distribuição, mas de toda forma noticiaram com destaque o ocorrido". Alzira afirma nesse verbete que, analisando toda a cobertura do GLOBO nesse período, "parece incompreensível a reação popular desencadeada contra o jornal que mantinha uma orientação mais moderada". Conta que a Rádio Globo, sim, foi "extremamente radical" contra Getúlio, "expressa através do programa *Parlamento em Ação*, do radialista Raul Brunini, que dava cobertura às posições de Carlos Lacerda e da UDN".

Na edição do dia seguinte ao suicídio, 25 de agosto, há fotos históricas mostrando a comoção popular. O caixão saindo do Palácio do Catete, cercado por ministros e parlamentares e uma massa compacta. Outra imagem aérea mostrava que a população ocupava toda a extensão da praia até o aeroporto. O livro *Brasil: uma biografia* fala em um milhão de pessoas nas ruas para se despedir de Getúlio. Algumas dessas imagens impressionantes da multidão acompanhando o cortejo foram exibidas na exposição "Conflitos: fotografia e violência política no Brasil, 1889-1964", do Instituto Moreira Salles, feita sob a curadoria da historiadora Heloisa Espada. Nela havia fotos de carros do jornal virados pela população em fúria. As fotos são do acervo do próprio jornal.

A cobertura do GLOBO sobre todos os fatos que antecederam o suicídio havia sido muito crítica ao governo e continuou até depois de sua morte, com a publicação de um tabloide com 32 páginas sobre a corrupção no período Vargas baseado no inquérito do Galeão.

O país estava em chamas naquele agosto de 1954 em que Vargas se matou. No dia 5, houve o atentado da Rua Tonelero que matou o major Rubens Vaz e atingiu Carlos Lacerda de raspão. O jornal do dia 5 trazia a manchete em letras grandes: "O atentado contra Carlos Lacerda". Abaixo: "Morto ao seu lado um oficial da Aeronáutica e feridos o combativo jornalista e o vigilante municipal que tentara prender um dos criminosos". A primeira página foi toda dedicada ao atentado que ocorrera nas primeiras horas daquele dia, com fotos do major morto, com seus colegas da Aeronáutica exigindo punição, e a UDN querendo "medidas enérgicas".

Principal adversário de Getúlio, Lacerda acusou o presidente. As investigações do inquérito policial militar da Aeronáutica revelaram que o atirador foi Climério Euribes de Almeida, integrante da guarda pessoal de Getúlio comandada por Gregório Fortunato, chefe da segurança presidencial e apontado como mandante. As páginas do jornal na época mostram o ambiente de tensão crescente fomentado por políticos da oposição udenista e por militares anti-Getúlio. No dia 21 de agosto informava-se a movimentação dos militares. "Reuniu-se o alto comando do Exército com altas patentes das Forças Armadas." No dia 23, uma segunda-feira, o jornal trazia a edição inteiramente dedicada ao esporte, como de costume. Era a véspera da tragédia.

"Então entra aquele governo curto, do Café Filho. Logo em seguida, em 1955, o Juscelino se elege pela mesma aliança que Vargas tinha criado. O que é uma grande frustração para a UDN e para Carlos Lacerda, porque eles pensaram que tinham chegado ao poder finalmente com o suicídio de Getúlio", lembra Ricupero.

O Brasil foi sendo construído dessa forma sinuosa, na economia e na política, nesse século de existência do GLOBO. Há pressões do mesmo grupo, UDN lacerdista e setores militares, para Juscelino Kubitschek não tomar posse. Ele não apenas toma posse, como termina seu mandato e entrega o poder ao sucessor. Só o general Eurico Gaspar Dutra e Juscelino concluíram o mandato naquela breve democracia de dezoito anos. Mesmo assim, com tentativas de golpe militar contra JK. E, nesse meio-tempo, Juscelino construiu uma cidade, a capital Brasília.

A façanha de ser eleito pelo voto direto e passar a faixa para o sucessor eleito pelo voto direto só se repetiria no século seguinte, em 2003, quando o presidente Fernando Henrique Cardoso passou o governo para Luiz Inácio Lula da Silva, numa das mais bonitas transições já feitas no Brasil. Nesse período de 42 anos, entre a mudança de JK para Jânio Quadros e de FHC para Lula, o país conheceu o seu mais terrível momento político, a ditadura militar de 1964 a 1985.

A linha editorial do jornal foi de apoio ao regime militar, como se sabe. Posição que reconheceu equivocada em 1º de setembro de 2013. A análise dos editoriais é tema de um capítulo à parte deste livro, mas aqui quero contar que um evento na Redação joga luz sobre um velho debate no Brasil. O golpe foi no dia 31 de março ou no dia 1º de abril?

Em 1º de abril de 1964, O GLOBO não circulou. Quem consulta os arquivos encontrará uma nota informando que, na noite de 31 de março, o jornal foi invadido por fuzileiros navais leais ao governo João Goulart, que o impediram de circular. Isso mostra que, na noite do dia 31 de março, os militares que derrubaram Goulart ainda não controlavam a situação, coisa que só aconteceu mesmo no dia 1º de abril.

Começou então um período de 21 anos de ditadura militar, um horror político que ficou pior em alguns momentos, como na vigência do AI-5. Na edição do dia 14 de dezembro de 1968, a manchete era "Editado o ato 5". Os destaques enumeravam abaixo da manchete o que viria a partir daquele dia: "1) Congresso em recesso. 2) Confisco de bens. 3) Suspensos 'habeas' políticos. 4) Restabelecidas as cassações. 5) Liquidada a vitaliciedade". Em vez de um texto de uma reportagem relatando os fatos, veio a íntegra do Ato Institucional. Nas páginas internas, o jornal se limitou a dar algumas notícias, como a do presidente da Câmara dos Deputados, deputado José Bonifácio, dizendo que não era hora de analisar o Ato e, entre declarações sem sentido, dizia "perenes são as eleições". Que eleições? O Brasil não votava para presidente nem para governadores nem para prefeitos das maiores cidades. E quando o equilíbrio do poder desfavoreceu o governo, em abril de 1977, a ditadura criou o senador biônico. Senadores sem voto ocupavam um terço do Senado.

Essa trágica história política recente, o país conhece bem e é a marca daquele regime. Mas ficou uma ideia equivocada sobre a economia, como explica Rubens Ricupero:

"As pessoas ficaram com a impressão de que os militares cometeram atrocidades, mas deram uma contribuição positiva na economia. O crescimento que houve não foi diferente do que havia antes. O Brasil foi um dos países que mais cresceu entre 1970 e 1980. Por outro lado, os militares deixaram uma herança terrível, com duas grandes pragas que a Nova República recebe, a hiperinflação e a dívida externa. Esses dois problemas foram resolvidos na democracia com a renegociação da dívida externa, por Pedro Malan, e o Plano Real no governo Itamar.

Existe no Brasil um pensamento em favor do Estado como condutor da economia, que atravessou a maior parte da República. Foi Getúlio Vargas, no Estado Novo, que construiu a CSN, fez a Vale e depois a Petrobras, já no seu mandato democrático. Juscelino trouxe a indústria automobilística para o Brasil. Os militares da ditadura, que conspiraram contra Getúlio e JK, fizeram grandes projetos e estatizaram empresas. O Estado como indutor chegou ao seu auge na ditadura. A esquerda também sempre apostou na mesma visão econômica dos seus adversários políticos. A desestatização e a privatização tiveram que superar obstáculos no Brasil nos governos de Fernando Collor e Fernando Henrique Cardoso.

A economia brasileira se transformou totalmente nesse século em que O GLOBO existe. Um dos pontos fortes do jornal sempre foi a cobertura econômica. O economista Claudio Considera, da Fundação Getulio Vargas, fez, a meu pedido, o cálculo de quanto o país cresceu nesses cem anos. Usando o IpeaData, o cálculo é que o Brasil cresceu 7,593% de 1925 a 2024. O número é gigante, mas nem ele dá conta de revelar o salto do país que, como lembra Ricupero, usando dados do economista inglês Angus Maddison (historiador econômico que mediu e comparou o desempenho dos países), esteve em primeiro ou segundo lugar por mais de um século entre as nações que mais cresceram até 1980. O problema, diz Marcelo de Paiva Abreu, é o que acontece depois:

"O que não é trivial é se perguntar por que a economia parou de crescer. Houve períodos de crescimento forte entre 1945 e 1964, houve depois o 'milagre', que vai ser interrompido pelos choques do petróleo. É preciso falar das maluquices brasileiras do período militar, como o erro na política energética, o delírio nuclear, a resposta lenta à crise. Erro crasso da Petrobras, que investiu em distribuição, e o resultado é que em 1983 o Brasil importava 55% do consumo brasileiro de combustível. Foi um choque brutal. A economia parou de crescer. Houve o choque dos juros americanos sobre uma dívida externa tomada a juros flutuantes. E a inflação indexada."

Em 19 de novembro de 1991, dia em que minha coluna saiu pela primeira vez no GLOBO, a manchete era inflação. "Preço dos carros continua a subir: GM aumenta agora em 24,15%." Abaixo: "Fipe já projeta inflação de 20% a 29%". A coluna teve chamada na primeira página com a informação exclusiva de que o Brasil faria uma nova proposta de acordo para o FMI.

Ao escrever o meu livro *Saga Brasileira: a longa luta de um povo por sua moeda*, eu reli jornais de todo o período da hiperinflação, mas especialmente mergulhei no acervo do GLOBO. Descia um andar para conferir fotos e textos. Depois voltava à Redação para o trabalho diário. De lá tirei as fotos de um tempo impressionante. O Brasil viveu um pesadelo econômico que vai muito além dos números, mas é preciso falar deles. Entre dezembro de 1979 e julho de 1994, quando foi implantado o Real, a inflação acumulada foi de 13 trilhões por cento. Nesse tempo, o Brasil teve seis moedas, nove zeros cortados, divisão da moeda por 2.750, dois calotes externos e um calote interno.

As moratórias da dívida externa ocorreram no governo militar e no governo Sarney. O confisco da poupança decretada pelo presidente Fernando Collor foi a maior violência econômica cometida por um governo. As imagens do nosso acervo mostram as pessoas aglomeradas, em fúria, nas agências bancárias, naqueles dias após o 15 de março de 1990, quando não tinham acesso ao próprio dinheiro; cenas da população comprando com máquinas de calcular para saber quanto estava pagando; prateleiras vazias no desabastecimento do Plano Cruzado; polícia dentro de supermercados; pessoas tentando correr mais que as etiquetadoras de preços. E histórias das pessoas tentando entender tabelas, tablitas, vetores, conversões pela média ou pelo pico, expurgos, nas constantes trocas de padrão monetário.

O GLOBO fez sistematicamente uma cobertura de utilidade pública nesse período do bombardeio inflacionário. Cartilhas explicando os planos, reportagens ouvindo as aflições das famílias, matérias de serviço, entrevistas, idas a supermercados para conferir preços. Na transição da URV para o real, fez uma série com contagem regressiva, com títulos assim: "Faltam dez dias para o real". A cada dia dava mais informações sobre como seria a vida sob a nova moeda. Uma reportagem de Flávia Oliveira, no dia 30 de junho de 1994, começava cantando: "Como será o amanhã?".

No longo amanhã do Plano Real, foi domada a indomável hiperinflação. A manchete no dia 11 de janeiro de 2025 era a notícia de que, no ano anterior, o país tinha estourado o teto da meta de inflação. Ela foi de 4,83%, quando podia no máximo bater em 4,5%. Os parâmetros haviam mudado totalmente. Nestes 31 anos após o plano, o país enfrentou crises, teve períodos de recessão e crescimento, e algumas vezes a inflação chegou a dois dígitos. Sempre voltou a cair, e nunca mais voltou ao que era antes.

Na esteira da estabilização da economia vieram crises como a cambial e a bancária, que o jornal cobriu com a mesma preocupação de ajudar os leitores a resolver seus problemas cotidianos. A democracia, a Constituição de 1988 com mais direitos sociais e a inflação baixa levaram às políticas sociais mais ativas. Começaram no governo Fernando Henrique e ficaram mais robustas nos governos do PT. As políticas de transferência de renda e de inclusão social produziram um intenso debate nas páginas, para além dos editoriais.

Um exemplo disso foram as cotas para o ingresso de negros e pobres nas universidades públicas. Artigos e colunas contra e a favor foram frequentes. Flávia Oliveira e eu, defensoras das cotas, editamos um caderno, com Débora Thomé e Paulo Marqueiro, chamado "A Cor do Brasil", publicado no dia 20 de novembro de 2003, Dia de Zumbi. Na capa, Dona Santa, de oitenta anos, vivendo no remanescente de um quilombo. Dentro, páginas sobre o racismo brasileiro, sobre a cultura afro-brasileira e sobre a necessidade de inclusão dos negros. O caderno ganhou o Prêmio Jornalismo para a Tolerância da Federação Internacional de Jornalistas, na categoria Imprensa Escrita da edição latino-americana.

A economia mudou, a política mudou, a sociedade mudou muito mais nestes cem anos em que O GLOBO narra os eventos do país. O Brasil tinha 30 milhões de habitantes em 1920, mas começava a sua escalada. Em 1940, tinha 40 milhões de pessoas. Cresceu um Portugal naquela década, chegando a 51 milhões de pessoas em 1950. Depois aumentou o equivalente a duas vezes a população de Portugal em cada uma das três décadas seguintes, atingindo quase 120 milhões em 1980. E chega agora a 212 milhões, já mirando o momento em que a população começará a decrescer.

"O jornal acompanhou a fase em que houve a grande transformação brasileira, com a combinação do aumento da população, da urbanização, da alfabetização, da presença na escola. Isso tudo vai explicar a explosão dos meios de comunicação", diz o embaixador Ricupero.

O Brasil começou a reconstruir as instituições democráticas a partir de 1985. Jairo Nicolau conta em seu livro sobre eleições no Brasil que "a partir da década de 1990 o percentual de eleitores ultrapassou 90% da população adulta". Neste ano do centenário do jornal, a democracia está fazendo quarenta anos. O país acaba de passar por um trauma, que foi a conspiração para um golpe durante o governo Bolsonaro. Estamos vivendo o mais longevo período democrático do país desde a Primeira República, sendo que o percentual de eleitores naquela época era tão pequeno que o mais correto é definir o período como uma democracia oligárquica. Pela primeira vez temos no Brasil uma democracia de massas. É neste país imenso, complexo e desafiador que O GLOBO olha para o seu futuro.

Míriam Leitão é jornalista há mais de cinquenta anos e desde 1991 tem uma coluna no jornal O GLOBO, fazendo também reportagens e integrando coberturas especiais. É comentarista da TV Globo, da GloboNews e da CBN. Recebeu o Prêmio Maria Moors Cabot da Universidade de Columbia, o Liberdade de Expressão da ANJ e o de Contribuição ao Jornalismo da Abraji. Com o caderno "A Cor do Brasil", feito com Flávia Oliveira, colunista do GLOBO, ganhou o Prêmio da Federação Internacional de Jornalistas. Pela reportagem sobre os Awá Guajá, em parceria com Sebastião Salgado, ganhou o Prêmio Esso de Sustentabilidade.

Bibliografia

CARONE, Edgard. *A República Velha: instituições e classes sociais*. São Paulo: Difusão Europeia do Livro, 1972.
CARONE, Edgard. *Revoluções do Brasil contemporâneo (1922-1938)*. São Paulo: Difel, 1975.
CARONE, Edgard. *O Estado Novo (1937-1945)*. São Paulo: Difel, 1975.
CAMARANO, Ana Amélia (org.). *Novo Regime Demográfico: uma nova relação entre população e desenvolvimento?* Rio de Janeiro: Ipea, 2014.
CARVALHO, Maria Alice R. de. *Irineu Marinho: imprensa e cidade*. São Paulo: Globo Livros, 2012.

FAUSTO, Boris. *A Revolução de 1930*. São Paulo: Brasiliense, 1970

FRITSCH, Winston. Apogeu e Crise na Primeira República 1900-1930. *In*: ABREU, Marcelo de Paiva (org.). *A Ordem do Progresso*. Rio de Janeiro: Campus, 1990. pp. 31-72.

GRANDIN, Greg. *Fordlândia: ascensão e queda da cidade esquecida de Henry Ford na selva*. Rio de Janeiro: Rocco, 2009.

SCHWARCZ, Lilia M. e STARLING, Heloisa M. *Brasil: uma biografia*. São Paulo: Companhia das Letras, 2015.

LEITÃO, Míriam. *Saga Brasileira: a longa luta de um povo por sua moeda*. 11 ed. Rio de Janeiro: Record 2011.

NICOLAU, Jairo. *Eleições no Brasil: do Império aos dias atuais*. Rio de Janeiro: Zahar, 2012.

NICOLAU, Jairo. *História do voto no Brasil*. Rio de Janeiro: Zahar 2002.

A Cidade Maravilhosa

Lauro Jardim

No alto da primeira página de sua edição número 1, O GLOBO estampou uma chamada sobre "a cidade esburacada". O título apresentava ao leitor um certo "S. M., o rei dos buracos", com as iniciais de "Sua Majestade" antecipando o tom crítico do texto. Ousando um tipo de jornalismo que poderia caber naquela época, mas não hoje, fez mais. Além de denunciar que o "perigosíssimo buraco" no Engenho Novo estava aberto havia mais de um ano, o jornal foi ao local e, em 24h, tapou "provisoriamente" a cratera responsável por vários acidentes. Sem assinatura, o texto relatava num estilo deliciosamente datado, com direito a muitos pontos de exclamação: "Caminhão desatento que ali passasse, que tivesse um cochilo de direção, catrapuz! — lá trambolhava para dentro do tremendo buraco insaciável que engoliu tudo, carro, *chauffeurs*, passageiros, gasolina e até cavalos!".

Tudo foi feito "numa só noite de trabalho [...] para defender a vida dos incautos". Irônica, a reportagem sublinhava que, "para qualquer um de nós, tapar um buraco é só e simplesmente tapar um buraco. Para a prefeitura, é coisa muito diferente". E seguia desfiando o rol de burocracias que travavam a execução da obra e deixavam "o perverso buraco ainda aberto, faminto a pedir outros desastres, a exigir vítimas, sangue e desolação no seu apetite formidável de buraco de respeito: comida, meu santo!" — hiperbólico, esse trecho deixa no ar um certo perfume rodriguiano.

A intervenção no "buraco sinistro" foi feita à noite, quatro dias antes de a nova publicação carioca ir às bancas pela primeira vez: "O GLOBO ofereceu esse modesto serviço ao público carioca [...]". Mais do que uma reportagem, era também uma espécie de cartão de visitas. Logo na estreia do jornal, surgia a primeira das campanhas que iria promover pelo Rio de Janeiro a partir dali.

A escolha do assunto não foi um acaso. O GLOBO nasceu carioca até a medula. Seu DNA está impregnado de Rio de Janeiro. Está encharcado da vida carioca, das esquinas, das ruas. Do jeitão do carioca. Está embebido de samba. Seu fundador, Irineu Marinho, já havia dado essa característica marcante ao jornal *A Noite*, que fundara e dirigira anteriormente. *A Noite* era um diário criado e estabelecido em estreita sintonia com as agruras, o modo de vida e com as novidades que encantavam os habitantes da então capital da jovem República. Um vespertino que reportava os problemas da cidade, cobrava soluções dos governantes, mas não deixava de retratar sua efervescência cultural e as modas que a metrópole lançava para todo o país. Também por isso era retratado pela mesma agitação, ainda que indiretamente. Como na música "Pelo telefone", registrada e cantada por Donga.

Gravado em 1917, o primeiro dos sambas fazia referência a uma reportagem e uma nota publicadas em 1913 e 1916, respectivamente, no jornal de Irineu Marinho sobre a jogatina que corria solta pela cidade: "O chefe da polícia/ Pelo telefone/ Manda me avisar/ Que na Carioca/ Tem uma roleta/ Para se jogar". A letra alude a uma reportagem em que dois jornalistas de *A Noite* instalaram uma roleta em frente à sede do jornal, no Largo da Carioca. Ao lado, um cartaz: "Jogo franco! Roleta com 32 números. Só ganha o freguês!". Os objetivos da dupla eram dois: denunciar a falta de fiscalização nas casas de jogos do Rio e zombar de uma declaração do então chefe de polícia sobre a jogatina na cidade. O título do samba gravado por Donga refere-se a uma segunda notícia publicada por *A Noite*, em 1916, que relatava brigas dentro de cassinos. A repercussão levou o chefe de polícia a determinar a apreensão dos equipamentos de jogos nesses locais. Só que a ordem seria dada "pelo telefone". O que foi entendido pela população como uma determinação para não ser levada a sério.

A Noite era, numa palavra, um veículo carioca por excelência. O GLOBO nasceu com esse mesmo sotaque. E nunca fugiu desse destino. Ao contrário, reforçou-o. Com reportagens, editoriais, campanhas e cobranças às autoridades. Valores e paixões cariocas têm conexões profundas com O GLOBO. O jornal foi um dos mais ativos defensores da construção do Maracanã para ser o palco da Copa do Mundo de 1950. Foi também, em 1933, o organizador dos nascentes desfiles das escolas de samba cariocas e, em 1972, criou o troféu Estandarte de Ouro. (Tanto sobre a campanha pelo estádio quanto aos desfiles das escolas de samba, o leitor poderá apreciar os textos de Toninho Nascimento e Flávia Oliveira aqui neste livro, com todos os detalhes saborosos a que tem direito.)

Um capítulo marcante da conexão do GLOBO com a cidade deu-se a partir da segunda metade da década de 1950, no governo Juscelino Kubitschek. O jornal foi um opositor de primeira hora da ideia de JK de transferir a capital federal para Brasília. Mais especificamente, batia "na inoportunidade de tamanhas despesas numa hora em que a inflação cada vez mais desabalada compromete o equilíbrio de todos os orçamentos, desvaloriza a moeda e colabora na crescente elevação do custo de vida". Reconhecia "a arquitetura ousada e bela" da futura capital, mas afirmava que sua construção estava "ferindo de morte a economia nacional". Num dos muitos editoriais críticos, como "Brasília ou Brasil", de 20 de julho de 1959, atacou "os gastos excessivos e arbitrários que o ritmo das obras de Brasília está causando". Lançava mão de argumentos contra a gastança que caberiam muito bem até no contexto de 2025: "De onde tirar recursos se a capacidade tributária do cidadão se acha mais do que esgotada?". O jornal atacava também os aspectos éticos. Tanto por parte do Executivo ("Não houve um só edifício, uma única obra feita por concorrência pública"), quanto do Legislativo, que passaria a dar "vencimentos em dobro aos servidores transferidos": "Que a mudança não sirva de pretexto para liberalidades com os dinheiros públicos, para gáudio de uns e prejuízo da maior parte, é que não se admite". Começava ali um tempo de mordomias e penduricalhos na esfera federal que não cessou desde então.

Leonencio Nossa, no primeiro volume da biografia de Roberto Marinho, *O poder está no ar* (Nova Fronteira), lançada em 2019, conta que, num jantar, o dono do GLOBO chegou a questionar Juscelino sobre se havia mesmo necessidade de erguer uma capital no Centro-Oeste. E resolveu dar ao presidente uma sugestão. Uma ideia que, claro, privilegiava o Rio:

— Presidente, o Rio de Janeiro tem vários lugares para fazer construções. Tem a Barra da Tijuca, vazia.

Brasília, no entanto, era inevitável. O próprio jornal acabou reconhecendo o fato num editorial publicado às vésperas da inauguração: "A sentença transitou concretamente em julgado". O estreitamento dos laços do jornal com o Rio era visível e crescente em reportagens e editoriais que o jornal publicaria no período de construção da nova capital. O ambiente das mudanças estimulou-o a criar campanhas em defesa da cidade. Campanhas para aumentar a autoestima da terra que deixaria de ser, em breve, o centro político do Brasil, que deixaria de ser a Corte que fora por quase dois séculos. A partir daí, a relação do jornal com o Rio tornou-se ainda mais forte.

Dois meses antes da inauguração de Brasília e, portanto, também da alteração de condição de capital federal para cidade-estado, com o surgimento da Guanabara, um editorial de primeira página alertava: "A questão do futuro do Rio de Janeiro é, certamente, complexa e reclama soluções de profundidade que preservem o potencial econômico da atual Capital. O Rio, mesmo deixando de ser a sede do governo da União, tem condições inegáveis para continuar a progredir. Somos um grande centro industrial, apto a atrair novas indústrias para o futuro Estado da Guanabara. Tudo dependerá da orientação que se adote, sobretudo da atração que se abrir à iniciativa particular. Por isso mesmo é tempo, já que o oficialismo parece desinteressado do assunto, de cuidarem os setores privados, particularmente a indústria e o comércio, pelos seus órgãos representativos, de estudar a melhor forma de preservar o potencial econômico do Rio de Janeiro. [...] um programa de estímulos à produção local poderá significar novas fontes de riqueza no Rio, em benefício de sua população. Se o golpe da mudança for bem aproveitado, não apenas Brasília lucrará. Também o Rio, ao perder muito do seu aspecto de centro burocrático e caracterizar melhor o seu sentido industrial e comercial".

No início de 1960, O GLOBO abriu o seu auditório na antiga sede da Rua Irineu Marinho para debates com representantes do comércio, da indústria e das então chamadas "associações de bairros". Eram encontros para discutir "o destino dessa cidade após a transferência do governo para Brasília". Para a noite da virada do Rio capital federal para o Rio capital da Guanabara, o jornal promoveu uma série de eventos. Antes de mais nada, criou um slogan: "O Rio será sempre o Rio". Depois, convocou escolas de samba para um novo encontro em seu auditório para sugerir "inaugurar o novo estado festivamente". "Queremos é exatamente despertar nos cariocas essa vontade de celebrar o acontecimento." Uma das ideias dadas aos leitores foi a de iluminar os edifícios residenciais e as lojas na noite do dia 21 de abril "até meia-noite ou mais", segundo relatou uma reportagem do jornal do dia 20 de março daquele ano. E assim foi feito.

Nos dias que antecederam a mudança da capital, O GLOBO distribuiu aos leitores "pequenos cartazes com os dizeres 'Salve o Estado da Guanabara, O Rio será sempre o Rio'" para serem colados nos para-brisas dos carros, além de ter produzido faixas em tom triunfante, que se espalharam pela cidade, sobre o estado que nascia. Também, conforme sugeriu e incentivou O GLOBO, as escolas de samba desfilaram pela Avenida Rio Branco na noite do dia 20 de abril. O jornal, ainda um vespertino, anunciava a festança sob o título "Cariocas em coro: Cidade Maravilhosa": "Hoje, à meia-noite em ponto, a cidade do Rio de Janeiro deixa de ser a capital da República dos Estados Unidos do Brasil e passa a formar, sozinha e altiva, a vigésima segunda unidade da Federação brasileira. [...] Toda a Avenida Rio Branco já está engalanada para as grandes manifestações populares que ali terão lugar e onde também estarão as escolas de samba, legítimas representantes das melhores tradições cariocas. Neste momento, O GLOBO orgulha-se de ter sido o autor da ideia de se realizarem todas essas festas".

Uma semana depois desses festejos, uma página inteira foi dedicada a explicar "por que acreditamos no Rio". O texto começava acariciando o ego da cidade: "Agora que o Rio é o dono do seu próprio destino... e é uma vibrante metrópole erguida há quase quatro séculos num dos mais belos panoramas da Terra, onde Deus reuniu, em um milhar de quilômetros quadrados, o que tinha de mais caprichoso em montanhas, florestas e águas oceânicas... Agora, prevemos e acreditamos que o Rio continuará sendo um grande mercado de trabalho e de consumo para todos os setores de atividades". Havia também uma tentativa de consolar os que não se conformavam com a perda de status da cidade. Foi a hora de compará-la, com exagero, a Nova York: "a maior metrópole do mundo não é a capital do seu país".

Em seguida, apresentava aos leitores oito tópicos que demonstravam a pujança da nascente Guanabara. Eram motivos para que o carioca acreditasse que a cidade poderia andar com suas próprias pernas, sem estar abraçada à condição de Distrito Federal. Citava a força do comércio com suas "6.447 lojas". Apostava no "crescimento da indústria naval". Ressaltava que "o Rio não perderá sua condição privilegiada de segundo grande centro distribuidor". Destacava o Porto do Rio, que "divide praticamente com o de Santos a liderança portuária do país". Essa é uma comparação que hoje, 65 anos depois, além de defasada, leva a pensar que algo desandou nesse projeto de desenvolvimento: o Porto do Rio é hoje apenas o 10º maior do Brasil. Enfim, como pôde, o jornal trabalhou para injetar ânimo e confiança ao carioca quanto à nova fase que começava naquela quadra histórica.

Quinze anos depois, a cidade sofreria uma nova mudança de status. A fusão da Guanabara com o Estado do Rio de Janeiro faria da cidade-estado a capital de uma nova entidade federativa. Nascia em 1975, quando o jornal completava cinquenta anos, o Rio de Janeiro com a configuração geográfica e política que ele tem hoje. Em editoriais, O GLOBO apoiou a fusão. Aliás, um deles, publicado na capa do jornal no primeiro dia de vida do novo estado, tinha como título "Confiança na fusão". Mas o jornal demonstrava também preocupação com a execução do processo, que considerava uma "experiência arrojada". O sinal mais patente de inquietação era quanto aos recursos que caberiam ao estado recém-nascido — e quanto a cidade do Rio, ou seja, a nova capital, teria que arcar com os custos da fusão: "Injusto seria se ao ex-estado da Guanabara, de receita muito superior ao antigo Estado do Rio, coubesse o financiamento da implantação do grandioso projeto".

Mais de quatro décadas depois, em 2017, o editorial "Mobilização contra o esvaziamento" exibia um tom mais agudo de apreensão. Mencionava uma recém-anunciada transferência de uma fábrica da L'Oréal na Pavuna, na Zona Norte, para São Paulo. Fazia isso para lembrar as perdas da cidade nos últimos sessenta anos: "Retorna o fantasma dos retrocessos das décadas de 1970 e 1980, decorrentes tardios das ondas de propagação deflagradas a partir da ida da capital federal para Brasília, agravadas pelo mau humor da ditadura militar com o Rio, uma trincheira da oposição. Pela fusão autoritária com o Estado do Rio, e assim por diante". Radiografia feita, nada de entregar os pontos: "É necessária uma mobilização das lideranças empresariais, comunitárias e todas as demais para a modelagem da retomada".

Naquela semana, a última de agosto daquele ano, O GLOBO promoveria o primeiro de muitos seminários para discutir saídas para tentar virar essa chave. O evento marcaria o início de uma série de reportagens, debates e propostas amarradas sob o selo "Reage, Rio!". Nos anos seguintes, foram abordados e esquadrinhados exemplos de outras cidades pelo mundo que conseguiram ser bem-sucedidas ao dar a volta por cima em áreas como segurança pública e desenvolvimento econômico. Cidades que adotaram medidas de estímulo à criatividade e ao empreendedorismo. Propostas, enfim, para que o Rio, a capital e o estado, conseguisse superar aquele momento, que O GLOBO classificou de "a maior crise de sua História".

Já nos seus primeiros meses de vida, o jornal mirava a segurança pública do Rio de Janeiro como um assunto para ser tratado com especial atenção. Em 7 de dezembro de 1925, elogiou a abertura de um concurso público para a contratação de investigadores de polícia. A novidade ajudaria na "complexidade crescente dos serviços de segurança pública do Rio". Tratava-se de "um passo à frente", opinou. De fato, tudo foi ficando complexo ao longo das décadas. A ponto de, muitas vezes, o cidadão sentir que a violência estava fora do controle das autoridades. Incluindo-se aí a violência policial que alcançaria um grau inédito de barbárie numa noite de 1993, no entorno da Igreja da Candelária. Perto da meia-noite, dois policiais militares e um ex-policial atiraram em menores e jovens em situação de rua que dormiam na calçada. A chacina resultou em oito mortos e vários feridos.

Em 1976, numa longa entrevista ao jornal, o secretário de Segurança do recém criado Estado do Rio de Janeiro, general Oswaldo Domingues, prometeu: "A polícia vai continuar se empenhando, até limpar o estado dos marginais de todas as espécies que insistem em desafiar as leis. Peço apenas um pouco mais de tempo e paciência [...]". Como tem acontecido sobretudo a partir da década de 1970, quando de fato a violência começou a crescer exponencialmente na cidade, o secretário de Segurança da vez não conseguiu "limpar o estado dos marginais". Até hoje o carioca tem que exercitar a virtude da paciência pedida pelo general que queria "um pouco mais de tempo" — e que seria demitido no ano seguinte, por falta de paciência do então governador Faria Lima.

Promessas para tentar resolver esse flagelo são registradas desde sempre nas páginas do GLOBO. Nenhuma cumprida. Em setembro de 1986, na reta final da eleição para o governo do estado que aconteceria no mês seguinte, o então candidato Moreira Franco jogou o sarrafo lá no alto: "Vamos acabar com o crime organizado, doa a quem doer. Vamos acabar com a violência no Rio de Janeiro em seis meses". Eleito, Moreira teve um mandato marcado pelo recrudescimento da criminalidade. A onda de sequestros que assolou a cidade ocorreu sobretudo em seus anos como governador. A taxa de homicídios por 100 mil habitantes cresceu 39% em quatro anos. Pouco mais de trinta anos depois, uma nova promessa veio em forma de um anúncio publicado no GLOBO pelo governo Michel Temer logo após decidir pela intervenção federal na segurança pública do Rio em 2018: "O governo, que está tirando o país da maior recessão da sua História, agora vai tirar o Rio de Janeiro das mãos da violência". Como interventor, com plenos poderes sobre todo o setor de segurança fluminense, foi nomeado o então desconhecido general de quatro estrelas Braga Netto — que depois se tornaria notório como ministro e um dos homens de confiança de Jair Bolsonaro. A intervenção foi mais uma iniciativa de resultado pífio.

Um único momento de respiro desde os anos 1980 deu-se com a criação das Unidades de Polícia Pacificadora (UPP), no governo Sérgio Cabral. A primeira tentativa de instituir uma polícia comunitária nas favelas ocorreu em 2008, no Morro Dona Marta, na Zona Sul. Deu certo por um período curto. Nos primeiros quatro anos, não houve registro de tiroteios nem de assassinatos por ali. A experiência foi expandida para outras comunidades — 38 no total. Mas aos poucos foi afundando junto com a corrupção do período Cabral. Nas últimas décadas, a cidade acompanhou o agravamento da violência urbana, o aumento do poder dos traficantes, o surgimento das milícias — todos esses fenômenos foram noticiados com lupa e indignação pelo GLOBO.

Diante desse quadro, o jornal adotou ao longo do tempo posturas que se alternaram. Cobrou soluções das autoridades. Cobriu o dia a dia da violência que atemoriza o carioca. Publicou reportagens ou séries extensas que deram ao leitor condições de entender e analisar o problema. Lançou campanhas com propostas concretas ou que visaram unir a cidade.

O caderno especial "O Rio está perdendo a guerra contra o tráfico?", com dez páginas e publicado em 2002, já trazia em sua capa chamadas para reportagens cujos títulos são eloquentes do drama enfrentado pelo carioca. Dois exemplos: "República do Tráfico, o estado paralelo" e "As ligações entre bandidos e empresários". O caderno trazia ainda um artigo de Marcelo Yuka, ele próprio vítima da violência que campeava a cidade (e ainda campeia, não custa enfatizar). No texto, o cantor e compositor, que ficou paraplégico ao ser atingido por nove tiros durante um assalto na Tijuca, em 2000, revelava descrença em soluções tais como passeatas. "Não acredito que haja alguma possibilidade de reversão desse quadro simplesmente com passeatas na orla, se vestindo de branco. Isso não vai cegar o sabre do Elias Maluco", escreveu, referindo-se à espada de samurai com a qual o traficante matou o jornalista Tim Lopes, em 2002, depois de torturá-lo — Lopes fazia uma reportagem para a TV Globo sobre o tráfico na Vila Cruzeiro, na Penha, quando foi sequestrado pelos traficantes.

Yuka, que morreu em 2019, aludia a uma série de atos contra a violência ocorridos na cidade em anos anteriores. Um deles levou 70 mil pessoas à Avenida Rio Branco para pedir paz e protestar contra a violência. Naquela terça-feira, 28 de novembro de 1995, O GLOBO estampou a realização da manifestação com uma capa em que o branco sobressaía e na qual a palavra "Paz" aparecia em letras enormes. Abaixo, uma espécie de convocação para o ato: "A cidade se une hoje contra a violência na caminhada Reage Rio, a partir das 16h, da Candelária à Cinelândia".

Em 2001, uma nova série de reportagens especiais, "Retratos do Rio", revelou um dado chocante no caderno que abordava a violência na cidade. Sob o título "Rotina de guerra", o jornal escancarava no texto de abertura as diferenças entre as regiões do Rio de Janeiro: "A taxa de homicídios no Rio supera a de cidades como Buenos Aires (cinco mortos por 100 mil habitantes), Nova York (9,0) e Miami (23,3), mas ainda é menor que a de Washington (49,7). [...] embora a sensação de insegurança domine toda a população, a violência é maior nas áreas carentes. Na Zona Sul e na Barra, a taxa de homicídios é comparável à de Miami; na Zona Oeste, se assemelha à da África do Sul".

Uma das marcas do jornal mais antigas de cobrança às autoridades pelo cumprimento das leis e posturas municipais é a seção "Ilegal. E daí?". Surgiu há vinte anos. Não tem dia para ser publicada, assim como o desrespeito cotidiano ao ordenamento urbano não tem hora para acontecer. Basta uma omissão dos representantes do poder público para que ela faça sentido. Quem mora no Rio de Janeiro sabe que essa é uma praga diária. Não há sinal de que a série esteja perto de perder sua razão de existir. Estreou nas páginas do GLOBO em 19 de setembro de 2005 com uma reportagem sobre a poluição visual na cidade. "Os painéis fora da lei na Barra da Tijuca", dizia o título. Eram outdoors gigantes instalados no bairro, "apesar de proibidos por lei". No subtítulo, um resumo do descaso: "Um mês após a prefeitura dizer que retiraria os painéis, outro é instalado".

Dez dias depois, a série relatou ao resto da cidade um absurdo que um pequeno número de moradores do Rio já conhecia e que incrivelmente a prefeitura, então sob o comando de Cesar Maia, parecia ignorar. Era o "Empire State da Rocinha", um edifício de onze andares em final de construção no alto da favela mais populosa do Brasil. Uma obra erguida sem autorização, licença, alvará ou qualquer outra formalidade legal. "Prefeitura viu, mas não embargou", informava o título. "Espigão da Rocinha foi vistoriado e, apesar de ilegal, nada foi feito para impedir a obra." A chamada da primeira página daquele dia era uma espécie de triste consagração da série recém-iniciada pelo jornal: "De Cesar Maia sobre a verticalização da Rocinha: Ilegal. E daí?". A frase não fora dita literalmente pelo então prefeito. Mas o título da primeira página era uma interpretação fiel das palavras e do desdém de Maia, que em seu mandato anterior havia se caracterizado pelo combate à desordem urbana, mas que naquele segundo período à frente do Executivo municipal jogara no lixo o figurino de fiscalizador. A resposta do prefeito à cobrança por uma ação efetiva para coibir a ilegalidade misturou provocação com uma estudada indiferença: "Favelas existem há cem anos. O que verificamos foi se um projeto daquele porte era seguro. É muito melhor ter prédios grandes na Rocinha do que na praia, pois estes produzem sombras. O impacto ambiental é muito menor num morro cuja vegetação foi removida do que na beira da praia". Nestes vinte anos, não se soube de outro espigão desse porte erguido numa favela carioca. Mas a verticalização ilegal se espalhou pelas comunidades e áreas pobres da cidade, notadamente na Zona Oeste.

A praia, local do lazer carioca por excelência, palco de uma desordem urbana crescente e que resiste ao tempo, foi protagonista de várias reportagens da série. Em 28 de julho de 2019, jornalistas do GLOBO foram às praias para retratar mais uma novidade para o "Ilegal, e daí?" (anos depois, deu-se uma quase imperceptível alteração no título da série com a retirada de um ponto final substituído por uma vírgula): a venda de drogas por traficantes nas areias. "Ipanema agora brilha de dia — camelôs vendem cocaína na areia; 'estica' vai até Copacabana e Leme", alertavam o título e o subtítulo. O texto vinha ilustrado com a foto de um ambulante com seu tabuleiro sob o sol reluzente de Ipanema oferecendo cigarros legais, mas não só os legais...

O relato abria traçando o cenário com precisão: "Tem cocaína de R$ 100, maconha de R$ 20, dois 'becks' por R$ 50 e ecstasy a R$ 70, num feirão da droga em plena Praia de Ipanema. Nas areias entre os Postos 8 e 10, traficantes se disfarçam de ambulantes. Em voz alta, em meio ao anúncio dos vendedores de mate, empanadas e cerveja, oferecem cigarro e seda. Mas basta um contato visual para, no tête-à-tête, sem qualquer pudor, a oferta mudar, como constataram equipes do GLOBO, que se passaram por banhistas durante cinco dias de sol. 'Tenho da verdinha (maconha) e da branca (cocaína). A branca, para turista, faço a R$ 100. Para brasileiro, dou uma moral. Pego na 'boca' a R$ 50. Se você me der R$ 70, 'tá responsa', porque preciso tirar minha parte', propôs um dos falsos camelôs, no Posto 9, por volta das 14h da última terça-feira". No dia seguinte, como resposta ao "feirão das drogas", o jornal informava que "as secretarias municipais de Ordem Pública e de Fazenda farão um recadastramento dos ambulantes que trabalham nas praias de Copacabana, Leme, Ipanema e Leblon".

O olhar mais atento aos bairros é um traço permanente da relação do jornal com a cidade. O GLOBO nasceu como um veículo da classe média dos bairros do Centro, da Zona Norte e dos subúrbios. Os leitores das últimas décadas vão ligar de imediato essa preocupação com o microcosmo, com as ruas, com as esquinas. Ou mais especificamente com os *Jornais de Bairro*, suplementos semanais publicados desde 1982. Mas esse interesse remonta há muitas décadas. Foram muitas as iniciativas editoriais com essa preocupação.

Em 3 de outubro de 1963, uma chamada de primeira página anunciava que, "com a finalidade de fazer chegar aos moradores de todos os cantos do Rio o que está sendo feito pela sua rua, pelo seu bairro, por sua cidade, enfim, O GLOBO inicia hoje a seção 'Rio de Bairro em Bairro'. Nela os leitores encontrarão notas e avisos sobre obras e projetos [...]". A estreia noticiava desde o alargamento e remodelação da Avenida Suburbana (atual Dom Hélder Câmara), "que tem sido um dos grandes pesadelos dos moradores dos subúrbios", até "uma nova rua sendo aberta em Botafogo". Ou os "trabalhos de recuperação do chafariz da Praça São Salvador, em Laranjeiras". Eram notas curtas que se ocupavam de informar sobre as pequenas alterações urbanas e as novas posturas municipais que surgiam nos primeiros anos da Guanabara. Em janeiro de 1966, a seção noticiou um aumento do rigor na fiscalização das praias. Com o verão carioca ardendo e as praias naturalmente lotadas, intensificou-se o controle sobre a prática do surfe no mar e do frescobol na areia — ambas proibidas antes das 13h, "quando diminui o número de banhistas". "O coronel (da PM) Thiers Marinho Coelho conseguiu limpar as praias da Zona Sul das brincadeiras inconvenientes que importunavam os banhistas. Só no domingo passado suas patrulhas apreenderam cerca de cem unidades de objetos de jogos, como raquetes, bolas e pranchas". Eis uma desgraça que permanece até hoje sem solução, acrescida nos últimos anos do jogo de altinha à beira-mar e das tonitruantes caixas de som que infernizam os ouvidos dos banhistas a qualquer hora do dia.

No ano seguinte, em 1967, mais precisamente em 17 de março, surgia o "Plantão GLOBO", também destinado a "servir à cidade". Nele, em "datas e locais previamente anunciados, equipes de repórteres estarão em todos os bairros para ouvir seus moradores, conhecer suas aspirações, colher suas sugestões [...] cada carioca terá oportunidade de contar ao repórter o seu problema. Nos dias seguintes reproduziremos essas aspirações pelo jornal, esperando que os órgãos competentes possam dar-lhes soluções".

Na década anterior, "O GLOBO a Serviço da Cidade" tinha outro objetivo: levar as reclamações dos leitores às autoridades e jogar o holofote naquilo que não funcionava como deveria nos serviços prestados por concessionários públicos. Em 13 de junho de 1951, uma quarta-feira, o jornal informava em sua primeira página que "desde o aparecimento dessa seção conseguimos a regularização da limpeza de várias ruas, a detenção e punição de um irresponsável fiscal de feira livre, o conserto de diversas vias públicas etc. [...] continuaremos a batalhar em benefício do Distrito Federal, de sua população e das próprias autoridades, a cujo conhecimento levaremos a informação de qualquer irregularidade nos serviços públicos, possibilitando ou encaminhando as providências necessárias". Naquela edição, em tom de orgulho, a seção noticiava que "sábado último o prefeito da cidade visitava o subúrbio de Parada de Lucas e verificava, pessoalmente, a procedência das reclamações dos moradores. A visita do sr. João Carlos Vital àquela localidade e as promessas que fez representam uma das conquistas do 'GLOBO a Serviço da Cidade'".

A seção tinha espaço até para puxar a orelha de "motoristas e trocadores de coletivos" por atitudes que incluíam palavrões e o velho e ainda presente assédio às mulheres, que "temendo escândalos não respondem nem protestam" — já a submissão feminina, essa sim, é um traço que o século XXI vai deixando para trás. Vale reproduzir um trecho, em tom de editorial, publicado em 7 de junho de 1951. É uma espécie de crônica das agruras dos passageiros dos ônibus da então capital federal: "No Brasil, a expressão 'serviço público' parece não ser bem compreendida. Os coletivos, por exemplo, são considerados um 'serviço público', mas que serviço! Uma das tradições dos nossos serviços de ônibus é a falta de educação dos motoristas e trocadores. Nos velhos tempos, antes da última guerra, ela se definia através de resmungos; hoje surge através de palavrões e da mais absoluta falta de respeito pelo passageiro. Os trocadores, em geral, tentam fazer concorrência aos 'engraçadinhos da Cinelândia', aos 'galãs da esquina': as mulheres que viajam sozinhas arriscam-se a ouvir insinuações e galanteios pesados. Temendo escândalos, não respondem nem protestam. Os motoristas estão sempre apressados, nem esperam pelo sinal de partida para sair em alta velocidade. Passageiro que protesta é recompensado com ofensas que, por incrível que pareça, se refletem no próprio comportamento do ônibus. Quando um motorista deseja pronunciar-se contra os passageiros, passa a usar o freio hidráulico com mais fúria. E os que viajam veem-se jogados uns contra os outros, muitos machucando-se na confusão. Na guerra do motorista contra os passageiros e os transeuntes, o atacante é tomado de verdadeira neurose. Não há consciência de 'serviço público, falta-lhe o sentido de urbanidade e civilização'".

Todas essas iniciativas foram uma espécie de abre-alas, de embriões para o surgimento dos *Jornais de Bairros* em 1982, "um novo marco histórico na existência do GLOBO", segundo um inflamado editorial da época. Não mais uma seção ou uma página dedicada aos bairros. Mas um suplemento semanal para acompanhar de perto as dezenas de regiões da cidade, um veículo "nascido da experiência de mais de cinquenta anos do GLOBO para associar a imprensa dos temas abrangentes à imprensa dos temas localizados". Um "porta-voz das exigências e reivindicações de cada comunidade", conforme explicava a primeira página que anunciou a novidade. A estreia foi em 23 de março com O GLOBO-Tijuca. Mas, assim como os outros suplementos que seriam publicados a partir dali, abrangia também bairros vizinhos, como Grajaú, Vila Isabel, Alto da Boa Vista, Andaraí, Riachuelo, Catumbi e Rio Comprido. Na reportagem da capa inaugural, "um levantamento completo das perspectivas que se abrem para a região com a inauguração das (*três*) estações do metrô (*Saens Peña, São Francisco Xavier e Afonso Pena*)", que ocorreriam dali a dois meses. Nessa primeira fase iniciou-se também a publicação dos suplementos dedicados a Copacabana, Méier, Ipanema, Barra e Madureira.

Por três meses, no ano de 1989, no início do início de minha carreira, antes de seguir para a editoria de "Economia", fui repórter dos suplementos de Madureira (por duas edições), Copacabana (seis edições) e Ipanema (quatro edições). Fiz de tudo ali. Publiquei desde uma pequena reportagem sobre pessoas que moravam em buracos abertos dentro do Túnel Velho, em Copacabana, até uma inesperada entrevista-conversa com Tom Jobim. Meu chefe de reportagem, Ali Kamel, futuro diretor-executivo do jornal, havia me pautado para escrever uma capa para O GLOBO-Ipanema sobre os 95 anos do bairro. Uma das minhas missões era conseguir uma declaração do maestro para enriquecer a edição. Num tempo em que se ligava diretamente para a casa de um gigante como Tom sem nunca ter falado com ele antes e sem precisar passar por assessores de imprensa, telefonei certa noite para sua casa. Ana, sua mulher, atendeu. Pedi para falar com o meu entrevistado. A resposta:

— O Tom não está, quem queria falar com ele?

Quando me identifiquei, Ana passou a repetir, em voz alta, tudo o que eu dizia:

— Lauro Jardim? Sei... Dos *Jornais de Bairro*? Sei... Querendo fazer uma reportagem sobre o aniversário de Ipanema? Ah, tá... Olha... Ele acabou de chegar e vai te atender.

Fingi que acreditei na mentirinha inofensiva. Tom veio ao telefone e por quase uma hora falou sobre o bairro que ajudou a tornar famoso internacionalmente. Minha impressão é que ele nem queria dar uma entrevista propriamente. Queria apenas um ouvinte atento para falar da Ipanema de sua juventude e viajar nas próprias lembranças.

Ao longo destas quatro décadas, os *Jornais de Bairro* mudaram de cara, de projetos gráficos e foram reformatados em suas divisões geográficas. Transformações naturais para acompanhar os novos tempos e suas exigências. Mas continuam uma marca forte do jornal que permanece olhando para o microcosmo do Rio de Janeiro.

Uma trajetória centenária em defesa da cidade, no entanto, também é feita de erros de avaliação. Um deles foi a tomada de posição pela derrubada, em 1976, do Palácio Monroe. "Um monumento ao mau gosto plantado no coração do Rio", de acordo com um texto de primeira página publicado em 15 de novembro de 1975, em que simulava como ficaria a Cinelândia sem o prédio que, desde 1906, estava encravado numa das extremidades da Praça Marechal Floriano. Sede do Senado entre 1925 e 1960, o Monroe foi abaixo para a construção da estação Cinelândia do metrô. Até havia a possibilidade técnica de o traçado se desviar do palácio e seguir sem maiores problemas em direção à estação seguinte, a da Glória. Mas, para O GLOBO, o Monroe era um "falso palácio", um "palácio de equívocos" (títulos de dois editoriais). Um "monstrengo" que não merecia ser tombado: "De nossa parte continuaremos vendo no Monroe tudo, menos um palácio ou qualquer coisa de valor histórico. A demolição, no caso, não tem o sentido de destruição de um patrimônio, mas de recuperação de uma área nobre da cidade que está prejudicada na sua paisagem e na sua utilidade social".

O Monroe não tinha, de fato, qualquer importância arquitetônica em especial. Era mais um exemplar da arquitetura eclética do início do século XX tão desprezada pelos modernistas. Além disso, sofrera alterações em suas características originais, tantas foram as reformas internas e na fachada do prédio. Possuía, no entanto, uma carga de História que transcendia os elementos estéticos. Os pró-demolição descartaram a força da memória afetiva da cidade ao pregar pelo desaparecimento da construção. O Rio acabou perdendo um prédio histórico que poderia integrar o conjunto de edificações erguidas na primeira década do século passado naquela região do Centro: o Theatro Municipal, o Museu Nacional de Belas Artes, a Biblioteca Nacional e a antiga sede do Supremo Tribunal Federal — quatro edificações, aliás, construídas sob os princípios da arquitetura eclética.

O GLOBO não foi uma voz solitária pela derrubada do antigo Senado. Estava (muito bem) acompanhado de arquitetos e urbanistas de peso em sua opinião. Um deles, ninguém menos do que Lúcio Costa. Relator no Instituto do Patrimônio Histórico e Artístico Nacional (Iphan) de um processo que discutiu o tombamento de construções históricas na região da Cinelândia, o criador do traçado de Brasília não deixou pedra sobre pedra: "[O] Palácio Monroe já perdeu todo e qualquer significado e deve ser demolido em benefício do desafogo urbano". Assim foi feito, com o aplauso entusiasmado do jornal, que comemorou, em 11 de outubro de 1975, a resolução do general Ernesto Geisel: "Por decisão do presidente da República, o Patrimônio da União já está autorizado a providenciar a demolição do Palácio Monroe. Foi, portanto, vitoriosa uma campanha deste jornal que há muito se empenhava pelo desaparecimento do monstrengo arquitetônico da Cinelândia".

Historicamente, também se sobressai a marca do GLOBO como promotor de grandes eventos na cidade. Do Projeto Aquarius, que desde 1972 leva a música clássica a uma multidão de cariocas, até o que hoje se transformou num dos cinco maiores eventos do calendário turístico da cidade — o Rio Gastronomia, que teve sua primeira edição em 2011. Surgiu como uma evolução do Prêmio Rio Show de Gastronomia, que o jornal promovia desde 2003. De uma noite que originalmente homenageava os melhores chefs, restaurantes e bares do Rio, transformou-se no maior festival gastronômico do Brasil. De apenas uma noite no espaço acolhedor do MAM, passaria, com o tempo, para os atuais três finais de semana numa área gigantesca no Jockey Club Brasileiro, com muita música — são diversos shows diários — e atrações como roda-gigante e tirolesa. Mas, sobretudo, com grandes restaurantes da cidade, os mais renomados chefs dando aulas ao público em geral e dezenas de pequenos produtores expondo e vendendo seus produtos. Em sua 14ª edição, em 2024, levou um público recorde de 125 mil pessoas ao Jockey.

O GLOBO é um jornal nacional. Sempre foi. Apesar de sua preocupação e de um olhar muito especial para o Rio de Janeiro, nunca deixou de cobrir os assuntos relevantes do país e do mundo. Nos primeiros 35 anos, até 1960, como o Rio era a capital do Brasil, o que era um assunto carioca era também, por extensão, obrigatoriamente um tema que acabava afetando os brasileiros de qualquer lugar. Era tudo um pouco misturado. Já há alguns anos, a maior parte dos seus leitores não está mais na cidade em que o jornal nasceu e está sediado. Estão espalhados por todos os estados brasileiros, o que é natural num tempo de informações rolando freneticamente por meios digitais. O jornal cresceu. O Rio, contudo, permanece uma cidade-chave para o Brasil. Portanto, o que acontece aqui interessa — e muito — aos brasileiros. Ao GLOBO, então, nem se fala.

Lauro Jardim iniciou sua carreira no GLOBO em 1989 no *Jornais de Bairro*. Ainda naquele ano, transferiu-se para a editoria de "Economia", onde foi repórter e chefe de reportagem. Depois, trabalhou na *Istoé*, no *Jornal do Brasil*, na *Exame* e na *Veja* até retornar ao GLOBO em 2015 para editar um blog diário e uma coluna dominical na edição impressa do jornal.

Um jornal de todas as famílias

Cora Rónai

No dia 7 de fevereiro de 2025, uma sexta-feira, O GLOBO publicou a foto de um ovo quente, com a tampinha cortada, no alto da primeira página.

"Perfeição: Cientistas dão a receita de como fazer o ovo cozido dos sonhos."

No resto da capa, o trivial da vida carioca — ações contra planos de saúde, o tráfico, a violência, a onda de calor em que os termômetros marcaram 40 graus.

Um dia como os outros.

Mas aquele ovo quente acima do cabeçalho, impresso em toda a sua glória, resumia, numa imagem emblemática, a evolução de um jornalismo que já esteve confinado ao que se costumava chamar de "Páginas Femininas", evoluiu para "Comportamento" e hoje, na verdade, permeia todo o noticiário — um jornalismo que, como os seus leitores, aprendeu a ter olhos para tudo, e entendeu que essencial nao e apenas o que impacta a sociedade, mas também o que pode mudar o cotidiano.

Em suma: todos os assuntos têm o seu mérito.

Essa transformação não aconteceu de um dia para o outro. Foi um processo lento, imperceptível de edição a edição, mas evidente quando, de 2025, olha-se para um longínquo 1925. À medida que a sociedade mudava, o jornal mudava também, despia-se de formalidades, adotava as questões do seu tempo.

A pandemia de 2020 confundiu de vez as fronteiras entre o lar e o trabalho, entre o *home* e o *office*, e nos ensinou que "vida doméstica" não é, necessariamente, um nicho separado de "mundo real". A vida entra pelo escritório no meio da entrevista ao vivo, late durante as reuniões, é imprevisível e descabelada; a vida atravessa as notícias como um gato que pula no teclado na hora errada, se é que ainda há hora errada.

O jornalismo que encontra lugar para um ovo quente no alto do cabeçalho é um jornalismo que, enfim, percebe que não há fronteiras entre "leitura feminina" e "leitura masculina"; que a leitura da mulher é tudo o que ela quiser ler; e que os homens também vão para a cozinha.

Um jornal, duas leituras

Homens e mulheres de classe média viviam em dois universos muito distintos quando O GLOBO começou a circular. Os homens saíam cedo de casa, pegavam o bonde e iam à caça de terno, gravata e chapéu; as mulheres cuidavam para que as crianças estivessem saudáveis e educadas; a casa, em ordem; e a comida pronta na hora das refeições.

Aqueles ainda eram tempos em que se almoçava em casa: comércio, bancos e repartições públicas fechavam impreterivelmente do meio-dia às 14h, tempo de sobra para ir e voltar. A capital da República tinha menos de 1,2 milhão de habitantes e quase nada do que, hoje, definimos como trânsito.

(Uma notícia da primeira página da primeiríssima edição do GLOBO: "É assombroso o aumento dos automóveis! De 2.772 para 12.995 no espaço de um ano!")

Os homens atravessavam a cidade resolvendo negócios, assinando contratos e discutindo política nos cafés do Centro; as mulheres circulavam entre as modistas e o pequeno comércio, comparando preços, abastecendo a casa, ajustando as bainhas dos vestidos. Dois universos que raramente se cruzavam ao longo do dia, exceto na hora do almoço.

Ele trazia as novidades do escritório e do mundo; ela dava notícias da casa e da família — e, sobretudo, esperava que ele aprovasse a comida.

O jornal que chegava de manhã não era igual para ambos, embora fosse exatamente o mesmo. As manchetes políticas, as análises econômicas e os editoriais inflamados, cheios de pontos de exclamação — como se usavam pontos de exclamação! —, pertenciam ao marido; para a esposa existiam as páginas femininas, onde se falava de moda, de boas maneiras, culinária e, ocasionalmente, literatura e belas-artes.

Nenhuma mulher respeitável se arriscaria a discutir a primeira página do jornal numa roda masculina. Não pegava bem, não era de bom-tom.

O casamento oficializava essa separação. Ele mantinha sua vida profissional; ela assumia um novo cargo, sem direito a salário ou férias, no qual supervisionava não só a casa, as domésticas e as crianças como a própria aparência. Ser boa cozinheira, boa administradora e boa educadora não bastava, era preciso também estar sempre impecável, descansada como uma princesa num eterno spa, passarinhos em volta cantando.

As famílias de classe média tinham sempre duas ou três empregadas, babá, cozinheira, arrumadeira. Gente rica tinha também copeiras, jardineiros e um tipo relativamente novo de funcionário, o *chauffeur*. A Ford se instalara no país apenas seis anos antes, e a General Motors acabava de abrir uma montadora no bairro do Ipiranga, em São Paulo, onde pretendia produzir 25 automóveis por dia.

O pelotão de funcionários aliviava o trabalho físico, mas não a responsabilidade de quem o supervisionava. A casa era o reino da mulher, mas era, também, a sua prisão. E, se algum homem dissesse, entre amigos, que a esposa "não trabalhava", ela provavelmente concordaria, porque o que ela fazia não era mesmo considerado trabalho.

A cidade que cabia no bonde

A vida carioca pulsava entre os cafés e as confeitarias do Centro, onde políticos e intelectuais discutiam as últimas manchetes. Os grandes magazines começavam a popularizar a ideia do consumo moderno, embora os vendedores ambulantes ainda apregoassem os seus produtos pelas ruas.

Havia saraus e concertos, eventos literários, uma cena teatral efervescente e muitas fitas mudas, que vinham de Hollywood e eram exibidas nos cinemas acompanhadas por "pianeiros", os pianistas que se especializavam em improvisar conforme o filme (Ernesto Nazareth foi um deles).

No fim de semana, o bonde levava as famílias para banhos de mar em Copacabana, ainda uma praia sem grandes edifícios.

Grandes edifícios eram, aliás, uma nova tendência. Tão nova que, em fevereiro de 1932, uma longa reportagem se dava ao trabalho de esclarecer "Como se vive nos apartamentos": "A ideia perfeita de apartamento ainda não parece muito arraigada no espírito carioca. Eis talvez porque muitos, contemplando um arranha-céu de vários andares, olham-no com 'tom de mistério', pensando como aquela gente toda pode viver tão estreitamente ligada e tão profundamente indiferente à sorte dos que habitam a dois palmos da sua porta".

O Tinder a pé

O grande evento social do Rio de Janeiro dos anos 1920 era o *footing*. A palavra vem do inglês *foot* e indica algo simples: passear a pé, caminhar sem pressa. Na prática, porém, o *footing* era um desfile, uma dança silenciosa em que rapazes e moças circulavam pelas praças e avenidas movimentadas, fingindo passear enquanto conferiam os demais fingidores.

Nos fins de tarde, principalmente aos domingos, a Rua do Ouvidor, a Avenida Rio Branco, a Praça Tiradentes, os jardins do Passeio Público e toda e qualquer pracinha de bairro viravam passarelas improvisadas. As moças, sempre acompanhadas pelas mães ou pelas amigas, caminhavam fazendo charme, ajeitando as luvas, lançando olhares rápidos para os rapazes que vinham na direção oposta. Eles, por sua vez, iam e vinham, ora ajeitando o chapéu, ora mexendo no bigode, tentando um olhar mais insistente, um cumprimento tímido, um sorriso encorajado por algum conhecido em comum.

O *footing* era o Tinder da época, uma forma aceitável de interação entre os sexos. As mulheres de boa família não podiam simplesmente aceitar convites de desconhecidos (ou conhecidos) para sair — mas podiam aceitar olhares, numa prévia discreta dos bailes e das apresentações formais.

Entre as senhoras

Os jornais eram guias do cotidiano, registros de um Brasil que se modernizava, mas que ainda preservava as marcas de uma sociedade tradicional. O GLOBO, como fiel espelho do seu tempo, trazia, já na sua edição de estreia, uma coluna especial para as leitoras, "Entre as Senhoras".

"No seu atraente programa de jornal moderno, não se esqueceu O GLOBO das suas gentilíssimas leitoras. Reservou para elas essa coluna, onde uma voz de mulher falará às mulheres cariocas, num tom de singela camaradagem, um pouco de tudo o que lhes poderá interessar. É esta, pois, a coluna da mulher!"

A responsável era Laurita Lacerda Dias, que apresentava a carta de intenções do novo espaço:

"Não trataremos aqui de assuntos transcendentes, problemas de alta filosofia, questões de política ou de finanças, mas, sim, dessas serenas coisas encantadoras, tão indispensáveis ao espírito da mulher de hoje.

Esta seção tocará, levemente, em todos os assuntos: literatura, música, elegâncias, mundanismo, seja citando o sucesso de um livro do dia ou uma nota original de uma moda que surge, seja seguindo e desenvolvendo uma ideia qualquer.

Não ficará, porém, aí o seu programa: esta coluna está animada dos bons desejos de defender os interesses da mulher que trabalha, da mulher que luta para manter honesta e corajosamente o seu lar. Terá um carinho especial para essas obscuras heroínas que fazem o orgulho do seu sexo".

Esse foi o espírito predominante das colunas e páginas femininas ao longo das décadas seguintes. Mulheres — mesmo as que trabalhavam, "honesta e corajosamente", para manter o seu lar — não deviam cansar as lindas cabecinhas com assuntos desagradáveis.

As cariocas e os versos

Da primeira coluna de Laurita Lacerda Dias:

"Há tempos um estrangeiro ilustre, de passagem pelo Rio, disse-me entre surpreso e encantado:

— Como gostam as cariocas de ouvir versos!

E era justa a observação. Quando se anuncia um recital de poesia, uma leitura de versos, uma festa literária — enfim, as minhas patrícias acorrem logo, enchem o salão com a sua graça, iluminando-o com o brilho quente do olhar cheio de curiosidade e de emoção.

Mas, há pouco, numa das últimas sessões da Academia de Letras, esse interesse e esse entusiasmo tomaram proporções de um verdadeiro acontecimento social.

É que os versos que seriam ouvidos são da lavra do maior poeta vivo do Brasil — Alberto de Oliveira —, que, com Olavo Bilac e Raimundo Correia, forma a trindade suprema da poesia brasileira".

Acrescia, ainda, que esses maravilhosos poemas seriam lidos pelo autor.

"O Petit-Trianon viveu, naquela tarde, talvez a mais bela das suas horas de arte.

Todas as mulheres formosas do Rio se reuniram numa esplêndida *corbeille* para consagrar, com o seu aplauso e sua admiração, o artista que conseguira a mais alta expressão nos versos, de profunda filosofia, grande emoção e grande beleza."

Bilac é lido até hoje e virou nome de escola e de praça; Raimundo Correia é rua e sobrevive nas antologias. Mas Alberto de Oliveira, que foi um dos pilares do Parnasianismo e reinou na Academia Brasileira de Letras, desapareceu do radar. Enquanto os modernistas escandalizavam São Paulo com versos livres, imagens tortas e rupturas de todo tipo, ele ainda escrevia sobre colunas gregas, jardins abandonados e ruínas clássicas. Seus versos eram perfeitos demais, equilibrados demais, como a arquitetura de um palácio que ninguém mais habita.

O poeta mais importante do Brasil, aclamado pelas mulheres mais elegantes do Rio de Janeiro — e, um século depois, quase ninguém se lembra de seu nome.

O destino é muito caprichoso.

O DIREITO AO VOTO

Os dois universos bem definidos que O GLOBO encontrou na sua estreia, em julho de 1925, estavam em vias de mudança. Desde a Primeira Guerra Mundial, o mundo não era o mesmo. Com a ida dos homens para o front, as mulheres assumiram funções e responsabilidades antes exclusivamente masculinas; agora, começavam a pleitear até mesmo o direito ao voto.

A primeira página do dia 4 de maio de 1933 foi dominada por um único assunto, atrelado a nada menos do que dezesseis fotos: as eleições para a Assembleia Nacional Constituinte, ocorridas no dia anterior. Essas eleições, primeiras sob a supervisão da recém-criada Justiça Eleitoral, foram marcadas por duas inovações extraordinárias — o voto secreto e o voto feminino.

"Com o pleito de ontem, e o seu entusiasmo dentro da ordem e da liberdade, a Revolução resgatou, afinal, a sua primeira dívida para com a causa democrática do país!", exclamava a manchete. O subtítulo esmiuçava a notícia: "As impressões colhidas pelo O GLOBO no decorrer da grande jornada cívica — O elemento feminino concorreu às urnas com uma vibração e uma independência que honram a cultura da mulher brasileira — Foi digna de louvores a ação inteligente e serena dos encarregados do policiamento — Candidatos e cabos eleitorais — Novos processos de propaganda — Um *bureau* em cada esquina."

"A ordem por toda parte deu ao pleito um grande prestígio. As mesas, presididas por magistrados, fortaleceram a confiança de quantos quiseram exercer o direito de cidadania. A presença das senhoras, a nosso ver, aumentou a severidade das seções eleitorais. Os cariocas são fidalgos no trato com as mulheres e o comparecimento delas cooperou para que houvesse, por toda parte, uma extraordinária compostura. A balbúrdia antiga, até certo ponto, desapareceu. [...] Compareceram às urnas 71 mil cidadãos! A percentagem é espantosa. Os cariocas não conheciam nada parecido."

A ditadura da beleza

A conquista do voto foi um passo gigantesco. A caminhada, no entanto, mal começava.

Em novembro de 1938, as leitoras (agora eleitoras) ganharam um espaço só para si. "O GLOBO Feminino" circulava às sextas-feiras e trazia as páginas mais bonitas do jornal, com grandes fotos, belas ilustrações e uma diagramação leve. Os temas continuavam sendo os de sempre — a moda, as misses, a beleza, folhetins e poemas.

Em 1943, no auge da Segunda Guerra Mundial, que dominava o noticiário, "O GLOBO Feminino" conclamava as leitoras: "Ser bela é seu dever!".

"Esteja sempre bonita. Entre as resoluções que toma hoje, querida leitora, inclua esta: 'Farei tudo o que estiver ao meu alcance para parecer mais bonita sempre!'. Não importa a idade que você tenha. Não importa a situação em que você se encontre. A beleza é um dever feminino e você deve cumpri-lo para não faltar ao seu destino."

As instruções eram simples: conserve-se saudável, cuide dos cabelos e da pele, cuide de seu make-up, seja cuidadosa ("Tenha seus sapatos limpos, as meias bem esticadas. Se não sabe se a sua gola ou as suas luvas ainda estão limpas, o melhor é lavá-las antes de usá-las de novo").

Os conselhos dividiam a página com anúncios de liquidação de *manteaux* e outros artigos de inverno, produtos de toucador para a cútis e enceradeiras que dispensavam energia elétrica ("o seu pedido de uma experiência sem compromisso será para nós extremamente honroso").

Mulheres na redação

Nos anos 1950, a tensão entre tradição e mudança começava a se tornar visível nas páginas do jornal. Na década do ideal doméstico, da Rainha do Lar que cozinhava sorridente para a família e criava os filhos impecavelmente vestidos, uma nova realidade se impunha. O GLOBO expandiu as páginas femininas que reforçavam os velhos clichês, mas, ao mesmo tempo, abria espaço nas demais páginas para mulheres que iam além do que se esperava delas e eram atletas, educadoras, executivas, cientistas.

A essa altura já havia até mulheres trabalhando na Redação! Elas eram exatamente três: a repórter policial Albeniza Garcia, a setorista da Aeronáutica Julieta de Melo Resende e Elsie Lessa, da reportagem geral — que, um dia, teve a audácia de pedir a Roberto Marinho uma crônica diária no jornal, e foi atendida.

Elsie estreou como cronista em março de 1952 e escreveu sem interrupção até as vésperas de sua morte, em abril de 2000.

Lá como cá

Em 1955, no dia em que O GLOBO fez trinta anos, um dos principais destaques nas suas folhas foi a crise entre o governo peronista e as autoridades eclesiásticas na Argentina. No ano anterior, Perón rompera relações com a Igreja Católica e abolira os feriados religiosos, permitira a abertura de estabelecimentos de prostituição e, sobretudo, promulgara uma lei que autorizava o divórcio. A Igreja, é óbvio, reagiu — e Buenos Aires fervia desde então, com manifestações populares contra e a favor das medidas.

Passados seis meses de confusão, Perón ansiava por uma pacificação do país, mas o episcopado estava irredutível e divulgou, em julho, um alentado documento que O GLOBO transcreveu ao longo de três dias.

A educação religiosa?

"Um direito inalienável das famílias argentinas e da Igreja Católica, ou seja, a educação cristã dos filhos, que o Estado não tem o direito de suprimir quando queira ou como queira, sem cometer injustiça e perjúrio grave, consideradas a formação moral e espiritual das consciências."

A legalização dos prostíbulos?

"Um erro higiênico, uma injustiça social, uma monstruosidade moral e um crime jurídico."

O divórcio?

"O mais rude golpe contra a santidade da família cristã, ferindo o coração da Igreja."

Menos de três meses depois, Juan Domingo Perón seria deposto, e passaria os próximos anos no exílio. A legislação pecadora foi revogada, e argentinos e argentinas só voltaram a ter direito ao divórcio em 1987.

A essa altura, nós já tínhamos esse direito há dez anos.

Em compensação, desde 2021, as *hermanas* podem abortar legalmente, enquanto nós parecemos cada dia mais distantes dessa possibilidade.

Direitos e escolhas

Nos anos 1960 e 1970, o mundo começou a desabotoar o colarinho — e O GLOBO foi obrigado a afrouxar a gravata. A cobertura de comportamento, antes discreta como um sussurro em sala de jantar formal, passou a acompanhar uma sociedade que se soltava, falava mais alto e questionava regras que pareciam imutáveis.

As mulheres não estavam mais confinadas ao lar. Muitas saíam de casa para estudar e trabalhar. Algumas, vejam vocês, chegavam até a decidir por si mesmas as suas próprias vidas. As colunas femininas incorporavam pitadas de debates sobre direitos e escolhas individuais. A moda e a beleza dividiam espaço com pautas que iam bem além da cor do batom da estação.

Enquanto o jornal se ajustava à nova realidade, a contracultura e o feminismo batiam à porta — às vezes de salto alto, às vezes de sandália com sola de pneu. O GLOBO não virou um panfleto revolucionário da noite para o dia. Mas foi aprendendo, talvez meio contrariado, que aquela sociedade de colarinhos engomados e saias bem-comportadas já estava dançando ao som de um ritmo diferente. E, no fim das contas, mesmo com um ou outro tropeço, acabou seguindo a música.

A LUTA PELO DIVÓRCIO

É difícil acreditar nisso hoje, mas, até 1962, as mulheres casadas ainda precisavam de autorização do marido para trabalhar, viajar e abrir comércio ou conta no banco. Não podiam receber heranças nem tinham direito à guarda dos filhos em casos de separação. Até então, de acordo com o Código Civil de 1916, elas eram consideradas "incapazes".

Foi só a partir da aprovação da Lei nº 4.121/1962, conhecida como Estatuto da Mulher Casada, que esses direitos que consideramos básicos entraram em vigor — e, ainda assim, com ressalvas, porque logo de saída a lei estipula quem manda:

"Parágrafo II, Artigo 233 — O marido é o chefe da sociedade conjugal, função que exerce com a colaboração da mulher, no interesse comum do casal e dos filhos".

De acordo com a lei, competiam ao marido a representação legal da família, a administração dos bens comuns e mesmo dos particulares da mulher, e o direito de fixar o domicílio da família, o que parece coisa boba, mas significa que ia todo mundo para onde lhe desse na veneta e pronto.

No parágrafo seguinte, a lei estabelecia o papel da mulher:

"Artigo 240 — A mulher assume, com o casamento, os apelidos do marido e a condição de sua companheira, consorte e colaboradora dos encargos da família, cumprindo-lhe velar pela direção material e moral desta".

E, com tudo isso, não só as mulheres se casavam como ainda sonhavam com o casamento.

O tempora, o mores!

A luta pelo divórcio, que vinha desde o século XIX, apareceu pela primeira vez numa capa do jornal ainda em 1926.

"Falou nos o sr. Flores da Cunha:

— Não darei apoio a nenhum projeto de divórcio.

O sr. Adolpho Konder expendeu mais amplamente o seu modo de encarar os factos:

— Não é por ser celibatário que sou pelo divórcio. Apoiarei qualquer projeto, nesse sentido, pela certeza de que, travando-se o debate, todos concordarão em não ser mais possível deixar sem solução a situação do casal incompatibilizado. O divórcio é uma solução lógica, que não pode causar repulsa a uma inteligência esclarecida. [...]

O sr. João Mangabeira, da Bahia, tem uma opinião mais esclarecida:

— Como legislador brasileiro, não me assiste o direito de impor a minha vontade pessoal à nação. Fazendo lei, tenho que consultar os reclamos e o pendor natural da coletividade. E sente-se que a opinião, no Brasil, ainda não admite o divórcio.

Nessa ordem de considerações, o sr. Salles Junior admite uma reforma da legislação, mas, muito rigorosa e discreta, visando dar solução a casos especialíssimos.

O sr. Plinio Marques, do Paraná, passava na ocasião e disse-nos sem pestanejar:

— Sou contra o divórcio, e por mil e um motivos.

O padre Walfredo Leal, nem o interrogamos."

Adorei a última frase e saudei o espírito do colega anônimo que, há tantos anos, acenou à inteligência do leitor.

Os argumentos contra e a favor foram sempre os mesmos ao longo das décadas. De um lado, o bom senso; de outro, "maldição para a sociedade, ameaça para os lares, causa de maus casamentos, excitação à imoralidade, grande mal para os homens e mal maior para as mulheres", como assegurava, em 1929, um magistrado ouvido pelo jornal.

Em 1938, o assunto continuava na pauta do dia, e O GLOBO fazia enquetes populares nas ruas, ora com os condutores de bonde ("Quem está contra, é porque é feliz, e o divórcio é feito para os infelizes" — David Batista), ora com os funcionários dos cinemas ("Ele virá por força mesmo da evolução brasileira. A mulher adquirirá nova mentalidade, com mais ampla consciência dos seus direitos" — Marina Pacheco), ora com os comerciários ("Quem não quer o divórcio é porque não precisa do divórcio. Remédios não são feitos para gente sã" — Gertrudes Maran).

A série concluiu que, ao contrário dos legisladores, o povo não se deixava intimidar: "A maioria é favorável — Seria a igualdade dos direitos do homem e da mulher — Medo, apenas, de bicho-papão".

Ora, pílulas

O ano de 1962 foi também, e sobretudo, o ano da pílula. Pela primeira vez na História as mulheres tinham de fato o controle sobre a reprodução — e, a partir daí, nada seria como antes. No Brasil, país católico e conservador por excelência, a pílula foi recebida com polêmica, com enorme resistência da Igreja e muita burocracia: as cartelas só eram liberadas com apresentação de receita médica e certidão de casamento.

O apoio vinha de cientistas para quem a pílula era a única saída diante do explosivo crescimento populacional. Uma manchete de outubro daquele ano perguntava:

"Poderá uma pílula salvar a Humanidade?".

Prevalecia, na época, a teoria de que o mundo em breve não conseguiria mais produzir alimentos para todos. Não sei exatamente quando essa teoria saiu de cartaz, mas o pânico era tão real que eu, criança, tinha sérias preocupações em relação ao futuro (O que vamos comer na semana que vem?).

E, como *fake news* não são exatamente uma invenção contemporânea, ainda em março de 1963 o jornal publicava, em destaque: "Médico desmente que Enavid faça crescer bigodes em mulheres".

Afinal, predominaram o jeitinho e o bom senso. Com a possibilidade de adiar a maternidade, as mulheres puderam investir nos estudos, nas carreiras e em seus próprios sonhos. A pílula virou símbolo de escolha e de liberdade.

A revolução (e uma espécie de revolução)

No fim de 1963, num daqueles habituais balanços de fim de ano em que se perguntam a diversas personalidades o que acharam do ano que se foi e o que esperam do ano que vem, a página feminina ouviu a socialite Carmen Mayrink Veiga:

"Foi um ano muito agradável, apesar de no plano nacional ter sido cheio de preocupações quanto à estabilidade política e financeira. Mas tudo isso já passou e vamos fazer planos e esperar que em 1964 saia tudo ótimo".

Spoiler: saiu tudo errado em 1964.

Ok, nem tudo. No dia 4 de janeiro estreava no GLOBO o caderno "Ela", agora sim um suplemento inteiro, e agora sim com um olhar mais abrangente e audacioso para o chamado "universo feminino".

"Ela" chegou em grande forma, com texto de apresentação do próprio Roberto Marinho:

"Tão ativos e ruidosos se mostram os homens neste século que os que se deixam iludir pelo mundo frágil das aparências concluem que vivemos num mundo masculino. Mas já era tempo de sabermos melhor... O homem, na divisão do trabalho da espécie, em geral se encarrega de transformar o mundo — pela criação, pela transformação nem sempre acertada, e pela destruição tão lamentavelmente frequente. Cabe à mulher a tarefa mais profunda, embora menos espetacular e quase silenciosa, de manter os valores morais, os sentimentos eternos, as bases permanentes da civilização".

Nina Chaves, a primeira editora e nome icônico do, vá lá, "jornalismo feminino", também dava um alô.

"Este caderno não foi planejado para você passar os olhos simplesmente. Tem muita coisa boa e útil para ser lida devagar, nesta tarde de sábado e amanhã. O modelinho, o teste, a aula de encenação, o risco de bordado, a nova receita... Você gostaria até de guardar. Assim, fique com o caderno inteirinho para você. 'Ela' é sua!"

Desde a sua primeira edição, o caderno "Ela" era um produto à parte, quase um corpo estranho. As regras da diagramação que amarravam o resto do jornal não valiam naquele território estiloso.

— A diagramação e a programação visual, éramos nós que fazíamos — lembrou Nina numa entrevista para Suzete Aché em 2014, quando o caderno completou cinquenta anos. — Os primeiros craques dessa área a fazer parte da equipe foram Marta Alencar e José Augusto Bicalho. Fez o maior sucesso. Todo mundo esperava pelo sábado e, depois de ler, ficava ao telefone comentando.

Nina assinava as colunas "Linhas Cruzadas" e "Borbulhantes", leitura obrigatória de cariocas descolados, num tempo em que a palavra "descolados" ainda não existia nesse sentido — mas cariocas descolados, como sempre, sim.

O "Ela" era o caderno que se levava para ler na praia, que ditava moda e antecipava tendências. Ao longo dos anos, ele foi capitaneado por jornalistas que imprimiram a sua marca no jeito de ser carioca: Sonia Biondo, Elda Priami, Mara Caballero, Toni Marques, Ana Cristina Reis, Renata Izaal, Bruno Astuto, Marina Caruso.

Em 2017 deixou de ser suplemento e passou a ser a revista dominical do jornal, sem esquecer as suas raízes, mas abraçando com força as pautas de comportamento.

Soft news

Na velha Redação dividida em ilhas (pequenos grupos de mesas com fronteiras mais imaginárias do que reais), a do caderno "Ela" era sempre uma festa — pelas pessoas que iam e vinham, pelas visitas ilustres (todas as celebridades posavam para ensaios fotográficos), pelos tesouros garimpados pela produção e que às vezes subiam para o nosso andar antes de ir para o estúdio, um andar abaixo.

A criatividade e a liberdade de diagramação eram, paradoxalmente, resultado da sua importância secundária dentro da ordem natural das editorias. Como "coisa de mulher", o caderno "Ela" podia ser arejado e solto, ao contrário de "Política" e "Economia", por exemplo, obrigadas a seguir os circunspectos padrões de costume.

Entendi essa mecânica quando lancei o "Informáticaetc.", em 1991, em plena era de ouro do jornalismo impresso. O "Info" não era um caderno feminino, mas também não era *hard news* — e tinha a imensa vantagem de não ser lido por absolutamente ninguém da Redação (leia-se: ninguém da chefia). A informática era nicho do nicho, assunto de uma tribo ainda muito pequena; quem não pertencia ao grupo não tinha qualquer interesse no que abordávamos. Graças a isso, o caderninho podia chegar às raias do experimental, apesar de circular como parte de um todo que tinha regras de estilo e de diagramação bastante bem definidas.

As editorias do "Ela" e do "Informáticaetc." fechavam às quintas e sextas, no mesmo horário, e Mara Caballero e eu disputávamos o mesmo diagramador, Leonardo Drummond, um espírito livre que não só concordava com as nossas transgressões como tinha ideias ainda mais viajantes.

Naquela época, as páginas eram desenhadas em papel e assim seguiam para a oficina. Leo várias vezes escondeu as mais transgressoras dentro da gaveta, para evitar o gongo.

"Precisamos lembrar que 1964 foi também um ano marcado por um turbilhão cultural", escreveu Melina Dalboni ao relembrar os sessenta anos do suplemento. "No teatro, Nara Leão e Zé Keti estreavam *Opinião*, no Arena. Na literatura, Clarice Lispector publicava um de seus livros mais radicais, *A paixão segundo G. H.* Na música, Roberto Carlos lançava 'É proibido fumar'. E o turismo do Rio ganhava destaque nos jornais internacionais com o *dolce far niente* de Brigitte Bardot em Búzios."

É verdade, nem tudo deu errado.

Angela do Rego Monteiro, que participou do lançamento do "Ela" e mais tarde foi sua editora, lembrava o clima da Redação, cinquenta anos depois, numa reportagem de Suzete Aché:

— Além do barulho dos teclados das máquinas de escrever, tinha guerra de bolinha de papel de diagramação, a fofoca em alta voz com Nelson Rodrigues e João Saldanha conversando aos berros e sendo apartados por Marisa Raja Gabaglia. Era uma fascinante loucura.

É verdade, a Redação — as redações dos grandes jornais, em geral — era uma loucura. É impossível explicar a um jovem jornalista pós-home office como trabalhávamos no mundo pré-computador (a começar pela parte ruim, a fumaça de cigarro tão espessa que podia ser cortada com faca). Eu ainda me lembro de funcionário do cafezinho passando com o carrinho entre as mesas, tirando as xícaras (de porcelana) usadas e trocando por novas e fumegantes. Hoje isso me parece tão remoto e surreal que fico com a impressão de que não passou de um sonho.

Novos ventos

Apesar de ter perdido o posto oficial para Brasília, o Rio continuava a ser a capital cultural do país. Lançava moda e ditava costumes, e o "Ela", que traduzia o espírito da cidade, tinha um papel fundamental nisso. Nomes hoje emblemáticos apareceram pela primeira vez nas suas páginas — Isabela Capeto, Richards, Alessa, Farm, Maria Bonita, Andrea Saletto, Cantão, Lenny Niemeyer, Yes, Brazil, Blue Man, Salinas... a lista não acaba mais.

"A moda estava sempre inserida em um contexto maior, como a cultura, a nossa forma de viver e o estilo de vida carioca", lembrou Patricia Veiga, coordenadora de moda durante 25 anos, em entrevista para Melina Dalboni. "Tínhamos uma visão mais descontraída, e nem por isso superficial. Promovíamos parcerias artísticas, retratando pessoas que não fossem só modelos, mas anônimos com história de vida ou de vanguarda, além de artistas, cantoras, escritores, cineastas."

A marca, que frequentemente mudava de cor e de estilo, ganhou até versão especial de Milton Glaser, designer mundialmente conhecido pelo clássico "I ♥ NY", cujo escritório redesenhou o jornal em 1995. Todos os outros cadernos e editorias morreram de inveja.

"Há duas formas de rever a História: de bom ou de mau humor", escreveu a editora Ana Cristina Reis na edição especial de cinquenta anos. "Se quiséssemos avaliar os últimos cinquenta anos de má vontade, diríamos que estamos menos corteses e mais acelerados, menos sensíveis e mais biônicos, menos naturais e mais artificiais. A sacola reciclável e a prateleira dos orgânicos dividem os holofotes com o Botox e os implantes. Presencial e "inoperante" são palavras reveladoras do dia a dia — você não precisa estar aqui, só tem que funcionar. Nunca se viveu tanto, e nunca se tomou tanto remédio para dormir. Mas esse caderno não é obtuso e muito menos pessimista. O que acompanhamos em cinco décadas foi fascinante. A pílula, a psicanálise disseminada e a internet globalizada sacudiram nossas vidas — mesmo os mais descrentes não podem reclamar de monotonia. E o melhor: não é preciso ir ao extremo de analisar profundamente as mudanças nos papéis sexuais, culturais e geográficos, nós estamos experimentando isso gradualmente. Este ano, um amigo brasileiro, que mora em Nova York, vai se casar com um judeu americano no castelo de parentes franceses, levando junto o filho de três anos de um deles. Sabe qual é a minha preocupação? Se estará muito quente em agosto no interior da França."

Laços de família

Entre 1972 e 2004, o "Ela" teve uma espécie de concorrente interno no *Jornal da Família*, um suplemento mais pé no chão, dedicado ao dia a dia da leitora que trabalhava, "honesta e corajosamente", para manter o seu lar. O *Jornal da Família* abordava temas como educação, saúde, artesanato, culinária. As receitas eram tão práticas que traziam até o preço dos ingredientes; a moda era tão concreta que trazia moldes para quem costurava os próprios vestidos, à maneira da revista internacional *Burda*, quem lembra?

Uma seção muito apreciada era a lista de ofertas da semana:

"Quem comprar esta semana uma vassoura de pelo Langer no Porcão das Casas da Banha ganha de graça uma pá de lixo. Preço das vassouras: Cr$ 6,60, 9,75 e 13,25. / Nas Casas Gaio Marti, a compra do pacote de sabão Omo de 600 gramas por Cr$ 3,25 dá direito a levar um sabonete Gessy. Nos Supermercados Disco, o sabonete Lux de 90 gramas custa esta semana Cr$ 0,65 cada. Preço normal: Cr$ 0,85".

Havia também uma seção de conselhos úteis a partir de cartas do público, com uma pauta e um título audaciosos:

"'Fora de Dúvida' tem como objetivo responder a todas as questões de todos os membros da família. Desde o problema da escolha da cortina certa, pela dona de casa, até o investimento que o dono da casa deve fazer. Entre uma coisa e outra, os problemas psicológicos dos filhos, a compra ou não de uma moto para o mais velho, os problemas de solidão da irmã solteira".

O contraste com o "Ela" era grande. Em lugar das celebridades, gente comum, como os leitores e leitoras. O primeiro número fez questão de deixar isso claro trazendo uma longa matéria com uma família de classe média como todas as outras, retratada no jornal não por se sobressair em qualquer aspecto, mas, ao contrário, por ser igual às demais.

"A família nossa de cada dia: eles dizem que não formam uma família — é tudo uma patota!

Oito horas da noite. Lá embaixo, as amendoeiras têm poucas folhas e não passa ninguém na rua. Na sala, o cheiro bom da comida de Iolanda: é hora de jantar no apartamento 201 da Rua Barão da Torre, 461..."

Sim, pois é — naquela época ainda era comum dar o endereço completo dos entrevistados.

Os cabeludos, a minissaia e o monoquíni

Os anos 1960 e 1970 foram tempos de ruptura e de transformação. Tudo era contestado: a moral sexual, os papéis de gênero, a opressão racial, a autoridade política, os padrões de consumo. A moda deixou de ser questão meramente estética e passou a ser termômetro social. As saias subiram, os cabelos cresceram, as roupas viraram bandeiras libertárias; a educação sexual, antes tabu, começou a aparecer entre receitas e dicas de etiqueta.

Não foi uma transição fácil.

Os colégios, sobretudo os religiosos, estavam cortando um dobrado, e volta e meia apareciam nas páginas. Os uniformes tinham saias compridas, que as alunas enrolavam na cintura para encurtar; era uma luta diária, travada na entrada das escolas e em todas as casas onde viviam meninas. Em 1969, um estabelecimento optou por uma decisão salomônica.

"Contra a minissaia e a recusa geral às saias convencionais, o melhor remédio são as calças compridas. Essa foi a conclusão a que chegaram os padres do Colégio Santo Antônio Maria Zaccaria ao decidir consultar suas novas alunas sobre o uniforme, obtendo um resultado sem sombra de dúvidas: entre 158 mocinhas, 156 votaram pela cassação das saias de qualquer comprimento."

Dois anos depois, eram os garotos que estavam na berlinda:

"Uma ordem disciplinar que não estava sendo cumprida desde o início do ano letivo passou a ser observada rigorosamente a partir de ontem, no Colégio Sao José, na Tijuca: aluno de cabelo comprido não tem permissão de entrar para assistir às aulas".

Por incrível que pareça, isso foi matéria de capa. Era tão séria a coisa que o próprio ministro da Educação, o coronel Jarbas Passarinho, fez questão de esclarecer, pessoalmente, que não havia nenhuma restrição ao ingresso dos cabeludos em qualquer estabelecimento de ensino do país — mas nem isso foi suficiente para os mais conservadores. Numa crônica de janeiro de 2014, o inesquecível Artur Xexéo lembrava:

"Eu sofria com os regulamentos que os irmãos maristas do Colégio Arquidiocesano, de São Paulo, impunham para seus alunos. Eles implicavam muito com corte de cabelo e calças jeans. O problema do cabelo não era exatamente o corte. Ele não podia ser grande. Não podia bater nos ombros. Na verdade, não podia sequer cobrir as orelhas. O ideal é que fosse cortado com máquina zero. Quanto aos jeans, os padres nem resistiram muito. Naquela época, o português ainda era a língua dominante no país. Então, os jeans eram chamados de calças rancheiras. Essa questão estava começando a mudar com a popularidade das calças Lee. Afinal, o quente não era usar um jeans qualquer ou uma calça rancheira qualquer. O quente era usar uma calça Lee. Os padres do Arquidiocesano odiavam a calça Lee, mas já não podiam fazer muita coisa contra ela. Era praticamente uma unanimidade estudantil".

Nas praias, o escândalo era o monoquíni, uma espécie de parte de baixo, com suspensórios, sem a parte de cima — uma peça tão esquisita quanto essa descrição. Lançado por um estilista alemão, ele foi o primeiro passo rumo à aceitação do topless nas praias europeias e ícone da revolução sexual dos anos 1960.

Aqui, porém, onde as areias ainda eram cenário para o desfile de maiôs inteiros e de duas peças, e onde os primeiros e bem comportadíssimos biquínis mal e mal despontavam, marcou gol contra.

"E eis que neste ano de 1964 outro golpe de audácia, desta vez muito mais violento que os seus antecessores, surge o monoquíni. Ele já enfrentou o julgamento popular. [...] O combate ao monoquíni nem é feito por ligas de moral, mas as próprias mulheres se recusam a aceitá-lo como moda capaz de ser usada."

Tinha razão a nota do "Ela", o monoquíni era mesmo espaventoso; mas ele antecipou o topless que, nos anos 1970 e 1980, apareceu em Ipanema, e foi combatido (pela polícia) e defendido (pelas banhistas audaciosas que tentaram lançá-lo) com igual ardor. É curioso que essa moda nunca tenha pegado no Brasil — onde se aceitam, há tempos, os menores biquínis do planeta.

Durante a ditadura, qualquer coisa considerada "imoral" podia ser alvo de repressão. O corpo feminino era, como não podia deixar de ser, um dos principais alvos desse moralismo. Em 1971, quando Leila Diniz posou na praia, grávida e de biquíni, o mundo veio abaixo. E, ainda assim, o sol continuou nascendo pela manhã e se pondo à noite.

Que imoralidade, o David!

Em março de 1979, dez anos depois de Neil Armstrong chegar à Lua, o delegado Façanha chegou a uma das casas de Ricardo Amaral, com ordens para conter a imoralidade reinante.

"'Temos informações de que existem aqui painéis imorais e recebemos ordens do Gabinete do secretário de Segurança para tomar as devidas providências.' Foi o que disse o delegado Edgar Façanha ao proprietário da Drugstore da Lagoa ao chegar ali com seus assistentes. [...] Na inspeção que se seguiu, antes da chegada dos peritos, o delegado Façanha mandou tapar com guardanapos uma estátua e colocar faixas pretas em dois painéis do pintor Luiz Jasmin em que aparecem, com os seios desnudos, Gal Costa deitada num bosque tropicalista e Danuza Leão entre cogumelos. O delegado Façanha mandou ainda apreender um pôster que reproduz o 'David' de Miguel Ângelo."

Ah, mas isso foi há quase cinquenta anos. Sim, de fato; mas, em 4 de agosto do ano 2000, a bem dizer no outro dia, foi a vez de o Canecão virar manchete:

"Pela primeira vez no Brasil, o famoso espetáculo francês *Crazy Horse* já está causando polêmica. O enorme cartaz do show, que mostra oito bailarinas de seios de fora, teve que ser modificado ontem por determinação do juiz da 1ª Vara da Infância e da Juventude, Siro Darlan: a direção do Canecão, onde o espetáculo estreia amanhã, foi obrigada a cobrir com estrelas vermelhas os bicos dos seios das vedetes".

Ontem, como hoje

Em 1946, o escritor Orígenes Lessa escreveu um artigo que cairia como uma luva, hoje, na questão do divórcio:

"Parece que não vivemos num regime teocrático. Vivemos numa tentativa de democracia em que todas as ideologias podem ser defendidas — e principalmente atacadas — e em que todas as religiões podem ser professadas — e principalmente desobedecidas. [...] Há razões pró. Há razões contra. Concordo que um católico, apostólico, romano, preso à sua Igreja e aos seus ensinamentos, seja inimigo incondicional do divórcio. É opinião dele e de sua Igreja. É direito seu assim pensar e agir de acordo. Mas não parece justo que ele queira impor o seu ponto de vista a quem não comunga dos mesmos princípios religiosos".

O grande herói da batalha do divórcio foi o senador Nelson Carneiro, que apresentou um primeiro projeto em 1951, e continuou batendo nessa tecla com insistência até 1977, quando finalmente conseguiu a aprovação de uma emenda constitucional. Até então, o casamento era um vínculo indissolúvel, só atenuado pelo desquite.

Essa jabuticaba jurídica, que fez a infelicidade de incontáveis brasileiros e brasileiras, permitia a partilha dos bens e acabava com a convivência sob o mesmo teto, mas não permitia a ninguém recomeçar a vida com outra pessoa.

Ainda não encontramos o Nelson Carneiro do aborto, a pessoa de coragem suficientemente imbuída da causa para enfrentar os religiosos e os moralistas de sempre. O resultado é que o Brasil acompanhou a liberação do aborto de longe, como mero espectador da evolução.

Em janeiro de 1973, a histórica decisão da Suprema Corte dos Estados Unidos foi manchete ("EUA: Liberação do aborto provoca onda de protestos"); em 1974 foi a vez da França ("Mulheres francesas dão apoio total ao projeto"); em 1978, Itália ("Vaticano condena aborto legalizado"); em 2008, Portugal ("Uma vitória do SIM ao aborto"); até Argentina, em 2021.

Em 2016, porém, as francesas ainda estavam lutando contra os bispos, que queriam proibir a venda da pílula do dia seguinte. Numa grande matéria de debates, me chamou a atenção uma declaração do médico Arthur Campos da Paz, presidente da Federação Internacional de Fertilidade:

"Um aborto provocado sem indicação médica é ou uma falha do indivíduo, que não se vale dos métodos anticoncepcionais à sua disposição, ou uma falha da sociedade ou da ciência, que não lhe proporcionam os métodos adequados".

No mesmo ano, ao lado de outra reportagem sobre o tema, O GLOBO publicou um "suelto", um daqueles pequenos editoriais que ficam no meio do noticiário:

"O aparecimento da pílula do aborto não poderia, por si, levar a Igreja e a todos aqueles que condenam as interrupções voluntárias da gravidez a mudar de posição. A opinião do Vaticano baseia-se no sagrado princípio do respeito à vida, e não há avanços científicos que possam — ou devam — modificá-la. Por outro lado, a comprovada eficácia da pílula reforça o mais forte argumento do outro campo: é melhor interromper com segurança uma gravidez antes do quinquagésimo dia do que fazê-lo, com riscos, mais adiante. O impasse é profundo. Levando em conta que não há como fazer desaparecer uma descoberta científica importante, talvez seja inevitável que o tema venha a ser resolvido, não de uma vez, mas a cada dia, na consciência de cada mulher para a qual o dilema se apresente".

Iguais, sim — mas nem tanto

Ao contrário do que temiam os padres, a sagrada instituição da família não desapareceu da face da Terra quando a lei do divórcio foi aprovada ou quando as mulheres passaram a fazer uso de contraceptivos eficazes. Outras discussões sobre o papel da mulher na sociedade também avançavam — mas foi só em 1988, com a entrada em vigor da nova Constituição Federal, que chegamos à real igualdade jurídica.

Os homens deixaram de ser os "chefes da sociedade conjugal" e deixaram também de ter preferência na guarda dos filhos em casos de separação; a discriminação salarial foi oficialmente proibida; e as mulheres passaram a ter direito de ingressar em todas as carreiras do funcionalismo público em igualdade de condições com os homens.

No papel, pelo menos, estava tudo resolvido.

Mas estava?

Na verdade, não, e não só no Brasil. Neste ano da graça de 2025, no dia 8 de março, um sábado, quando se comemorou o Dia Internacional da Mulher, a página 18 veio com um título desalentador:

"Direitos em retrocesso: desigualdade no planeta leva a perdas globais de mais de US$ 7 trilhões".

E se ainda fosse só isso, o dinheiro; mas vem tudo no pacote, vidas, sonhos, um jeito positivo de estar no mundo.

"Cinquenta anos após as Nações Unidas terem oficializado o 8 de Março como o Dia Internacional da Mulher, os direitos das mulheres e meninas enfrentam ameaças sem precedentes em todo o mundo", escreveram Letícia Messias e Ana Flávia Pilar. "Níveis cada vez mais altos de discriminação, a redução de proteções legais e a diminuição do financiamento para programas e instituições que apoiam e protegem as mulheres compõem o cenário que o ex-secretário-geral da ONU Ban Ki-moon (2007-2017) descreveu, ainda em 2014, como uma 'pandemia' de violência de gênero. Apenas em 2024, um a cada quatro países retrocedeu no caminho para a igualdade."

O Brasil está muito mal na fita:

"O México, onde no ano passado Claudia Sheinbaum tornou-se a primeira mulher presidente na História do país, está na pior posição (142ª) entre os países da América Latina no último Índice Mulheres, Paz e Segurança (WPS, na sigla em inglês), o único que avalia conjuntamente inclusão, justiça e segurança femininas. Ele também aparece em primeiro lugar na lista dos cinco países com mais casos de violência política contra mulheres, acompanhado de Brasil, Nigéria, República Democrática do Congo (RDC) e Mianmar. Juntas, essas nações representam 43% dos casos registrados globalmente no relatório".

Quem ama não mata

Quando a jovem Aída Curi foi atirada do alto de um edifício na Avenida Atlântica, em 14 de julho de 1958, a primeira reação da imprensa foi colocá-la sob suspeita. Ela havia subido com seus três assassinos e, menos de uma hora depois, estava morta na calçada. A repercussão do caso foi enorme — e, já no dia 16, surgia no jornal a primeira tentativa de culpá-la pelo próprio infortúnio:

"Admitem as autoridades que no caderninho de notas de Aída Curi haja elementos positivos para o total esclarecimento do mistério. Nele estão anotados nomes e endereços de homens, muitos taquigrafados, havendo, ainda, frases alusivas ao conhecimento da jovem com essas pessoas. Essas anotações permitem admitir-se que a mocinha não mantivesse uma vida regular, dando mesmo a impressão de ser ela um tanto leviana".

Partia-se do princípio de que as mulheres eram invariavelmente culpadas pelo que lhes sucedia.

"Soubemos, também, que dona Jamila Jacob Curi, viúva e mãe da mocinha falecida, não queria que a filha estudasse na Cultura Inglesa, tendo anuído, porém, ante a insistência de Aída, que pretendia submeter-se a concurso no Dasp. No dia da morte, dona Jamila, quando Aída esteve de passagem em casa, vinda entre 16h e 17h do trabalho, para seguir depois para Copacabana, admoestou-a, pois a moça estava usando muito batom."

Batom ou não batom, caderninho de notas ou não, os fatos se sobrepuseram às suposições, e a opinião pública transformou Aída em mártir. Hoje, quatro ruas em diferentes cidades levam seu nome.

Vinte anos depois, em outros casos célebres — os assassinatos de Ângela Diniz (1976), Cláudia Lessin Rodrigues (1977) e Mônica Granuzzo (1985) —, a cobertura já denunciava enfaticamente a violência contra a mulher. O GLOBO fez cobertura extensa e diária dos assassinatos.

O caso Ângela Diniz repercutiu tanto que os muros das cidades brasileiras foram tomados pela inscrição "Quem ama não mata" — frase que, inclusive, virou título de uma série de enorme sucesso da TV Globo, sobre feminicídio. A tese da "legítima defesa da honra" deixou de ser aceita nos tribunais.

Os números, porém, continuam alarmantes. O Anuário da ONU revelou, em 2023, o aumento da violência contra mulheres e meninas em todos os continentes. Foram 85 mil mulheres assassinadas, sendo que 51 mil por parceiros ou familiares. No Brasil, em 2023, registraram-se 1.467 assassinatos. E uma pesquisa recente da Rede de Observatórios de Segurança indica que, a cada 17h, uma mulher é vítima de feminicídio.

Feministas e machões

O pior é que essa luta já era antiga em 1927, quando, pela primeira vez, O GLOBO falou em feminismo, e entrevistou uma feminista. D. Anna César era, como mandava a ortografia da época, a *leader* da Legião da Mulher Brasileira e percorria o Brasil promovendo o voto feminino:

"Filha da terra gaúcha, fui a Manaus (Amazonas) desfraldar, pela primeira vez, há vinte anos, naquela terra ubérrima, a bandeira do feminismo. [...] Foi o Grêmio Familiar Amazonense o primeiro grito do feminismo no Brasil. Por aquela época ninguém, noutro estado brasileiro, pensou em realizar tal propósito. Cabe, portanto, ao Amazonas a glória de haver plantado as primeiras sementes do feminismo pelas mãos das filiadas daquele grêmio, por mim fundado e presidido por mais de dez anos".

Depois disso, o feminismo não saiu mais das folhas. Em 1935, até os espíritos foram convocados a se manifestar sobre o assunto.

"A mulher não precisa masculinizar-se", sentenciou o espírito Emmanuel, através do médium Chico Xavier. "Precisa educar-se, dentro da sua feminilidade. O problema do feminismo não é o da exclusão da dependência da mulher; deve ser o da compreensão dos seus grandes deveres. [...] Homem e mulher, cada um deles, têm obrigações nobilíssimas a cumprir, nas posições diferentes em que foram colocados, dentro do planeta. Aliás, na Humanidade, a mulher, por sua profunda capacidade receptora, guarda os deveres mais sagrados diante das leis divinas."

É curioso observar a ocorrência desse termo, "feminismo", no arquivo do jornal. Na década de 1920, ele apareceu em 322 páginas — mas é bom lembrar que, tendo sido lançado em 1925, O GLOBO viveu apenas metade daquela década. Nos anos 1930, o feminismo foi mencionado 765 vezes; nos anos 1940, 330 vezes. Essa diminuição tem uma explicação lógica: a cobertura da década de 1930 foi particularmente intensa nos primeiros anos, durante a batalha pelo voto feminino. Depois são 444 referências nos anos 1950, 780 nos anos 1960 e... 2.374 nos anos 1970!

Que década, minha gente, que década.

Nos dez anos seguintes, a máquina de busca do acervo destaca 4.398 páginas; quase a mesma coisa nos anos 1990, 4.592, e 2.747 nos anos 2000.

Nos anos 2010 foram 3.541. Agora, nos novos 2020, já estamos em 1.345, mas ainda temos cinco anos pela frente.

A título de curiosidade: "machismo" apareceu pela primeira vez no jornal em 27 de outubro de 1969 numa crítica de Martim Gonçalves à peça *Chá e simpatia*, de Robert Anderson, montada por Amir Haddad (não, ele não gostou). E apareceu assim mesmo, entre aspas, porque era palavra novíssima. Em fevereiro de 1971, uma coluna explicava: "A expressão machismo, derivada de macho, data de poucos anos; tanto que ainda não figura nos dicionários nem sequer na última edição do Larousse".

Dois meses depois, em abril, Betty Friedan, principal ativista da Segunda Onda feminista e autora de *A mística feminina*, estava no Rio para uma série de debates sobre o Women's Lib. O GLOBO a entrevistou.

"Esta é uma revolução que marcará os anos 1970 em todo o mundo. Ela não é uma revolução como a de Marx. É puramente existencial. Ela pretende que comecemos a enfrentar o problema da exploração da mulher na sociedade, tanto em dólares quanto em cruzeiros. O nosso movimento é real, porque se trata do relacionamento homem-mulher, em última análise. E ele existe, está aqui para ficar. A mulher tem que ser dona do seu corpo, do seu futuro."

Parece óbvio, mas era tudo menos isso naquele tempo. Foram precisos muitos eventos, muitos encontros, muitas e muitas páginas de entrevistas.

"O machão é o máximo da mistificação, da fraqueza e da insegurança. Como gente, como indivíduo, é tão dominado quanto a mulher. Só que não sabe disso", explicou Heleieth Saffioti para Marisa Raja Gabaglia em 1972. "O processo de independência de uma mulher começa quando ela passa a ter qualificação profissional e autonomia financeira."

É interessante notar como as mudanças sociais se repetem nas páginas. Primeiro aparecem de forma discreta, como ideias excêntricas, meros objetos de curiosidade; depois crescem, viram polêmica, dão pano para mangas — até que, num instante, parecem ter estado ali o tempo todo.

O jornal, como a sociedade, vai se ajustando ao que não pode mais ignorar.

Nos anos 1980 e 1990, as páginas femininas foram se dissolvendo no que hoje chamamos "jornalismo de comportamento" — aquele que olha para o cotidiano e, além da rotina, enxerga tendências e percebe mudanças, sutis e nem tão sutis, nos costumes, na forma como nos relacionamos, nos vestimos, nos alimentamos, trabalhamos e amamos.

Crime ou pecado?

As lutas LGBTQIAP+ traçaram um arco semelhante ao do feminismo: começaram nas margens, foram ignoradas, ridicularizadas, combatidas — até que, pouco a pouco, se tornaram parte inegável do tecido social.

O GLOBO só começou a falar em homossexualidade em fins dos anos 1950, e sem saber exatamente onde encaixar a questão, se em medicina ou polícia, ou que termo exatamente usar: às vezes era "homossexualidade", às vezes "homossexualismo", não raro na mesma matéria.

(Deixamos de usar o termo "homossexualismo" porque o sufixo "-ismo" carrega uma conotação associada a doenças, condições patológicas ou doutrinas — como reumatismo, narcisismo ou fascismo. Isso reforçava a ideia equivocada de que a homossexualidade era um distúrbio ou algo a ser tratado. A mudança oficial ocorreu em 1990, quando a Organização Mundial da Saúde (OMS) retirou a homossexualidade da Classificação Internacional de Doenças (CID), deixando de considerá-la uma patologia.)

"O emprego do Cortisone preconizado para o tratamento da homossexualidade", dizia a manchete em 1953. Em 1957, o jornal repercutiu o Relatório Wolfenden, que causava, em Londres, "um vendaval de opiniões que se chocam violentamente":

"O que está provocando maior controvérsia é a proposta de que o homossexualismo seja considerado um pecado e não um crime como vem acontecendo desde 1885. De acordo com esse conceito, e alegando que não compete à lei intrometer-se na moral particular, o relatório recomenda que deixe de ser punida a prática sodomítica voluntária entre adultos, sem ofensa ao pudor alheio".

A legislação inglesa ainda levaria dez anos para acatar as conclusões do relatório, e só descriminalizou a homossexualidade em 1967.

Para a populariíssima coluna "Tudo o que você deve saber de medicina", assinada pelo médico Walter C. Alvarez, da Clínica Mayo, em 1959, as suas causas eram psicológicas:

"Um médico meu amigo ficou um tanto indignado comigo, por ter me ouvido dizer que, em quase todos os casos de homossexualismo vistos por mim, eu conseguira um histórico de psicose, alcoolismo, suicídio ou qualquer anormalidade nervosa na família. Em resposta, apanhei na mesa a ficha do último paciente dessa natureza, que acabara de entrevistar. Era um jovem esquisito, excêntrico, sem espírito prático, sonhador, e que sempre fora hipocondríaco, imaginando sofrer de todas as doenças conhecidas. [...] Certa ocasião, passara três semanas em transe histérico".

As páginas mais antigas do acervo do jornal estão digitalizadas como imagens. Podem ser transformadas em texto com OCR. O ChatGPT me ajudou muito nisso — mas, ao transcrever esse último trecho, achou importante fazer um alerta:

"Esse texto reflete ideias ultrapassadas e patologizantes sobre a homossexualidade, comuns em certas abordagens médicas do século passado. Caso precise de alguma adaptação ou contextualização, me avise!".

Apesar de tudo, essa opinião era singularmente esclarecida para uma época que demonizava tudo o que se afastava um milímetro que fosse do então "normal". Quatro anos antes, em 1955, Alvarez já falava com delicadeza de pessoas trans, quando o conceito ainda nem existia:

"Após um artigo que escrevi recentemente sobre os travestidos, ou os homens que desejam vestir-se como se fossem mulheres, recebi um bom número de interessantes cartas de variadores dessa anomalia, os quais manifestavam-se muito agradecidos pela minha compreensão do seu problema. Diversos deles disseram-se extremamente infelizes porque, embora em sua composição psíquica sejam acentuadamente femininos, encontram-se encarcerados num corpo masculino de que nao gostam e que não desejariam possuir. Depois de ter escrito o artigo mencionado, tive ocasião de ler um livro excelente: *A história de Roberta Cowell*, uma autobiografia citada pelo British Book Center, N. Y. City. Todos aqueles que desejam compreender melhor esse estranho fenômeno deveriam procurar conhecer esse livro, pois é um relato franco, honesto, corajoso e muito bem escrito".

Sempre achei que "dr. Walter C. Alvarez da Clínica Mayo", uma presença de peso na minha infância e adolescência, era pseudônimo de um grupo de trabalho, mas não: o Google informa que ele nasceu em 1884, em São Francisco, e escreveu dúzias de livros (*several dozen books*). Foi clínico e professor universitário, e sua coluna, publicada em diversos diários dos Estados Unidos, era licenciada para jornais do mundo inteiro. Uma síndrome mental e um tipo de contração uterina levam o seu nome, assim como o principal prêmio da Associação Americana de Escritores de Medicina. Um dos seus quatro filhos, Luis Alvarez, ganhou o Prêmio Nobel de Física em 1968.

A LETRA DA LEI

Nos anos 1980 e 1990, quando a sigla ainda era GLS (gays, lésbicas e simpatizantes), as menções na imprensa eram raras e quase sempre atravessadas por estereótipos. O jornalismo só começou a olhar para a comunidade LGBT com um mínimo de seriedade quando a epidemia de Aids se transformou em tragédia pública. Mesmo assim, o olhar daqueles tempos era carregado de moralismo, como se a morte fosse um preço a pagar por desafiar as normas.

"Num documento de 16 páginas, intitulado 'Carta aos Bispos da Igreja Católica sobre a atenção pastoral às pessoas homossexuais', assinado pelo cardeal Joseph Ratzinger e divulgado ontem, a Congregação para a Doutrina da Fé, além de reafirmar o seu veto ao homossexualismo, destacou que a tendência homossexual 'é um comportamento intrinsecamente mau do ponto de vista moral'. O texto exorta os bispos a lançarem uma enérgica campanha de esclarecimento sobre os ensinamentos da Igreja a respeito do problema e acusa as organizações pró-homossexuais de fazerem uma 'propaganda enganosa' da posição eclesiástica, induzindo parte do clero e da opinião pública a pontos de vista equivocados."

Isso, pasmem, foi publicado em 31 de outubro de 1986 — a bem dizer, ontem. O cardeal Joseph Ratzinger tornou-se, em 2005, o papa Bento XVI.

Nos anos 2000, o cenário começou a mudar. Aos poucos, os casais gays das novelas deixaram de ser só alívio cômico, as uniões civis passaram a ser pauta de tribunais, e a sociedade foi percebendo que aquelas histórias não eram "tema sensível", mas apenas vida real. Em 2011, o STF reconheceu a união estável entre pessoas do mesmo sexo; em 2013, o CNJ garantiu que ninguém poderia ser impedido de se casar.

De repente, o que era luta virou lei — como se, justamente, sempre tivesse sido assim.

Para as pessoas trans, o caminho foi (e ainda é) mais árduo. Durante décadas, elas eram invisibilizadas ou reduzidas a caricaturas de marginalidade e escândalo. Foi só na segunda metade da década de 2010 que a narrativa tomou outros rumos. Em 2018, o STF garantiu o direito à mudança de nome e gênero no registro civil sem necessidade de cirurgia, passo fundamental para o reconhecimento da identidade trans.

Em 2025, a presença de pessoas trans no mercado de trabalho, na política, na cultura já não é uma raridade — mas a resistência continua, assim como as tentativas de retrocesso. Como tudo o que diz respeito a direitos, nada está garantido para sempre.

BANDEIRA DE PAPEL

Em 28 de junho de 2021, Dia do Orgulho, O GLOBO publicou um suplemento especial. Era um caderno importante, vistoso e colorido, que podia ser desfraldado como uma bandeira. Uma lembrança, uma comemoração, uma reafirmação de luta.

"Ao olhar as novas gerações, pulsantes em determinação ao afirmarem suas diversidades, o sentimento é de alegria e orgulho" — escreveu o ativista Carlos Tufvesson, então coordenador executivo da Diversidade Sexual na Prefeitura do Rio de Janeiro. "Hoje, podemos ser o que somos e gritar, publicamente, que somos todos iguais, como preconiza a nossa Constituição Federal. Nossa afetividade não é mais classificada como doença pela Organização Mundial da Saúde. Casais homoafetivos têm, perante a lei, os mesmos direitos e deveres de qualquer outro modelo de família, desde a decisão do Supremo Tribunal Federal que completa dez anos neste 2021. Pessoas trans e travestis podem ser chamadas por seus nomes — com a garantia legal de que suas identidades serão respeitadas. Entretanto, se em 28 de junho de 1969 levantávamos, a partir de Stonewall, nossas vozes para dizermos que somos cidadãos, em 28 de junho de 2021, ainda nos deparamos com a necessidade de reiterarmos o mesmo posicionamento."

Não era cantada, era assédio

Poucas questões ligadas a comportamento sofreram guinada tão radical nas últimas décadas quanto a maneira como a sociedade encara o assédio sexual. O que já foi normalizado, tolerado e eventualmente silenciado passou a ser discutido, denunciado e combatido com intensidade feroz. O jornal acompanhou — e refletiu — essa transformação.

Quando, em 1991, Desirée Washington, então com dezoito anos, acusou o boxeador Mike Tyson de estupro, as manchetes eram menos sobre a violência e mais sobre o atleta: "Tyson luta para se manter de pé", "Ex-campeão vai à lona sem contagem", "Um combate perdido por pontos". A cobertura lamentava o garoto que saiu do gueto, o *bad boy* que não conseguiu fugir ao seu destino — e acabou até virando anedota na coluna de Agamenon Mendes Pedreira, personagem de humor e tio do zap *avant la lettre*.

"Mike Tyson foi condenado esta semana por ter estuprado uma mulher sem que ela quisesse. As mulheres são assim mesmo. Quando um macho não cumpre com a sua obrigação viril, as fêmeas partem logo para a ignorância, e a coisa acaba sempre em violência."

Era um outro mundo.

Em 1998, passamos vários meses discutindo sexo oral no horário nobre, com todas as crianças na sala. A questão, que hoje parece tirada de um roteiro surrealista, envolvia uma escala de poder inesperada: o então presidente Bill Clinton era acusado de manter relações impróprias com a estagiária Monica Lewinsky.

Como todos os jornais do planeta, O GLOBO cobriu o caso exaustivamente, mas a abordagem se concentrava mais nas implicações políticas e nos esforços de Clinton para se manter no cargo do que no "detalhe" do abuso de poder. Monica Lewinsky foi atirada ao fogo da opinião pública, e a sua vida virou um espetáculo midiático — um padrão recorrente em casos de assédio e abuso.

Ela se considera, com razão, a primeira pessoa cancelada universalmente, e se dedica, hoje, a combater o ódio nas redes sociais.

Muitos anos se passariam ainda para que o mundo, enfim, prestasse atenção ao outro lado da história.

O estopim do Me Too

O ano de 2017 foi um divisor de águas. Em outubro, uma série de reportagens no *New York Times* e na revista *The New Yorker* expôs décadas de abusos cometidos pelo magnata de Hollywood Harvey Weinstein. A partir dali, os panos quentes que protegiam homens poderosos começaram a esfriar. O movimento Me Too, que já existia desde 2006, explodiu como um fenômeno global: mulheres do mundo inteiro passaram a compartilhar histórias de assédio e de abuso nas redes sociais, revelando a escala do problema.

Desta vez, a cobertura foi diferente. O GLOBO, como outros veículos, passou a tratar o assédio como um tema de relevância social e política. A narrativa já não girava em torno da defesa dos acusados ou da desconfiança em relação às vítimas. O jornal publicou relatos de atrizes, executivas, funcionárias públicas, trabalhadoras comuns — e, de repente, ficou impossível ignorar o peso do que vinha sendo denunciado.

Os relatos escancararam uma realidade que era bem conhecida, mas pouco falada. O assédio estava presente não apenas nos ambientes de poder, mas em todas as esferas da sociedade. O Brasil, onde esses casos costumavam ser tratados com leniência, quando não como anedota, foi sacudido pelo Me Too: denúncias envolvendo figuras do entretenimento, do jornalismo e da política vieram à tona, e algumas carreiras ruíram sob o peso das acusações.

Como nada na vida é simples, passada a onda inicial, as atenções se voltaram para as consequências de denúncias que, sem provas suficientes, ameaçavam destruir reputações. A cobertura perdeu a estridência e ficou mais cautelosa. Ainda assim, o tom já não era o mesmo de 1991 ou 1998 — e, se o assédio e o abuso não foram erradicados, pelo menos saíram das sombras e tornaram-se parte do debate público de forma irreversível.

Vidas negras

No dia 11 de abril de 1960, todo o lado esquerdo da capa do jornal foi ocupado com os retratos de oito cariocas. A manchete gritava: "Unânime repulsa do povo à brutal violência racista". Só não tinha ponto de exclamação porque, a essa altura, já não se usavam exclamações nas manchetes; mas a revolta era indisfarçável.

"Indignação em todas as camadas da população, nas ruas, nos lares e nas escolas — 'Volta ao nazifascismo', apostrofa o advogado — 'Cabe ao Brasil liderar a repulsa', exclama a cantora negra — 'Condenação do racismo é legítima defesa', declara um sapateiro — 'Com idealismo e sentimento humanitário, confiemos na onu', afirma o estudante — 'O Brasil respeita a todos, sem contar com sua origem ou cor', acentua o descendente de imigrantes japoneses — 'Impossível imaginar quanta maldade há num racista', sublinha o descendente de israelitas."

É preciso ir até a página 18 para descobrir que a ira havia sido despertada por um embate entre a polícia sul-africana e manifestantes antiapartheid.

(A surpresa é nossa, em 2025. Os leitores da época sabiam, é claro: há dias essa era a principal notícia em todos os jornais.)

• Naquele tempo, o Brasil vivia o mito da democracia racial, que mascarava a realidade da desigualdade e da violência racial. Racismo era mesmo uma coisa terrível, mas só existia lá fora, em países menos afortunados.

"Ao contrário do problema da discriminação racial nos Estados Unidos, onde a mesma é localizada em determinadas áreas do país e tende a desaparecer, o racismo na África do Sul é programa de governo, filosofia religiosa e sentimento de estrutura social", escrevia Arides Visconti, em 1957, da Cidade do Cabo. "A discriminação racial na União Sul-Africana é desumana, imoral e anticristã. Desrespeita os direitos humanos, a justiça dos povos civilizados e a Carta das Nações Unidas. Na União, é crime não praticar discriminação contra o seu semelhante de pele mais escura, o que, vale dizer, todo aquele que respeita os sentimentos humanos e cristãos é passível de penalidade imposta pelo governo."

Durante muitos anos, o jornalismo brasileiro ajudou a construir a ideia de um país sem racismo; mas, assim como aconteceu com o movimento feminista, a luta antirracista começou a cobrar mudanças concretas. Empresas revisaram políticas de diversidade, houve pressão por representatividade na mídia e no mercado de trabalho, e discussões sobre o racismo estrutural finalmente começaram a ser levadas a sério. Em 1987, a África do Sul continuava na pauta, mas o mito local já não existia:

"A um ano do centenário da Abolição da Escravatura, o Brasil já entrou em compasso de comemoração. E de reavaliação do lugar do negro na sociedade. O principal convidado para a festa chegou ontem, e hoje participa na Bahia de uma manifestação contra o *apartheid* sul-africano: o bispo anglicano Desmond Tutu, Prêmio Nobel da Paz, que irá ao Largo do Pelourinho e juntará sua voz aos gritos de liberdade racial. A manifestação é a única prevista em seu roteiro pelo país, que há muito viu rolar por terra a definição de 'democracia racial', formulada a partir das teses do sociólogo Gilberto Freyre. Os gritos foram em direção à África do Sul, mas seus ecos reverberam no Brasil".

Entre 2002 e 2012, o país mergulhou num debate intenso: como enfrentar a questão racial de forma concreta? Nesse período começaram a ser implantadas as ações afirmativas, com as cotas raciais nas universidades públicas no centro da discussão. O GLOBO acompanhou de perto o embate, dando espaço a vozes a favor e contra.

Em novembro de 2003, no auge da polêmica, o jornal publicou o caderno especial "A Cor do Brasil", que defendia as cotas. Ao mesmo tempo, editoriais continuavam a apresentar argumentos contrários — um retrato da pluralidade (e da tensão) daquele momento. A Uerj foi pioneira na adoção da política, em 2004.

As opiniões seguiram divididas. Em 2006, um grupo de intelectuais se manifestou publicamente contra as cotas. O GLOBO manteve sua linha de alternar artigos favoráveis e críticos, espelhando o debate em curso.

Em 2012, o Supremo Tribunal Federal considerou as cotas constitucionais por unanimidade. A decisão marcou um novo capítulo: abriu caminho para que o mundo corporativo, instituições privadas, órgãos públicos, ONGs e associações incorporassem, com mais clareza, a agenda da diversidade racial.

Quase uma década depois, em julho de 2022, O GLOBO publicou um editorial importante defendendo a renovação da Lei de Cotas e afirmando que o debate sobre sua eficácia estava superado: "O racismo precisa ser combatido sempre, com vigor e energia. E a sociedade brasileira se convenceu da relevância das cotas como arma nessa luta".

Em 2013, o impacto do Black Lives Matter foi sentido não apenas nas ruas, mas também nas redações. A pressão por uma cobertura mais qualificada e sensível à questão racial cresceu, e O GLOBO passou a abordar o racismo de maneira mais incisiva, trazendo constantes reportagens e colunas sobre desigualdade, violência policial e representatividade. A mudança não foi apenas editorial, mas interna: o jornal, assim como outros veículos, enfrentou cobranças sobre a diversidade dentro de sua própria equipe. A partir dali, ficou claro que essa não era uma discussão passageira, mas um ponto de inflexão para o jornalismo brasileiro.

Não por acaso, as lutas contra o racismo e o machismo andam juntas. Ambas tornaram inaceitável ignorar as denúncias daqueles que antes eram silenciados. A luta contra o assédio e a luta contra o racismo são parte de um mesmo movimento maior: o de garantir que todos tenham voz, dignidade e direitos iguais. Nenhuma dessas batalhas está ganha, mas a História mostra que, uma vez que uma verdade incômoda vem à tona, não há como voltar atrás.

Sobrevivendo ao terremoto

Em 1991, quando cheguei ao O GLOBO para lançar o "Informáticaetc.", a internet ainda era tão desconhecida do grande público que, cada vez que fazíamos referência a ela, tínhamos que abrir parênteses. Escrevíamos assim: "internet (rede mundial de computadores)".

Era um mundo inteiramente novo que começava a se desenhar, e nem nós, que falávamos a sua língua, imaginávamos as dimensões que tomaria. A revolução digital foi um terremoto sem precedentes.

A informação deixou de ser privilégio das redações e passou a circular de forma descentralizada, em tempo real: portais de notícias, redes sociais, blogs e influenciadores de todos os tipos redefiniram o que era notícia e o que significava ser jornalista.

O GLOBO, como tantos outros jornais tradicionais, viu-se diante da contingência de se adaptar, ou morrer. Como este livro prova, adaptou-se lindamente (ufa!). Ao longo do processo, o jornalismo de comportamento, até então uma espécie de patinho feio da profissão — ninguém das editorias "femininas" jamais precisou entrar oficina adentro gritando "Parem as máquinas!" —, ganhou importância e deixou de ser tratado como apêndice do "noticiário sério".

Foi um caminho de novas ideias e experiências. No dia 8 de março de 2019, por exemplo, foi ao ar a plataforma Celina, batizada em homenagem à professora Celina Guimarães Viana, pioneira do voto feminino no Brasil. Celina trazia diariamente, on-line, material produzido por todas as editorias do jornal, de economia a esportes, sobre questões de gênero e diversidade. Às vezes, essas matérias e colunas faziam o caminho inverso do que, então, ainda era o habitual, e iam parar no impresso.

"A violência aumentou, e o machismo cultural está mais forte, mas as mulheres não vão voltar para o lugar de onde vieram, não vão abrir mão de espaço."

A mesma edição que trouxe essa declaração da promotora de Justiça Gabriela Manssur, especializada em Direito das Mulheres, trazia uma informação interessante sobre o jornal: dos 409 jornalistas da Redação Integrada que produziam reportagens para O GLOBO, *Extra* e revista *Época*, 1/2 eram mulheres. Nos 130 cargos de chefia, o equilíbrio era absoluto: 65 homens, 65 mulheres.

O mundo mudou, O GLOBO mudou.

A capa com o ovo quente do primeiro parágrafo deste capítulo não foi um capricho gráfico ou uma distração do noticiário "sério", foi um reflexo dessas mudanças. Se antes as manchetes destacavam apenas o factual, o *hard news*, hoje destacam também as miudezas do dia a dia. O jornalismo de comportamento lembra que somos feitos de tudo isso — do grande e do pequeno, do histórico e do cotidiano, do macro e do micro. A vida é, afinal, a soma de todos os seus detalhes.

Cora Rónai entrou para O GLOBO em 1991 para lançar o "Informáticaetc.", que editou até 2008. Pioneira do jornalismo de tecnologia no Brasil, criou, em 1987, no Jornal do Brasil, a primeira coluna sobre computação pessoal na grande imprensa. Foi também a primeira jornalista brasileira a criar um blog, em 2001, e a explorar a fotografia digital como ferramenta de comunicação. Atualmente, assina uma coluna semanal no "Segundo Caderno".

O Bonequinho viu, a Barbara criticou, o Aquarius uniu

Arthur Dapieve

ATRAVÉS DE DEZ DÉCADAS, a cobertura de cinema, música, literatura, teatro, TV e artes plásticas foi conquistando espaços no GLOBO. Os textos soltos entre o noticiário geral se aglutinaram em colunas dedicadas às diferentes formas artísticas, as colunas ocuparam páginas próprias, as páginas próprias se reuniram em suplementos. Por fim, os suplementos se fixaram. Não podem mais ser tratados como "suplementos", extras.

Houve o breve e dominical "O GLOBO nas Letras e nas Artes" (1937). Houve a longeva "Segunda Seção" (1945-1974), inicialmente publicada às segundas-feiras e, posteriormente, tornada diária. Há o atual "Segundo Caderno" diário (desde 1984). O conjunto do material neles publicado constitui uma história das artes — em particular das artes brasileiras, por óbvio — nos últimos cem anos. A seguir, está uma parte dessa história, tal como narrada por dedicados jornalistas que a viram, sentiram e viveram.

Cinema: senhoras e senhores, com vocês, o Bonequinho

Se O GLOBO completa cem anos, seu funcionário mais antigo está prestes a completar 87. O jornal tinha apenas treze anos de vida quando entrou em cena, ou melhor, em tela, o personagem ao qual os leitores de suas páginas culturais mais o associam. O Bonequinho. Assim mesmo, com merecida maiúscula de nome próprio. Ele foi publicado pela primeira vez na edição de 21 de junho de 1938. E estampado logo cinco vezes.

Na primeira página, logo abaixo da manchete sobre o assassinato do menino Antoninho e ao lado do logotipo do jornal, sob o título "Que tal o film?", vinha um pequeno texto que hoje talvez chamássemos de tutorial. Quatro versões do Bonequinho — ainda não existia o que está simplesmente sentado, assistindo — ilustravam a proclamação: "No sentido de facilitar aos leitores do GLOBO uma opinião synthetica sobre as estréas cinematographicas, adoptamos, a partir de hoje, a cotação graphica, por assim dizer, pela qual os interessados poderão orientar-se sobre os films exhibidos, mesmo à última hora, e com uma simples olhadela ao boneco que acompanha a chronica. [...]".

No canto superior da página 7, uma colcha de retalhos que compreendia fotos da posse do presidente uruguaio Alfredo Baldomir, notícias curtíssimas e classificados, o Bonequinho botava mãos à obra. Aplaudindo sentado o melodrama *Serenata*, de Willi Forst: "Sem ser um film excepcional, é um dos melhores lançamentos do cinema allemão nesta temporada". Forst era austríaco, mas seu país fora anexado pela Alemanha nazista em março. Bonequinho atento à geopolítica internacional.

Assinavam a pequena crítica as iniciais "E. L.". Correspondiam a Edmundo Lys, pseudônimo de Antônio Barros, poeta mineiro que sugerira a criação do Bonequinho ao então vice-presidente do GLOBO, Rogério Marinho. Nos vinte anos em que escreveu para o jornal, Barros também assinava como Fred Lee. Já os famosos desenhos foram criados pelo chargista Luiz Sá, da revista *O Tico-Tico*. Os traços de Sá seriam utilizados durante quarenta anos. Somente em 1978 foram modernizados pelo ilustrador Marcelo Monteiro, ainda hoje funcionário do jornal. Desde então não foram mais alterados.

Ter surgido em 1938 significa que o Bonequinho já estava a postos, por exemplo, para analisar *Fantasia*, a animação de Walt Disney, lançada no Brasil em 1941, com a presença do próprio cineasta americano e do presidente Getúlio Vargas no Pathé Palácio, na Cinelândia. Edmundo Lys entusiasmou-se menos com *Fantasia* do que com *Serenata*. Bonequinho sentado, quieto: "Compreende-se por que o filme irritou tanto à crônica americana de cinema e de música, que foi tão implacável com o creador de Mickey e com Stokowski, pela sua responsabilidade na obra. […]".

Impossível fazer justiça a todos os críticos e todas as críticas que ajudaram na educação cinematográfica dos leitores e, de quebra, influenciaram bilheterias, mas seria injusto não mencionar logo o mais ativo e longevo deles: Ely Azeredo, falecido em abril de 2024, aos 94 anos. Depois de passar por outros jornais, Azeredo assentou-se no GLOBO. Sua figura seriíssima, tímida e esguia poderia ter inspirado os traços de Luiz Sá. Cabia a Azeredo e aos colegas não só discutir os futuros clássicos da Sétima Arte, e as produções mais comerciais que os financiam, mas também a infausta missão de assistir a toda e qualquer bomba. Por décadas, o jornal fazia questão de atribuir Bonequinhos inclusive aos filmes pornográficos em cartaz. Em 1985, por exemplo, coube a Azeredo estoicamente escrever sobre o americano *Canal do prazer*, de "padrões tão grosseiros quanto os de seus congêneres nacionais". O Bonequinho deixava o cinema, era óbvio.

Azeredo criara a expressão "Cinema Novo" no começo da década de 1960, quando escrevia para o jornal *Tribuna da Imprensa*. Designava o trabalho de jovens cineastas brasileiros que, inspirados tanto pelo Neorrealismo italiano dos anos 1940 quanto pela Nouvelle Vague francesa dos anos 1950, pretendiam arrancar o cinema da hegemonia de Hollywood, seus dramas de Primeiro Mundo e seus féericos musicais, bem como oferecer uma alternativa ao divertido escapismo das chanchadas. Entre esses cineastas estavam Cacá Diegues, Joaquim Pedro de Andrade, Leon Hirszman, Nelson Pereira dos Santos e Glauber Rocha, que sintetizou o espírito da turma — e os limitados meios de produção — no *slogan* "uma câmera na mão e uma ideia na cabeça".

O momento de consagração do Cinema Novo foi noticiado na edição de 24 de maio de 1962. O alto da primeira página do GLOBO era tomado pela manchete "O maior prêmio mundial de cinema para o Brasil — O *pagador de promessas* primeiro lugar em Cannes." Abaixo, foto do diretor Anselmo Duarte recebendo o prêmio da atriz francesa Edwige Feuillère. A concorrência havia sido pesada. Estavam postas na mesa, entre outras, produções que também se tornariam clássicas, como *Cléo das 5 às 7*, da francesa Agnès Varda; *O anjo exterminador*, do espanhol Luis Buñuel; e *O eclipse*, do italiano Michelangelo Antonioni. Dois dias depois, a 26 de maio, *O pagador de promessas* ganharia ainda um editorial — texto que expressa a opinião da instituição jornal, normalmente devotado aos graves temas da política e da economia — na primeira página. Quando o filme chegasse às telas da cidade, em agosto, não seria surpresa que o Bonequinho o estivesse aplaudindo de pé. "É uma película que emociona qualquer pessoa com sensibilidade", recomendava o crítico Octavio Bonfim.

A história do GLOBO é praticamente contemporânea à do cinema falado. O jornal foi fundado em 1925, e o primeiro filme sonoro, o hoje infame *O cantor de jazz*, de Alan Crosland, chegou às telas em 1927. Assim, as produções de Hollywood, do Neorrealismo e da Nouvelle Vague, entre outras tendências, foram largamente documentadas nas páginas. No entanto, o que singulariza a cobertura dos Bonequinhos e dos repórteres é, claro, a crônica do cinema brasileiro desde então, a consciência da importância, mesmo entre altos e baixos, da valorização da cultura audiovisual do país.

O Cinema Novo foi um dos pontos altos da nossa sétima arte. Possivelmente, o ponto alto. Contudo, as circunstâncias históricas que o impulsionaram — isto é, o período democrático que se seguiu à Segunda Guerra e o subsequente "pacote" de aspirações modernistas (que abarca Oscar Niemeyer e a Bossa Nova, por exemplo) — foram abruptamente suprimidas com o Golpe de 1964. Apesar disso, os primeiros quatro anos do período ainda viram uma produção cultural relativamente arejada. São aqueles que, na sua história em cinco volumes do período militar, o repórter Elio Gaspari chama de "a ditadura envergonhada". Com a decretação do AI-5, em 13 de dezembro de 1968, veio a fase que Gaspari batiza de "a ditadura escancarada", com consequências terríveis para a vida nacional, entre elas, uma censura feroz, tanto nas artes quanto na imprensa.

Não é casual que, a 12 de setembro de 1969, a mesma ditadura tenha criado uma produtora e distribuidora estatal de cinema, a Empresa Brasileira de Filmes S. A. (Embrafilme) Era uma forma de fomentar a indústria nacional, sim, mas também era uma tentativa de tutelá-la. Nem isso impediu que bons filmes continuassem a ser feitos. *Dona Flor e seus dois maridos* (1976), de Bruno Barreto, por exemplo, foi a maior bilheteria do nosso cinema na época — e por 34 anos! 10 milhões e 300 mil espectadores acorreram às salas para ver o erotismo fantástico da trama triangulada entre Sonia Braga, José Wilker e Mauro Mendonça, baseada no livro de Jorge Amado.

Público e crítico andaram juntos. O Bonequinho aplaudiu sentado a adaptação. "A característica mais marcante da realização [...] é o seu profissionalismo, o valor total de seu trabalho de equipe", escreveu Fernando Ferreira, que não raro fazia dobradinha com outro crítico do jornal, Miguel Pereira, ambos professores amados na puc-Rio.

No mesmo 1976 de *Dona Flor*, Cacá Diegues lançou *Xica da Silva*, protagonizado por Zezé Motta e aplaudido de pé pelo mesmo Fernando Ferreira; e Glauber Rocha, *A idade da Terra* (1980), com, entre outros, Maurício do Valle, Tarcísio Meira, Antônio Pitanga e Norma Bengell, assistido sentada, quieta, pela Bonequinha Maribel Portinari. Na década de 1970, a Embrafilme elevou a produção nacional a 839 títulos. Quando extinta pelo presidente civil Fernando Collor, em 16 de março de 1990, dia seguinte à posse, foi pranteada pela classe cinematográfica. Nos cinco anos subsequentes, apenas 32 longas foram produzidos no Brasil.

Veio, então, a chamada Retomada. Não se tratava de um movimento, como o Cinema Novo. Tratava-se, isto sim, de um momento. Em 1994, durante o breve governo de Itamar Franco, vice que assumiu a Presidência após o *impeachment* de Collor, veio o Plano Real, alicerce não apenas de uma estabilidade econômica inédita no país como do próprio período democrático que, aos trancos e barrancos, vigora até hoje. Nos dois mandatos seguidos de Fernando Henrique Cardoso (1995-2002), leis de incentivo fiscal destravaram a produção. Foram lançados títulos como *Carlota Joaquina, princesa do Brasil* (1995), de Carla Camurati; *O que é isso, companheiro?* (1997), de Bruno Barreto; *Central do Brasil* (1998), de Walter Salles; e *Cidade de Deus* (2002), de Fernando Meirelles. Bonequinhos nunca menos que assistindo, atentos.

(NOTA DA REDAÇÃO, literalmente. Por coincidência, o ano de início da Retomada, 1995, foi também o último dos 24 de Evandro Carlos de Andrade na Direção de Redação do GLOBO, antes de ir para a Central Globo de Jornalismo. Evandro nunca foi um Bonequinho, não era um crítico de cinema: era um cinéfilo apaixonado, presença constante nas sessões para imprensa, as "cabines". Evandro era capaz de discordar veementemente dos críticos, sem jamais impor sua opinião. A discordância veemente poderia se dar de forma cômica. Ao cruzar com Rogério Durst, também já falecido, crítico que acabara de conceder o prestigioso Bonequinho aplaudindo sentado a *O alvo*, filme de ação do hong-konguês John Woo, estrelado pelo carateca belga Jean-Claude van Damme, Evandro apenas pronunciou com desprezo: "*O alvo, humpf...*").

A Retomada representaria para o cinema o que o real representou para a economia: estabilidade. Nos dois primeiros mandatos de Luiz Inácio Lula da Silva (2003-2011), financiada pelo Estado e pela iniciativa privada, a produção se manteve constante e gerou novos fenômenos. Se *Cidade de Deus* inaugurou um gênero, *Carandiru* (2003), de Hector Babenco, baseado no best-seller de Drauzio Varella, e os dois *Tropa de elite* (2007 e 2010), de José Padilha, protagonizados por Wagner Moura, trariam outros ângulos do drama que ainda une e divide a sociedade brasileira: a violência urbana. Aliás, *Tropa de elite 2*, com 11 milhões de espectadores, finalmente desbancaria *Dona Flor* do topo das maiores bilheterias do cinema brasileiro. De onde, por sua vez, viria a ser desbancado pelos 11,3 milhões de espectadores da comédia *Minha mãe é uma peça 3* (2019), de Susana Garcia, estrelada por Paulo Gustavo. Merecedor de um Bonequinho aplaudindo sentado, atribuído por Mario Abbade.

Em 2024, *Ainda estou aqui*, de Walter Salles, com Fernanda Torres, Selton Mello e uma breve, porém comovente, participação de Fernanda Montenegro, chegaria rapidamente à marca de 5 milhões de espectadores (e contando). Como no livro de Marcelo Rubens Paiva, a protagonista da primeira produção original Globoplay é Eunice Paiva, esposa do ex-deputado federal Rubens Paiva, morto pela ditadura em 1971. Ela luta pelo corpo do marido e para criar cinco filhos. Na crítica, o Bonequinho, sentado, aplaudia o filme. "*Ainda estou aqui* se destaca pela determinação de Walter Salles em mostrar a dolorosa jornada de Eunice de maneira sóbria, sem qualquer excesso emocional", escrevia Daniel Schenker. "Justamente por isso, o filme se impõe como uma tragédia em tom menor." Na madrugada brasileira de 5 de janeiro de 2025, o Globo de Ouro de melhor atriz em papel dramático para Fernanda Torres, entregue na festa em Los Angeles, foi saudado como gol em final de Copa. No dia 2 de março do mesmo ano, a trajetória de *Ainda estou aqui* foi coroada com o Oscar de Melhor Filme Internacional, o primeiro da História do Brasil.

Música: dos clássicos aos populares, sem escalas

Nunca houve — em qualquer forma de arte — incompatibilidade entre qualidade e quantidade. Grandes bilheterias, vendagens ou plateias não implicam pequenez estética. O próprio O GLOBO criou um paradigma de qualidade de massa que já se estende por mais de cinquenta anos: o Projeto Aquarius. A ideia de realizar concertos de música clássica gratuitos, quase sempre ao ar livre, nasceu da convergência de interesses entre o diretor-redator-chefe, Roberto Marinho, o gerente de Promoções do jornal, Péricles de Barros, o maestro Isaac Karabtchevsky e o pianista Jacques Klein. A primeira apresentação, no Parque do Flamengo, teve data simbólica: 1º de maio de 1972, Dia do Trabalho. Cem mil pessoas ouviram a Orquestra Sinfônica Brasileira (OSB), sob a regência de Karabtchevsky, executar obras dos brasileiros Carlos Gomes, Heitor Villa-Lobos e Lorenzo Fernández, além do *Concerto nº 1 para piano*, do russo Tchaikovsky, interpretado por Klein.

A marca de 100 mil espectadores foi repetida no encerramento do Aquarius naquele 1972, realizado a 17 de dezembro, daquela vez no anfiteatro natural da Quinta da Boa Vista. Na ocasião, o alemão Beethoven e o espanhol Rodrigo se somaram aos compositores ouvidos sete meses antes. E, no correr das décadas, outras manifestações — ópera, dança e música popular — se somariam a esse processo de democratização.

Eis um pequeno selecionado dentre o meio milhar de espetáculos promovidos pelo Aquarius desde 1972. O tecladista inglês de rock progressivo Rick Wakeman à frente da OSB, no Maracanãzinho, em 1975. A companhia de balé Maurice Béjart, no mesmo ginásio, em 1981. A ópera *Aída*, de Verdi, na Quinta da Boa Vista, em 1986. O maestro George Martin, "o quinto Beatle", regendo sob chuva a música de John, Paul, George & Ringo, no mesmo local, em 1993 (visto por 40 mil "beatlemaníacos até debaixo d'água", como dizia a reportagem). A chamada *Sinfonia dos mil*, de Mahler, na Enseada de Botafogo, regida por Roberto Tibiriçá, em 2006. Obras de Villa-Lobos e Johann Strauss II, no Complexo do Alemão, regidas por Roberto Minczuk, em 2011. Luedji Luna, Xênia França e Rael à frente da Orquestra Experimental de Repertório, sob a batuta de Wagner Polistchuk, no Parque do Ibirapuera, em São Paulo, 2024.

Em 2025, se o Aquarius completa 53 anos — ou seja, já abarca mais da metade dos cem anos do GLOBO —, também se comemoram trinta anos redondos de outro bem-sucedido projeto dedicado à música clássica: os concertos internacionais promovidos pelo jornal junto com a produtora Dellarte, fundada pela pianista e educadora Myrian Dauelsberg. Idealizados para públicos menores e pagantes, no Theatro Municipal e na Sala Cecília Meireles, no Rio, a série já trouxe nomes como a soprano catalã Montserrat Caballé, o violoncelista russo Mstislav Rostropovich, a pianista chinesa Yuja Wang, o conjunto I Musici e a Academy of St. Martin in the Fields regida por *sir* Neville Marriner — além de brasileiros de fama internacional, como o pianista Nelson Freire e o violoncelista Antonio Meneses, precocemente falecidos. Tal interesse do jornal pela música clássica historicamente refletiu-se, também, num notável rol de críticos, como Octavio Bevilacqua, Zito Baptista Filho, Antonio Hernández e Luiz Paulo Horta.

(NOTA DA REDAÇÃO, literalmente. Hernández e Horta chegaram a conviver nos corredores. Os dois gigantes eram em quase tudo diferentes, um polemista e o outro conciliador. Hernández media qualquer pianista pelo genial chileno Claudio Arrau. Havia quem visse nisso uma manifestação de nacionalismo. Nada disso. Hernández era colombiano, não chileno. O catolicíssimo Horta via o luteraníssimo Johann Sebastian Bach como "uma espécie de Deus Pai da música". Horta chegaria a ser eleito membro da Academia Brasileira de Letras. Os dois críticos só não difeririam no conhecimento enciclopédico e na generosidade de ensinar o caminho das teclas a quem quisesse.)

As canções populares, naturalmente, responderam pela maior parte da cobertura musical do GLOBO. Em reportagens, entrevistas e críticas. Estas nunca se beneficiaram de um melômano equivalente ao Bonequinho. Houve até tentativas de se criar uma "cotação graphica" para os discos (sim, a maior parte desses cem anos foi vivida em torno de 78 rotações, LPs e CDs, não de arquivos digitais ou serviços de streaming). Na seção chamada "Discolândia", dos anos 1990, por exemplo, também existiam cinco cotações, expressadas por uma "bolacha", como se dizia no tempo dos LPs. Eram elas: "Não sai da vitrola"; "Alta rotação"; "Média rotação"; "Pulável"; e "Intocável". Quanto mais pretinha a "bolacha", melhor. Não pegou como o desenho criado por Luiz Sá em 1938...

Antes, o jornal tentara usar estrelinhas para sintetizar a opinião de seus críticos. O segundo LP de João Gilberto, *O amor, o sorriso e a flor*, de 1960, por exemplo, conquistara a cotação máxima de cinco estrelas na coluna "O GLOBO nos Discos Populares", de Sylvio Tulio Cardoso. O texto de 7 de junho dizia: "João Gilberto não é apenas o melhor intérprete do samba bossa-nova, mas talvez o único CANTOR, mesmo, com que conta a discutida Nouvelle Vague da nossa música popular. [...] Consideramos êste LP não só o mais belo como também o mais importante disco da música popular brasileira da temporada". Colunas dedicadas à música popular viriam a ser assinadas também por Big Boy, Sérgio Cabral (pai) e Nelson Motta (ainda ativo com crônicas de temas livres no "Segundo Caderno"). O jornal contou ainda com especialistas da dimensão de João Máximo (MPB) e José Domingos Raffaelli (jazz).

Em 1966, O GLOBO entrevistou pela primeira vez um conterrâneo de João Gilberto: um rapaz de 24 anos que acabara de conquistar o troféu de melhor letra — concedido pelo próprio jornal — graças a "Um dia", defendida pela cantora Maria Odete no segundo Festival de Música Popular Brasileira. Na época, ainda era o acompanhante da irmã mais nova, Maria Bethânia. "Môço simples de Santo Amaro da Purificação, Caetano Veloso conta, num bate-papo informal no Casa Grande, depois de apresentar-se com a conterrânea Gal Costa, que tudo nele nasce aos poucos e muito elaborado", dizia o texto cujo título era certeiro: "Caetano chegou pra ficar". Não só ele. O primeiro lugar do festival havia sido dividido entre "A banda", de Chico Buarque, apresentada pelo autor e por Nara Leão, que indicara Bethânia como sua substituta no espetáculo *Opinião*, em 1965; e "Disparada", de Geraldo Vandré, interpretada por Jair Rodrigues.

Não só a Bossa Nova e a Tropicália, mas todos os movimentos e fenômenos da música popular brasileira — em todas as suas vertentes, chegando ao sertanejo, ao funk e ao trap — foram acompanhados pelo jornal. Isso incluiu o rock, durante décadas tido, primeiro, como um modismo e, depois, como um implante estrangeiro na cabeça da juventude brasileira. O GLOBO cobriria a Primeira Noite Punk do Rio de Janeiro, realizada no Circo Voador, na Lapa, em 26 de março de 1983, reunindo paulistas (como Inocentes), cariocas (como Coquetel Molotov) e meio-brasilienses (os Paralamas do Sucesso). A repórter e crítica Ana Maria Bahiana concluiu: "Para os cariocas, o sábado no Circo foi uma vitória. [...] Para os de fora, o susto de ver de perto o jorro de indignação em sua forma mais sincera, sem a maquilagem do *show business*".

Quando do primeiro Rock in Rio, em janeiro de 1985, a equipe do jornal estava em Jacarepaguá para fazer a crítica de atrações nacionais e internacionais, estas numa quantidade nunca sequer sonhada pelos roqueiros locais. Na noite do dia 15, uma das dedicadas ao heavy metal, o Barão Vermelho foi quem melhor enfrentou a impaciência dos "metaleiros" (termo que se tornaria pejorativo) pelos alemães Scorpions e pelo australiano AC/DC. "Melhor enfrentou" é modo de dizer, ok. Durante 25 minutos, Cazuza, Frejat, Maurício, Dé & Guto foram até aplaudidos, não vaiados, como registrou o crítico Mauro Dias. Contudo, depois, a banda começou a ser hostilizada, e seu show foi abreviado. Mas abreviado em grande estilo. Naquele dia, Tancredo Neves havia sido escolhido pelo Colégio Eleitoral o primeiro presidente civil em 21 anos, encerrando a ditadura militar. Então, para fechar sua participação, o Barão tocou "Pro dia nascer feliz", dedicada por Cazuza a "um Brasil novo, com uma rapaziada esperta".

A ansiedade pela novidade se refletiria na aparição, no ano seguinte, da seção "Rio Fanzine", criada por Ana Maria Bahiana e por dois repórteres da nova geração, Carlos Albuquerque e Tom Leão. A ideia era oferecer a ética e a estética underground dos chamados "fanzines", fusão de *fan* e *magazine* (revista, em inglês). As páginas do "Rio Fanzine" foram as que primeiro registraram a qualidade de bandas nacionais, como Skank e O Rappa, e chamaram atenção para artistas alternativos estrangeiros, como Afrika Bambaataa e DJ Shadow. Em 1988, Ana Maria foi trabalhar em Los Angeles e, de lá, cinco anos depois, passou a fazer a coluna "Hollywoodiana".

O efeito foi contagiante. Os editores do jornal não hesitaram em mandar de Washington DC para Seattle — uma viagem costa a costa — o correspondente José Meirelles Passos quando Kurt Cobain, cantor e guitarrista da banda americana Nirvana, se suicidou, provavelmente a 5 de abril de 1994, aos 27 anos. Nas semanas seguintes, Meirelles refez a "geografia sentimental de Cobain, frágil e rebelde poeta morto por overdose de fama". Em Aberdeen, onde Cobain nascera e crescera, Meirelles localizou quem o tinha conhecido antes de dezenas de milhões de pessoas ao redor do mundo. Como Jeannie Richards, amiga da mãe de Cobain. "Quando eu ia conversar com Wendy, a gente tinha de falar alto", contou-lhe Jeannie. "Kurt tinha quinze anos e ficava na garagem tocando sua guitarra, alto pra burro. Reclamávamos e ele ria. Kurt era caladão. Quer dizer: até chegar a hora de pegar a guitarra. Aí se transformava. Wendy dizia: 'Devia estar na escola, mas meteu na cabeça que vai ser estrela do rock como Jimi Hendrix'." Hendrix também era de Seattle. E, alimentando uma lenda, também morrera aos 27.

Literatura: cadernos especiais, colunas, crônicas, jornalismo

Personagens que viveram próximos à sede do jornal mereceram coberturas ainda maiores por conta de efemérides importantes. Em 21 de junho de 1939, O GLOBO dedicou um suplemento de oito páginas ao centenário de nascimento do carioca Machado de Assis (que falecera em 1908, aos 69 anos). No caderno, eram esmiuçadas a vida e a obra do autor de *Dom Casmurro* e *Memórias Póstumas de Brás Cubas*, do primeiro presidente da Academia Brasileira de Letras (ABL), do "Bruxo do Cosme Velho", bairro onde vivera no número 18 da rua do mesmo nome, então já demolido. A edição era incrivelmente moderna. Reunia fotografias, alinhava causos, trazia um quadro com a lista de suas obras publicadas em vida, contava episódios biográficos, coletava frases e pensamentos seus sobre o amor, além de juízos acerca do homem e da obra feitos por contemporâneos. Entre eles estava o trecho de um artigo que o poeta Olavo Bilac — um dos cofundadores da

ABL — escrevera no jornal *A Notícia* por ocasião da morte de Machado: "Não odiou os homens; teve pena de todos elles, porque teve pena de si mesmo. [...] Nunca em seus versos e em sua prosa houve um grito de raiva, nem um movimento de asco. A sua ironia foi mansa; não feria: perdoava".

Particularmente saboroso era o longo depoimento que o repórter David Nasser tomara de Eduardo Lemos, antigo funcionário da Livraria Garnier, que funcionava na Rua do Ouvidor, no Centro do Rio (seu proprietário, o francês Baptiste-Louis Garnier, havia sido o primeiro editor de algumas obras de Machado, como *Memórias Póstumas*). Lemos recordava o dia em que o escritor entrara apressado na livraria, tentando desembaraçar o cordão do *pince-nez* dos fios de sua barba grisalha, "curta e macia". Concluída a tarefa, Machado suspirou: "É, meu velho Lemos, tenho de decidir...". O vendedor achou que ele se referia a algum dos volumes expostos. "Não, Lemos", retrucou o escritor. "Tenho que decidir: ou jogo o *pince-nez* fora ou raspo a barba." Noutra ocasião, Machado quase chegara às vias de fato com Euclydes da Cunha por discordância sobre a qualidade de um romance de Valentim Magalhães, colega de ambos na ABL. O pequenino autor de *Dom Casmurro* gritou para o estourado autor de *Os Sertões*: "Lembre-se, cavalheiro, que eu tenho mais trinta anos que o senhor!". Ao que Euclydes respondeu: "Eu não respeito a sua velhice. Respeito o seu talento".

Décadas depois, em 11 de março de 2006, um caderno de doze páginas saudava os cinquenta anos de nascimento, não de um autor, mas de *Grande Sertão: veredas*, do mineiro Guimarães Rosa. Já eram então os tempos do caderno "Prosa & Verso" (posteriormente, apenas "Prosa"), criado em 1995 por Merval Pereira, que substituíra Evandro Carlos de Andrade na Diretoria de Redação do GLOBO. Na edição especial, havia cronologia da vida e obra de Guimarães, reportagem de Rachel Bertol em Cordisburgo, cidade natal do autor, artigos da escritora Ana Maria Machado e do geógrafo Dieter Heidemann, entre outros, sobre os muito distintos aspectos de *Grande Sertão: veredas*.

Em texto de página inteira, o repórter Paulo Thiago de Mello investigava a pessoa, a alma e o *modus operandi* de Guimarães, não sua obra-prima propriamente dita. Para começar, lembrava anedota associada ao encontro com Manoel de Barros. O escritor anotava com tal entusiasmo tudo o que o poeta falava sobre a fauna, a flora, a paisagem e a vida pantaneira que este praticamente parou de responder. "Quando senti que ele me especulava, me empedrei", teria dito Barros a um amigo. *Se non è vero, è ben trovato…* Guimarães acompanhava vaqueiros para registrar-lhes o falar e inquiri-los sobre questões metafísicas. Um dos entrevistados por Paulo Thiago de Mello foi um dos irmãos de Guimarães, José Luís, que se emocionou ao falar de um aspecto crucial: "Sempre achei que acima do roteiro de suas histórias estava a palavra. A palavra prevalecia. Há contos em que ele vem descrevendo e, de repente, como que fugindo à narrativa, para numa vírgula e, entre vírgulas, põe palavras avulsas para prestigiá-las".

Em 1º de junho de 2013, o mesmo "Prosa" editado por Mànya Millen dedicava suas oito páginas ao alagoano Graciliano Ramos, homenageado na Festa Literária Internacional de Paraty (Flip) daquele ano. A proposta, porém, era diferente das dos cadernos dedicados a Machado e a Guimarães. O gancho não era apenas a Flip ou outra efeméride, mas também "a pior estiagem das últimas cinco décadas". Vinha tudo, arte, vida, história, geografia e política amarradas, como se o tempo não tivesse passado. Trechos de obras de Graciliano como *Vidas secas*, *São Bernardo* e *Angústia* pontuavam — nos destaques conhecidos nas redações como "olhos" — o exercício de jornalismo literário empreendido pelo repórter André Miranda e pelo fotógrafo Custodio Coimbra no interior de Alagoas e Pernambuco, em locais associados ao autor.

"Não há muitas sombras nas estradas do interior de Alagoas", iniciava-se o texto. "Mal há vegetação. Com os espinhosos mandacarus, que resistem à seca, e as árvores sem folhas que estão por toda parte, a paisagem é um grande deserto." Miranda e Coimbra encontravam também personagens que poderiam estar nos romances do velho Graça. Como Marlene Lopes da Silva, cuja rotina, insuficientes duas vezes por semana, era esperar o carro-pipa passar e encher os baldes, junto ao marido, Miguel, 34 anos mais velho. "Dizem que é pecado rezar para pedir chuva, mas eu peço", confessava Marlene. "Deus é o único que pode nos ajudar."

O texto da contracapa (que então era a única parte do caderno que preservava o título "Verso") vinha diagramado "deitado" em relação ao jornal. Estranheza maior porque a fotografia de Coimbra — uma paisagem sombria, de árvores crestadas, céu azul e nuvens cinzas e brancas, impotentes — estava normal, "de pé". Dizia o texto do crítico literário José Castello: "Entre os horrores da fome e da miséria absoluta, um segundo horror permeia, de ponta a ponta, *Vidas secas*: a fome insaciável de palavras. Comunicar-se, expressar-se, dizer é, para Fabiano e sua mulher, Sinhá Vitória, como também para os dois filhos e até para a cadela Baleia, uma questão de vida ou morte. Tão essencial quanto a necessidade de alimentos. Provavelmente, até anterior a ela".

Criada pela editora inglesa Liz Calder em 2003, a Flip desde então merece cobertura intensa no "Segundo Caderno" e no corpo do jornal. Afinal, além de homenagear autores e autoras brasileiros, como Clarice Lispector e Lima Barreto, o evento realizado na cidade colonial fluminense promoveu conversas públicas com estrelas internacionais da dimensão de — por ordem de visita — Eric Hobsbawm, Ian McEwan, Margaret Atwood, Paul Auster, Salman Rushdie, Toni Morrison, J. M. Coetzee, Amós Oz, Gay Talese, Isabel Allende, Annie Ernaux. Escusado dizer que essa pequena enumeração compreende vários prêmios Nobel de Literatura.

Em 2008, na 6ª edição da Flip, o jornal passou a publicar um suplemento diário, em formato tabloide, distribuído exclusiva e gratuitamente nos locais de atividade e nas pousadas do Centro Histórico. Nele, a equipe do jornal não apenas anuncia e repercute as mesas, como entrevista autores e explora o dia a dia da cidade, transformado pela Flip. Naquele ano, por exemplo, cujo autor homenageado foi Machado de Assis, a repórter Suzana Velasco mostrou como funcionava a Flipinha — programação voltada, como o nome indica, para leitores muito jovens — com a participação de alunos de 35 escolas locais. Em 2013, na 11ª edição, cujo homenageado foi Graciliano Ramos, o suplemento diário publicou uma série de textos de Dênis de Moraes, biógrafo do autor.

Em cem anos, a cobertura de literatura empreendida pelo GLOBO passou também pelas colunas. Dentre elas, destacaram-se as assinadas por Antônio Olinto (chamada "Porta de Livraria", 1956-1974), por Carlos Menezes ("Livros", 1976-1996), por Wilson Martins (1997-2007) e por José Castello (2007-2015). Elas traçaram parte importante da vida cultural brasileira. E o jornal não ofereceu a seus leitores somente textos *sobre* literatura: forneceu algo de nossa melhor literatura. Entre seus colunistas estiveram, dentre outros e outras, José Lins do Rego, Orígenes Lessa (ambos escreviam sobre cinema!), Adriana Calcanhotto, Aldir Blanc, Augusto Frederico Schmidt, Cacá Diegues, Caetano Veloso, Elsie Lessa, Fernando Sabino, Guimarães Rosa, João Ubaldo Ribeiro, Luis Fernando Verissimo, Nelson Rodrigues, Otto Lara Resende, Rubem Braga, Zélia Duncan e Zuenir Ventura — além disso, Joaquim Ferreira dos Santos segue nas páginas do "Segundo Caderno".

Teatro: testemunhas de seguidas revoluções

Integrante da lista acima, Nelson Rodrigues foi ao mesmo tempo cronista do GLOBO — com alguns largos intervalos, sua primeira crônica foi publicada em 1931 e a última em 1980, ano de sua morte — e seu frequente tema. Em 28 de dezembro de 1943 estreou, no Theatro Municipal do Rio, sua peça que teria o mais duradouro impacto: *Vestido de noiva*, dirigida pelo polonês Zbigniew Ziembinski, que aqui chegara no ano anterior, fugindo da Segunda Guerra. O público brasileiro até então assistia ou a dramas lineares e empostados ou a comédias escrachadas, inclusive no luxuoso "teatro de revista". Nelson e Ziembinski propunham-lhe uma revolução em três planos, refletidos no cenário modernista do artista plástico Santa Rosa: o real, a memória e a alucinação. Todos os planos, porém, passados na cabeça de Alaíde, que acaba de ser atropelada e está numa mesa de cirurgia.

A crítica publicada no jornal era escrita por Edmundo Lys, aquele que cinco anos antes fora o primeiro Bonequinho. O texto exaltava o *Vestido de noiva* de Nelson: "O que há aqui é teatro […] na representação e confluência da imaginação (sonho, delírio etc.) no curso das realidades. Este elemento, que ocorre com naturalidade formidável no seu teatro, traz-lhe grande dose de beleza, de poesia, de evasão. Aqui, em *Vestido de noiva*, o inconsciente é o ponto de apoio do drama da vida real […] tragédia doméstica entre as duas irmãs que amam o mesmo homem". Tragédia tipicamente rodriguiana.

Treze anos depois, em 25 de setembro de 1956, o mesmo Municipal veria a estreia de outra peça histórica: *Orfeu da Conceição*, primeira parceria do poeta Vinicius de Moraes com o maestro Tom Jobim. Grande expectativa cercava a adaptação do mito grego de Orfeu e Eurídice para uma favela carioca, dirigida por Léo Jusi, com cenografia de Oscar Niemeyer, estrelado pela Companhia Experimental do Negro, de Abdias do Nascimento, na qual trabalhavam também Haroldo Costa e Léa Garcia.

A crítica assinada por Gustavo Doria aprovava, com ressalvas, o *Orfeu da Conceição* de Vinicius: "A ideia de aliar a música à ação valoriza o espetáculo sob certo aspecto e oferece ainda maior desenvolvimento no seu rendimento plástico. [...] O entrosamento da música dentro do seu texto nem sempre se faz de maneira adequada, como se observa principalmente no primeiro ato". O crítico destacava a atuação de Léa Garcia e intrigava-se com a aparição anônima, no coro, do atleta Adhemar Ferreira da Silva — prestes a se tornar bicampeão olímpico no salto triplo, em Melbourne.

Nenhuma crítica teatral, porém, foi mais temida — e respeitada — que Barbara Heliodora, que, no GLOBO entre 1990 e 2014, fez a dor e a delícia da produção teatral carioca. Sua régua a princípio parecia surpreendente: produções despretensiosas e bem-humoradas (como o chamado "besteirol" dos anos 1980, cujas principais peças foram escritas por Mauro Rasi, Miguel Falabella, Vicente Pereira e Flávio Marinho) tendiam a ser avaliadas com igual leveza; já produções sérias de obras clássicas eram analisadas com mão pesada. Barbara era especialista em Shakespeare, inclusive traduzindo-o. Era como se a crítica dissesse: "Quer montar o Bardo? Ok. Então esteja à sua altura!".

Na edição de 19 de março de 2004, por exemplo, Barbara debruçou-se sobre uma montagem de *Ricardo III*, dirigida por Antonio Pedro. A crítica ia logo na canela: "Circula com certa frequência a afirmação de que o ator brasileiro não é capaz de representar Shakespeare, uma afirmação falsa e preconceituosa, mas que bem pode parecer verdadeira a quem for ao Teatro João Caetano [...]". Nove anos antes, na edição de 28 de novembro de 1993, ao analisar a paródia que Flávio Marinho escrevera e então dirigia para *A Chorus Line*, o musical de Michael Bennett, Barbara escreveu: "Flávio Marinho sabe muito bem o que quer, e o espetáculo de *Os sete brotinhos*, nas marcas da enxuta coreografia de Tânia Nardini, é trabalhado com economia e precisão, a fim de criar o clima desse divertido quadro dos bastidores de testes para escolha de elenco".

(NOTA DA REDAÇÃO: literalmente. Sem ser personagem da peça de Edward Albee, Barbara era uma mulher alta. De compleição física e formação.

Filha de Marcos Carneiro de Mendonça, goleiro histórico do Fluminense e da Seleção Brasileira, e de Anna Amélia de Queiroz Carneiro de Mendonça, poetisa, feminista *avant la lettre*. Na certidão de batismo, era apenas Heliodora Carneiro de Mendonça. Barbara deve ter surgido menos como pseudônimo do que como reconhecimento. Amava o teatro, a literatura e a música com ardor. Externava fortes opiniões não só nos textos, mas também entre as obras que escutava no Municipal. Ouvi-la detonar alguma orquestra era tão divertido quanto lê-la. Quando se afastou por problemas de saúde, foi sucedida pelo igualmente rigoroso Macksen Luiz, mas de natureza introvertida e palavras medidas.)

Além das críticas, O GLOBO tinha, desde sua primeiríssima edição, a de 29 de julho de 1925, uma coluna dedicada à cena teatral, publicando notas não só sobre as peças que estavam prestes a estrear ou que haviam acabado de fazê-lo, mas sobre qualquer coisa associada à arte. Gustavo Doria foi seu titular entre 1947 e 1959. Nos anos subsequentes, muita gente boa a assinou, mas dois nomes chamam a atenção pelo próprio trabalho artístico: o já mencionado Flávio Marinho e Gilberto Tumscitz. Para quem não ligou o nome à *persona*, dois anos depois de assumir a coluna, ele passou a assinar Gilberto Tumscitz Braga. Para quem ainda não pegou a referência, ele logo trocaria a grife para Gilberto Braga. Sim, Gilberto Braga, o amado autor de telenovelas.

Televisão: um espelho erguido diante dos leitores

O Brasil foi um dos países que ajudou a transformar a televisão numa forma de arte autônoma do teatro ou do cinema. Portanto, a cobertura empreendida pelo GLOBO acompanhou seu desenvolvimento desde que Assis Chateaubriand inaugurou a TV Tupi de São Paulo, em 1950. O espaço dedicado à televisão, naturalmente, se ampliou a partir de 1965, quando o jornal ganhou uma irmã quarenta anos mais nova, a TV Globo do Rio de Janeiro. A programação diária começou a figurar nas páginas do jornal em 26 de abril, data da inauguração dos estúdios no bairro do Jardim Botânico. O leitor encontrou horários, programas, resumos de filmes e telenovelas no "Segundo Caderno" até 2018.

No período, esse espaço foi diminuindo não por perda de importância, mas justo pela explosão da oferta. Havia, entre 1972 e 1987, crônicas sobre TV assinadas por Artur da Távola, pseudônimo de Paulo Alberto Monteiro de Barros. Havia a seção "Filmes de Hoje na TV", entre 1972 e 2015, assinada por Paulo Perdigão ou por um sucessor como Rogério Durst, o iconoclasta que dera Bonequinho aplaudindo sentado a *O alvo*. Há, desde 1988, a coluna cujas titulares foram, entre outras, Tetê Nahaz, Patrícia Andrade, Patrícia Kogut (que segue fazendo críticas de novelas e séries no papel e no site do jornal) e Anna Luiza Santiago. Coluna na qual as "Nota 10" e "Nota 0" se tornaram a parte mais lida do jornal. Há, desde 2007, a coluna "Seriais", dedicada às infinitas ofertas nesse campo em canais por assinatura e plataformas de streaming. Sem falar nos cadernos específicos de TV, que circularam entre 1972 e 2015.

Nesse mundão de imagens, a grande contribuição brasileira ocorreu no continente da teledramaturgia. Um de seus clássicos figura — num remake — como parte das celebrações pelos sessenta anos da TV Globo. Originalmente, *Vale Tudo*, novela escrita por Gilberto Braga, Aguinaldo Silva e Leonor Bassères, estreou em 1988. Era enorme a quantidade de talento envolvida, já a partir da música de abertura: Gal Costa cantando "Brasil", espécie de hino alternativo para a nossa "grande pátria desimportante", composto por Cazuza, Nilo Romero e George Israel. No elenco, mais estrelado que a bandeira nacional, brilhavam intensamente Glória Pires, Regina Duarte, Antonio Fagundes, Reginaldo Farias, Lília Cabral, Nathalia Timberg e, claro, Beatriz Segall (como a vilã Odete Roitman) e Renata Sorrah (a alcoólatra Heleninha Roitman).

A premissa de *Vale Tudo* era exposta em três páginas de reportagem na edição dominical de 15 de maio de 1988, véspera da estreia. "Eu não sei se vale a pena ser honesto no Brasil nos tempos de hoje", declarava Gilberto Braga. "Talvez por isso a gente coloque essa pergunta até o final. Sem preocupações com respostas, porque somos mais escritores de perguntas. O meu barato é criar polêmicas, fazer cenas que façam o espectador, depois de ver a novela, sair discutindo. Realmente, a novela acompanha a trajetória da mãe honesta (Regina Duarte) contra a filha sem princípios (Glória Pires). Quem vai vencer? Sei lá. Quando mexe em casa de marimbondo, a gente quer é isso."

Deu muito certo. No domingo seguinte, o poeta e cronista Affonso Romano de Sant'Anna dedicava a maior parte de sua coluna no "Segundo Caderno" às questões levantadas pela novela, "talvez [...] um assunto mais importante quanto a visita do FMI e os novos ajustes econômicos do Governo. Ela é a ocasião de os brasileiros verem dramatizada a sua perplexidade diante da falta de valores morais de um grupo de personagens corruptos e interessados egoisticamente apenas na realização imediata de seus desejos. [...] Diria que é uma novela cruel. Mas diria também que é cruelmente necessária". Sim. *Vale Tudo* era uma pá de cal na crítica de que as telenovelas eram meio de escapismo e alienação. Essa visão é que era alienada — e elitista. "Brasil, mostra tua cara/ Quero ver quem paga/ Pra gente ficar assim", cantava Gal Costa.

Em 26 de março de 2012, seria a vez de o Brasil relembrar o que era parar para ver uma telenovela porque ela lhe falava francamente. O título era autoexplicativo: *Avenida Brasil*. A trama de João Emanuel Carneiro flagrava o país noutro momento. Não mais a depressão advinda da constatação de que o fim da ditadura militar por si só não transformara o Brasil num país perfeito, povoado por anjos, incômodo central de *Vale Tudo*. E sim a emergência da "nova classe C", botando para cima a autoestima das periferias das metrópoles, representada pelo núcleo da mansão do ex-jogador de futebol Tufão (Murilo Benício) e de sua mulher, Carminha (Adriana Esteves), vilã capaz de botar Odete Roitman na sandália de dedo. Rondando o casal, a doméstica Nina (nascida Rita, vivida por Débora Falabella). "Uma heroína tem que ter contradição, não pode ser pura, perfeita", declarava João Emanuel a respeito de Nina/Rita, na dominical "Revista da TV", na véspera da estreia. "Precisa de uma criptonita para ser verossímil."

Na quarta-feira seguinte, sob o título "*Avenida Brasil* tem estreia eletrizante", Patrícia Kogut assinava a crítica ao primeiro capítulo: "'Falar para a classe C', lema repetido *ad nauseum* nos últimos tempos pelos realizadores de TV, não significa fazer um simulacro daquilo que se acredita ser o universo deste espectador. *Avenida Brasil* entendeu isso. Tem acima de tudo este mérito: escapa à caricatura e à literalidade fabricando um ambiente próprio. [...] A novela dá uma rasteira no imitativo e no explicadinho e aposta na capacidade do espectador para completar espaços em branco".

Naturalmente, *Vale Tudo* e *Avenida Brasil* não caíram do céu. Foram beneficiárias da gramática e da busca de qualidade que começara a ser forjada — talvez — por *Irmãos Coragem*, de Janete Clair, estreada em 8 de junho de 1970, em plena Copa do México, que culminaria no nosso tricampeonato. Naquele dia, a primeira página do GLOBO chamava para a reportagem sobre a fictícia Coroado, interior de Goiás, vila cenográfica construída às margens da Rio-Santos, em Marapendi. Uma foto de Potira (interpretada por Lúcia Alves) e João Coragem (Tarcísio Meira) dividia atenções com uma de Jairzinho, arrematando para decretar a vitória do Brasil sobre a então campeã Inglaterra. No espírito dos tempos, um dos irmãos de João era o jogador Duda (Cláudio Marzo) — o outro era Jerônimo (Cláudio Cavalcanti), que se torna político de oposição ao "coronel" Pedro Barros (Gilberto Martinho).

Janete Clair logrou a façanha de tocar em questões sensíveis, como opressão e coronelismo, mesmo estando o país sob rigorosa censura prévia. Como, por definição, a censura é estúpida, *Irmãos Coragem* passou — e com louvor. Mesma sorte não teve o marido de Janete, Dias Gomes, com *Roque Santeiro*, cinco anos depois. Na hora da estreia, às oito da noite de 25 de agosto, o público foi informado de que a novela havia sido cancelada e que, no lugar do perturbador (e irônico) retorno de um herói tido como morto à fictícia cidade nordestina de Asa Branca, veria a reapresentação de uma versão condensada de *Selva de Pedra*, de Janete Clair, exibida três anos antes.

Na quinta-feira seguinte, dia 28 de agosto, o jornal reproduzia o comunicado da TV Globo, que explicava ter tentado, depois de 36 capítulos já gravados, "vencer todas as dificuldades" impostas pela Censura Federal. Sem sucesso. Esta decidira que *Roque Santeiro* só poderia "ser exibida depois das dez da noite [...] com cortes que desfigurariam completamente a novela". Optou-se, então, pelo cancelamento da *Roque Santeiro* original.

Foi Janete que resolveu o "buraco" na programação. O colunista Artur Xexéo, biógrafo da autora, lembrou o episódio em texto escrito para o caderno especial publicado na comemoração dos oitenta anos do GLOBO: "Os críticos [...] acusavam-na de inverossímil, melodramática, simplista. Mas ela os dobrou, em 1975, quando, num fim de semana, criou a trama e escreveu os primeiros capítulos de *Pecado Capital*". Xexéo achava a novela nascida do improviso e da necessidade a melhor de Janete. Xexéo era tão noveleiro que, nas colunas, deu vida a uma personagem, Dona Candoca, que lhe contava as novidades, já que ele "não assistia mais a novelas". Hahã. Sabíamos.

Passaram-se dez anos. O público nunca assistiu a Francisco Cuoco como Roque Santeiro e a Betty Faria como Viúva Porcina. Do trio protagonista original, só Lima Duarte seria Sinhozinho Malta também na regravação que foi ao ar em 24 de junho de 1985. Portanto, após a redemocratização. Nela, José Wilker era Roque Santeiro, e Regina Duarte, Viúva Porcina. Sobre eles, Artur da Távola escreveu: "Não foi preciso mais que o primeiro capítulo para vermos retratada a engenhosa realidade do Brasil de hoje: a coexistência e, mais que isso, a compatibilidade entre o regionalismo arraigado e o modernismo ousado". Era a TV, de novo, erguendo um espelho diante do público.

Artes visuais: os quadros e os quadrinhos das paixões extremadas

As artes plásticas atraem atenção menos que cinema, literatura, teatro e TV. No entanto, através das décadas, produzem paixões ainda mais extremadas. Contemporâneo da Semana de Arte Moderna, realizada no Theatro Municipal de São Paulo, em 1922, o jornal nasceu ciente disso. E desde o primeiro ano ofereceu a seção "O GLOBO nas Artes", que foi mudando de nome e titular. Vera Pacheco Jordão (1959-1966), José Roberto Teixeira Leite (1966-1975)... Uma coluna "Artes Visuais" existiu até 2018.

Naquele ano, foi inaugurada, na Escola de Artes Visuais do Parque Lage, *Queermuseu: cartografias da diferença na arte brasileira*, a exposição mais polêmica dos últimos dez anos. Ela havia sido montada pela primeira vez em 2017, no Santander Cultural, em Porto Alegre, mas retirada de cartaz devido à pressão de grupos conservadores. Em seguida, fora vetada pelo prefeito Marcelo Crivella no Museu de Arte do Rio. Qual a razão de tanta rejeição? Algumas das 263 obras de 285 artistas foram acusadas de fazer a apologia da pedofilia e da zoofilia, além de desrespeitarem a fé cristã. Por fim, um *crowdfunding* — "vaquinha na internet", em inglês — reuniu os 680 mil reais necessários à montagem no Parque Lage. No dia da abertura,

18 de agosto de 2018, houve filas na porta e manifestações contrárias de grupos cristãos, nada de maiores consequências na fruição do trabalho de artistas de diferentes gerações, como Adriana Varejão, Lygia Clark e Volpi. Na crítica do GLOBO, Daniela Name dizia que a exposição "afirma a liberdade de expressão e o poder transformador da arte. Não é um feito irrelevante".

O mesmo Parque Lage havia sediado, em 1984, aquela que muitos consideram a mais importante coletiva já montada no Rio: *Como vai você, Geração 80?*. Ela reunia 123 artistas que, a partir de então, se firmariam como expoentes duradouros de nossa arte. Entre eles, Angelo Venosa, Beatriz Milhazes, Daniel Senise, Leda Catunda, Leonilson e Luiz Pizarro. Quando a exposição se encerrou, depois de dois meses e um então recorde de 15 mil visitantes, o crítico Frederico Morais fez o balanço na coluna "Artes Plásticas". Escreveu Morais: "Depois de quase uma década de arte assexuada, hermética e fria, e diante da própria evolução política interna — anistia, eleição para governadores, campanha das Diretas Já, trazendo o povo de volta à rua — e face às novas tendências da arte internacional, a expectativa em relação aos novos artistas brasileiros era muito grande. Coroando uma sequência de exposições que já vinha realizando desde 1982, a mostra do Parque Lage correspondeu a essa expectativa: foi uma grande festa".

Nas décadas seguintes, grandes festas foram consagradas a artistas estrangeiros no Museu Nacional de Belas Artes, no Museu de Arte Moderna (MAM) e no Centro Cultural Banco do Brasil. Multidões da ordem de centenas de milhares de pessoas — quase um milhão no caso de Salvador Dalí! — se expuseram a Camille Claudel, Monet, Rodin. Escrevendo em 11 de janeiro de 1997 sobre a exposição de Niki de Saint Phalle na Casa França-Brasil, o crítico Wilson Coutinho relacionava a obra da francesa às alegorias do carnaval que se aproximava: "Com suas obras coloridas, engraçadas, feitas geralmente de poliéster, Niki atingiu um grande público. Suas obras são fáceis, alegres, de grande apelo popular. Para o espectador brasileiro, são quase familiares". Qualidade e gosto popular, juntos. Falecido em 2003, com apenas 56 anos, Coutinho foi sucedido nas páginas do GLOBO por Luiz Camillo Osório, futuro curador do MAM.

(NOTA DA REDAÇÃO, literalmente. Certa vez, um colunista escrevera um texto declarando sua paixão pelo pintor romântico inglês Turner. Até aí, ok.

Porém, para vestir seu santo, despia outro. "Acho Miró um picareta", afirmava, do nada. Numa ida à Redação, Camillo Osório bateu na sala do sujeito oculto e ofereceu-lhe uma breve e suave aula sobre o surrealista catalão. O pueril colunista mudou de ideia. Obrigado.)

As artes visuais também se fizeram presentes em cem anos de história não mediante o noticiário e a crítica, mas também pela exposição direta. O GLOBO se orgulha do papel que desempenhou na divulgação das histórias em quadrinhos no Brasil. Sua primeira tirinha, O *Commendador*, foi publicada — na primeira página! — em 4 de agosto de 1937. Daí em diante vieram, publicadas em várias configurações no corpo do jornal e entre outras séries nacionais ou importadas, títulos como *Calvin, Dick Tracy, Ed Mort, Fantasma, Hagar, Mandrake, Pafúncio, Recruta Zero, Tarzan, Turma da Mônica, Menino Maluquinho e Urbano, o Aposentado*. Cada memória afetiva há de preencher as lacunas dessa listinha. Até Mauricio de Sousa, o pai da Mônica, escreveu: "Aprendi a ler numa cartilha diferente. Chamava-se 'O GLOBO Juvenil'".

Assim se chamava um dos suplementos à parte, que por vezes conviveram e que eram destinados, muito em tese, a crianças e adolescentes: além de "O GLOBO Juvenil" (1937, cuja primeira tiragem chegou a 300 mil exemplares), "Gibi" (1939, cujo nome se tornou sinônimo de histórias em quadrinhos no Brasil), "As Aventuras Coloridas do GLOBO" (1951) e "O Globinho Supercolorido" (1972). Boa parte dessa trajetória ocorreu enquanto narizes empinados ainda desconsideravam as histórias em quadrinhos como uma forma de arte — a "arte sequencial", tal como batizada por Will Eisner, o pai de Spirit. Com seus traços e suas reflexões, o nova-iorquino ajudou a dar às histórias em quadrinhos o merecido status. Por outros caminhos, O GLOBO chegou à mesma percepção e, ainda mais diretamente do que nos outros casos, fez-se intermediário entre a criação artística e o público leitor, que por ela tem sua vida mudada. Profundamente.

Arthur Dapieve trabalhou no "Segundo Caderno", no "Rio Show" e nas editorias de "Opinião" e "Política" entre 1993 e 2000. Assinou uma coluna nas páginas do caderno de cultura entre 1993 e 2018. Todas as "Notas de Redação" inseridas neste capítulo foram protagonizadas ou testemunhadas pelo autor, que atualmente é comentarista na GloboNews.

As vistas para o meio ambiente

Agostinho Vieira

Em 1823, diante da Assembleia Constituinte de um Brasil recém-independente, José Bonifácio de Andrada e Silva, ao fazer um discurso em defesa da abolição da escravidão, aproveitou para denunciar a devastação que assolava o país: "As nossas preciosas florestas estão a desaparecer, vítimas do fogo e dos facões destrutivos da ignorância e do egoísmo. Com o passar do tempo haverá diminuição de chuvas fertilizantes que favoreçam a vegetação e alimentam nossas nascentes e rios, sem os quais nosso lindo Brasil, em menos de dois séculos, ficará reduzido aos áridos desertos da Líbia" (Pádua, 2004). Os dois séculos da previsão de José Bonifácio nos levam a 2023, ano que nas redes sociais passou a ser classificado, ironicamente, como o "mais fresco do resto de nossas vidas". Apesar desses duzentos anos de distância, as práticas rurais arcaicas, a ignorância e o egoísmo seguem existindo e contribuem com o corte e a queima de patrimônios ambientais como a Floresta Amazônica, o Cerrado e o Pantanal. A intensidade das mudanças socioeconômicas e geográficas no Brasil, porém, tornou a agenda da destruição ainda mais complexa, como veremos nas reportagens publicadas pelo GLOBO ao longo dos últimos cem anos.

Este capítulo se propõe a apresentar uma breve história da cobertura ambiental do GLOBO durante este século de existência. Desde a primeira manchete sobre a produção de borracha na Amazônia, em julho de 1925, até a grave crise climática que atinge toda a Humanidade nos dias de hoje. Mais do que empilhar matérias, artigos e editoriais, a intenção é identificar os marcos principais, as mudanças de enfoque e a coerência ou incoerência no discurso. Para facilitar o percurso, proponho uma segmentação que articula marcos históricos globais, locais e o enfoque dado às coberturas ao longo do tempo. Assim, sugiro seis períodos para o que estou chamando, genericamente, de cobertura ambiental nos cem anos do GLOBO. São eles: 1) Os primeiros anos de trabalho, que vão de 1925 até 1960; 2) Natureza e aventura, que engloba as décadas de 1960 e 1970; 3) As tragédias ambientais, que foram muitas e marcantes na década de 1980; 4) O risco climático, que teve como marco principal a Rio-92, na década de 1990; 5) O ambientalismo com ares de negócio, na década de 2000; 6) E, por fim, da década de 2010 até os dias de hoje, as enormes ameaças da crise climática.

Essa segmentação, obviamente, não é estanque nem rigorosa, busca apenas dar um sentido histórico às mudanças nas coberturas jornalísticas. As tragédias ambientais, infelizmente, não ficaram restritas aos anos 1980 e seguem acontecendo, como mostram as enchentes no Sul e as secas na Amazônia. Assim como ainda podem ser vistas reportagens sobre paisagens e aventuras nos dias de hoje, mesmo que em menor número e com uma dose reduzida de ingenuidade. Essa periodização, no entanto, ajuda a compreender como se deram as alterações no modo de tratar informações jornalísticas sobre meio ambiente, biodiversidade, desenvolvimento sustentável e, também, sobre as relações entre natureza, qualidade de vida das pessoas e questões econômicas e políticas.

Se as ameaças ao meio ambiente começaram há pouco mais de duzentos anos, com a Revolução Industrial, e se agravaram depois das duas Guerras Mundiais, a preocupação com a busca de soluções é relativamente recente. A agenda ambiental saiu do nicho dos especialistas e ganhou mais visibilidade na sociedade na década de 1960, quando o debate intelectual sobre conservação começou a se aproximar do movimento da contracultura. Um ponto de virada do ambientalismo daquele período foi o livro *Primavera silenciosa*, lançado em 1962 pela bióloga norte-americana Rachel Carson (1907-1964). Publicado primeiramente em fascículos na revista *The New*

Yorker, o livro teve uma enorme repercussão nos Estados Unidos e no mundo. A partir de uma pesquisa sobre a morte de pássaros no quintal de sua casa, Carson denunciou o uso de pesticidas e seu efeito sobre o ambiente e as pessoas. Como pontuou Dorrit Harazim, em uma de suas colunas no GLOBO, Carson foi a "mulher que obrigou o mundo a despertar para a frágil interconectividade da vida no planeta".

Contudo, as primeiras discussões realmente importantes sobre sustentabilidade aconteceram em 1972, na Conferência de Estocolmo, que reuniu 113 países e mais de 400 instituições governamentais e não governamentais. O GLOBO acompanhou os debates com o seu correspondente Janos Lengyel, um jornalista húngaro que se naturalizou brasileiro e se destacou na cobertura de eventos esportivos como Copas do Mundo, Olimpíadas e Fórmula 1. Entre os temas abordados na histórica conferência da Suécia estavam o crescimento da população e da miséria nos países em desenvolvimento, a chuva ácida e o controle da poluição do ar. Também no início dos anos 1970, quando informado de que algumas indústrias de aço deixariam a Europa por causa da poluição que causavam, Delfim Netto, então ministro da Fazenda, dizia: "Venham para o Brasil porque temos espaço bastante para poluição e é mais importante fazer aço; da poluição cuidamos depois" (Arnt, 2010). Anos mais tarde, o mesmo Delfim, já como conselheiro dos governos Lula e Dilma, admitiria: "Nunca tive a ilusão de que esta astronave independente, rodando em torno do Sol, tivesse recursos infinitos. Também nunca imaginei que fôssemos viver um período em que a evidência da finitude dos recursos fosse visível" (idem). Mudou o Delfim, mudou o Brasil e mudou o jornalismo.

Os anos 1960 e 1970 funcionam também como um marco para o jornalismo ambiental, como área de especialização. No final dos anos 1960, mais especificamente em 1969, surgiu na França a primeira entidade de jornalismo ambiental de que se tem notícia no mundo, a Association des Journalistes-Écrivains pour la Nature et l'Écologie (Associação dos Jornalistas-Escritores para a Natureza e a Ecologia), fundada pelo jornalista francês Pierre Pellerin, e que até hoje se mantém em atividade. A televisão pública sueca cobria as questões ambientais desde 1961, uma agenda que se tornou relevante para o país já naquela época. Nos Estados Unidos, a primeira organização de jornalismo ambiental só foi criada em 1990, a Society of Environmental Journalists (Sociedade de Jornalistas Ambientais). No entanto, a cobertura jornalística ambiental norte-americana começou décadas antes. O *St. Louis Post-Dispatch*, jornal do Missouri, no Meio-Oeste dos Estados Unidos, chegou a ganhar duas vezes o Prêmio Pulitzer, na categoria Serviço Público, em 1941 e 1948, com reportagens sobre a poluição do ar e a contaminação ocasionada pela mineração do carvão, respectivamente (Belmonte, 2017). Mas vamos voltar um pouco no tempo e mostrar como O GLOBO tratava a questão ambiental nos seus primeiros anos de existência.

Os primeiros anos (1925-1960)

A Amazônia foi o assunto principal da primeira edição do GLOBO. Naquela quarta-feira, 29 de julho de 1925, a manchete "Voltam-se as vistas para a nossa borracha" ocupava seis colunas, o que não era muito usual na época, e vinha acompanhada de uma indagação: "O que o sr. Ford vem fazer no Pará?" A reportagem anunciava a vinda de Henry Ford ao Brasil e explicava que a intenção do empresário norte-americano era erguer uma fábrica de borracha no Pará para abastecer a indústria automotiva do seu país. Nos anos seguintes, Ford, um dos homens mais ricos do mundo, empreenderia o cultivo de seringais na região, criando, nas margens do Rio Tapajós, as cidades de Fordlândia (1927) e Belterra (1934). Embora nunca tenha posto os pés na região, Ford investiu quase duas décadas e uma fortuna em seu sonho amazônico. Em 1945, o projeto foi oficialmente encerrado, com um prejuízo estimado em US$ 20 milhões. O que restou da iniciativa, incluindo escolas e hospitais, foi comprado pelo governo brasileiro por cerca de US$ 250 mil (Sguiglia, 1997).

É verdade que o interesse do jornal por essa pauta não era exatamente ambiental, tinha um viés claramente econômico e com preocupações relacionadas à soberania nacional. No auge do Ciclo da Borracha, entre 1870 e 1912, o produto chegou a ser o segundo item mais importante da balança comercial brasileira, perdendo apenas para o café. Mas a produção de borracha na Amazônia também é um exemplo clássico de biopirataria. Durante muito tempo, o Brasil foi o único produtor mundial dessa matéria-prima, até que, em 1876, o explorador britânico Henry Wickham contrabandeou cerca de 70 mil sementes de seringueiras do Pará e as levou para a Inglaterra. As mudas foram transferidas para as colônias britânicas na Ásia e ajudaram a encurtar o Ciclo da Borracha no Brasil (Jackson, 2013).

Com a eclosão da Segunda Guerra Mundial, a produção da borracha ganhou um novo impulso. Em 1942, os japoneses conquistaram a Malásia e interromperam a exportação de látex para os países aliados. Os Estados Unidos firmaram, então, um acordo com o governo brasileiro, que às pressas arregimentou um exército de trabalhadores para os seringais da Amazônia. Foram recrutadas cerca de 60 mil pessoas, a grande maioria em estados do Nordeste, que passaram a ser conhecidos como os "Soldados da Borracha". Muitos deles morreram vítimas de doenças tropicais e das condições de vida insalubres. O GLOBO acompanhou a saga desse exército desde que ele foi arregimentado até o seu posterior ocaso. Entre as manchetes da época, duas se destacam: "A borracha do Brasil assegurará a vitória dos aliados" (14 de abril de 1943) e "Aproxima-se da Amazônia o grande exército: 13 mil homens deslocam-se através dos sertões para entrar em ação na batalha da borracha" (14 de maio de 1943).

O tema voltou a ser explorado muitas vezes pelo jornal ao longo de sua história. Uma reportagem no caderno de "Economia", em fevereiro de 1976, previa que a "produção de borracha podia ter um novo impulso" no Pará; outra, em junho de 1989, registrava um projeto do governo Fernando Henrique Cardoso de reforma agrária na região de Fordlândia; e houve até uma aposta do governo do Rio no incentivo a um novo Ciclo da Borracha no interior do estado, em janeiro de 2005. Na edição de 22 de setembro de 1985, o "Globinho", suplemento infantil do jornal, detalhava, com gráficos e desenhos, o apogeu e a queda do Ciclo da Borracha no Brasil.

Durante a ditadura do Estado Novo, a Amazônia ganhou um novo destaque no noticiário em razão do programa do governo para o desenvolvimento econômico e populacional da região, conhecido como "Marcha para o Oeste". Um dos marcos desse momento foi a viagem de Getúlio Vargas a Belém, em outubro de 1940, quando o presidente proferiu o famoso "Discurso do Rio Amazonas", que O GLOBO publicou na íntegra. O título no alto da página 3, no dia 8 de outubro, registrava: "As terras serão divididas entre os brasileiros do sertão!". Em seu pronunciamento, Getúlio prometia: "O trabalhador da terra que vive no interior, suando o suor de sangue de cada dia, esparso e sem conforto numa região imensa, deverá ter essa terra dividida em glebas. O caboclo do sertão será dono do solo onde fizer sua lavoura e construir o teto para a família". Outro tema importante abordado pelo presidente em seu discurso aos trabalhadores foi o do saneamento: "A promessa que não fiz até agora, mas quero fazer em primeira mão, diante de vós, é que o governo vai promover, de modo enérgico e decisivo, a obra de saneamento da Amazônia". Infelizmente, nada aconteceu. Mais de sessenta anos após a visita de Getúlio, em março de 2024, O GLOBO registrava: "Sede da COP30, Belém está entre as piores cidades do país em saneamento básico".

Uma questão controversa, que vem ganhando destaque no noticiário em 2025, também teve muito espaço nas páginas do GLOBO em 1953: a exploração de petróleo na Amazônia. No alto da primeira página, no dia 17 de dezembro, três fotos mostravam o início da exploração de petróleo na região. O texto dizia: "O histórico acontecimento verificado às 7h32m do dia 11, quando jorrou petróleo de um poço no Amazonas, é registrado, com exclusividade mundial, nas fotos acima. Conforme declarou o próprio diretor do Conselho Nacional do Petróleo, sr. Plínio Cantanhede, o lençol encontrado é mais extenso do que todos que se conhecem no país". Como diria Karl Marx, a História acontece como tragédia e se repete como farsa. No dia 12 de fevereiro de 2025, o caderno de "Economia" do GLOBO contava: "Lula critica Ibama por falta de aval para explorar petróleo na foz do Amazonas: 'É uma lenga-lenga, parece contra o governo'".

Uma história misteriosa, ainda relacionada com a Amazônia, que mobilizou os editores do GLOBO nos seus primeiros anos de existência, envolvia o desaparecimento do arqueólogo britânico Percy Fawcett, em 1925. Fawcett já havia realizado sete expedições ao Brasil entre 1906 e 1924, em um trabalho organizado pela Royal Geographical Society com o objetivo de mapear a Amazônia e estudar a fauna e a flora locais. Em 1925, ele convidou seu filho mais velho, Jack Fawcett, para acompanhá-lo em uma missão em busca de uma cidade perdida, que o pesquisador chamava de "Z". Fawcett estava convencido de que essa cidade realmente existia e se situava em algum lugar do estado do Mato Grosso, mais precisamente na Serra do Roncador. Toda essa história, digna de Indiana Jones, foi contada pelo GLOBO em diversos capítulos. O jornal seguiu os rastros da expedição de Fawcett e compilou diversas lendas a seu respeito. Algumas diziam que seu filho havia se casado com uma "formosa índia", outras davam conta de que ele "vivia feliz entre os xavantes". Dez anos depois, em agosto de 1935, um título no alto da página 3 indagava: "Fawcett viverá ainda?".

Natureza e aventura (anos 1960 e 1970)

Em seu livro *A comunicação do grotesco*, o jornalista e professor Muniz Sodré argumenta que, nos anos 1960, natureza, paisagem e aventura estavam entre as temáticas principais dos jornais e de revistas como *Manchete*, *O Cruzeiro* e *Realidade* (Sodré, 1988). É desse período, por exemplo, a reportagem que descrevia uma caçada no Mato Grosso, intitulada: "Só faltou a onça", publicada por José Hamilton Ribeiro na *Realidade*, em novembro de 1967. Anos depois, em 2010, Ribeiro, que foi editor do *Globo Repórter* e do *Fantástico*, reconheceria: "Essa reportagem, hoje, seria impossível. É política e ecologicamente incorreta" (Marão; Ribeiro, 2010). Em 1968, seria lançado na tv Globo o programa *Amaral Netto, O Repórter*. Com uma hora de duração nas noites de domingo, tinha um forte tom de aventura e exaltação dos temas abordados, afinado com o ideal de "Brasil grande" dos governos militares. Os assuntos iam da pesca da baleia no litoral do Rio Grande do Norte aos pelotões de fronteira na "selva" Amazônica (Memória Globo, 2021).

É dessa época também a reportagem-aventura de Bernardino de Carvalho, do GLOBO, que passou quatro meses na Amazônia tentando responder à seguinte pergunta: onde nasce o Amazonas? Com o apoio do Conselho Nacional de Geografia, Bernardino e o fotógrafo Piududo Santos percorreram quase 3 mil quilômetros pela Bacia Amazônica, de Tabatinga, no Amazonas, até Megantoni, na região de Cusco, no Peru, passando por Nauta e Atalaya, também no Peru. A viagem, no entanto, acabou sem uma resposta, como admitia o texto na primeira página do dia 26 de outubro de 1959:

"A controvérsia em torno do assunto não é nova nem está resolvida, sendo até difícil que possa haver solução. Consiste em saber qual dos rios que concorrem para formar o Amazonas pode ser considerado o principal. Há muito se estuda nas escolas que o Amazonas nasce no Lago Lauricocha, com o nome de Marañón. Mas muitos geógrafos acham mais acertado dizer que o grande rio nasce muito mais ao sul, com o nome de Ucayali, ou, talvez, mais longe ainda, com o nome de Vilcanota".

A polêmica, na verdade, só foi resolvida muito recentemente, quando cientistas do Projeto Amazing Amazon, ligado ao Instituto Nacional de Pesquisas Espaciais (Inpe), divulgaram, em 1995, resultados de estudos realizados na nascente do Amazonas e ao longo de toda a sua extensão até a foz. A conclusão foi que o Rio Apurímac, também no Peru, é o principal formador do Amazonas. Mesmo tendo sido inconclusiva, a reportagem de Bernardino de Carvalho ganhou o Prêmio Esso de Jornalismo em 1960.

Nessa mesma linha do que estamos chamando de jornalismo-aventura, é possível incluir a construção de duas estradas problemáticas e emblemáticas da Amazônia: a Belém-Brasília (BR-010) e a Transamazônica (BR-230). A construção das duas rodovias contou com uma extensa cobertura do GLOBO. Em fevereiro de 1969, o repórter Arnaud Pierre acompanhou de perto os percalços das obras da Belém-Brasília. Na edição do dia 13, ele fala de uma obsessão pela floresta, do desespero da fome e das mortes por inanição que atingiam os pioneiros trabalhadores em busca de emprego e de um pedaço de terra na região: "Os melhores mapas do IBGE são produto da imaginação fértil dos seus desenhistas, só pelas coordenadas é possível marcar os acampamentos da Belém-Brasília". Sobre a fome, Pierre conta: "Imaginem em uma frente de trabalho com pelo menos mil quilômetros ter que alimentar 600 trabalhadores empregados no desmatamento. Houve casos de debandada geral. Operários se embrenhavam na mata em busca de caça para matar a fome, que bateu forte sobre os pioneiros". A floresta, obviamente, foi outro tema da série de reportagens: "Em muitos trechos, a floresta foi derrubada com machados, num trabalho difícil de se imaginar. Vi, à margem da estrada, muitos troncos consumidos pelo fogo e alguns ainda fumegando. Perguntei ao longo da rodovia: 'O que mais o impressiona aqui?'. A floresta, era a resposta inevitável".

Na polêmica construção da Transamazônica, a floresta também aparecia como um ator coadjuvante. Um gigante pela própria natureza que atravancava o desenvolvimento do país. A edição de 19 de junho de 1970 dá detalhes sobre a obra, e as diferentes matérias ajudam a entender o momento político do país: "Estudos realizados pelo DNER indicam que o projeto rodoviário representa a grande escalada para o desbravamento, colonização e desenvolvimento da Amazônia, com benefícios para o Nordeste a curto, médio e longo prazos", dizia o texto sob a manchete "Transamazônica: assinado edital para construção". Um pouco mais abaixo, o ministro Delfim Netto, em reunião com empresários, garantia: "Nós vamos empurrar a fronteira para a conquista de um novo país". O ministro Cirne Lima, da Agricultura, completava: "Precisamos acelerar os projetos agropecuários nas áreas da Sudene e da Sudam, inclusive com a criação de estímulos fiscais à colonização".

Três anos depois, no dia 16 de dezembro de 1973, em letras garrafais, a manchete do jornal anunciava: "Transamazônica está aberta". O texto dava os detalhes: "Iniciada há três anos, um mês e seis dias, a estrada tem cerca de 5 mil quilômetros, e a abertura de cada um deles custou Cr$ 800 mil... A estrada já tem condições razoáveis de tráfego em todos os seus trechos". Mais de quarenta anos depois, em abril de 2017, O GLOBO registrava uma decisão da Justiça Federal: "Transamazônica: Dnit é condenado a pagar R$ 10 milhões a indígenas". Em sua sentença, a juíza Jaiza Fraxe argumenta: "A construção da rodovia destruiu cemitérios indígenas tradicionalmente ocupados pelos mortos dos povos Tenharim Marmelos e Diahui, a construção da rodovia trouxe garimpeiros e exploração ilegal de minérios, o que resultou na contaminação dos recursos hídricos e dos mananciais de peixes, prejudicando a alimentação dos povos indígenas, a construção da rodovia trouxe a chegada de madeireiros ilegais".

A determinação do governo em construir as estradas e ocupar a Amazônia a qualquer custo, seja econômico ou ambiental, e as declarações dos ministros dos governos militares representam bem o espírito de uma época. O mesmo que foi apresentado pelo ministro Costa Cavalcanti, representante brasileiro na Conferência de Estocolmo, em 1972, o primeiro grande encontro promovido pela ONU para discutir temas ambientais. Na primeira página da edição de 7 de junho, O GLOBO relatava: "O ministro

Costa Cavalcanti, chefe da delegação do Brasil na Conferência sobre Meio Ambiente, disse ontem, em Estocolmo, que a maioria dos países considera a luta contra a pobreza e por melhores condições de vida mais importante que a diminuição da poluição atmosférica. Em entrevista a Janos Lengyel, enviado especial do GLOBO, ele disse acreditar que a atual posição do Brasil alterará os rumos iniciais da reunião". Dez dias depois, sob o título "ONU estabelece normas para combate à poluição", o jornal publicou a íntegra das decisões tomadas no encontro. Em seu texto, Janos Lengyel explica: "Apesar das divergências, a conferência alcançou os seus principais objetivos: a aprovação da declaração final, com 25 princípios, e a criação de um fundo de US$ 100 milhões para a preservação do meio ambiente. O objetivo da reunião era uma declaração apolítica, mas o documento final ataca o racismo e o colonialismo e atenua as advertências sobre os perigos da superpopulação".

Tragédias ambientais (década de 1980)

As recomendações da Conferência de Estocolmo, em 1972, que incluíam a criação do Programa das Nações Unidas para o Meio Ambiente (Pnuma), não minimizaram a impressionante concentração de tragédias ambientais ao longo dos anos 1980. Da usina nuclear Three Mile Island, na Pensilvânia, nos Estados Unidos, em 1979, até Chernobyl, na Ucrânia, em 1986, passando pelo vazamento em uma fábrica de pesticidas em Bhopal, na Índia, em 1984, pelo incêndio na Vila Socó, em Cubatão, São Paulo, também em 1984, e pelo acidente com o Césio-137, em Goiânia, em 1987. Todos igualmente graves, alguns com um número expressivo de vítimas, e que mostravam que os cuidados com segurança precisavam ser redobrados. O acidente de Three Mile Island foi considerado o mais significativo da história da indústria nuclear americana. Durante dias, especialistas e autoridades discutiram a gravidade do caso, até que, ao final de uma semana, o reator, que teve um derretimento parcial, voltou a ser controlado.

Doze dias antes do evento em Three Mile Island, havia sido lançado nos Estados Unidos o filme *Síndrome da China*, com Michael Douglas,

Jane Fonda e Jack Lemmon. A história girava em torno de uma tentativa de encobrir a gravidade de um acidente em uma usina nuclear, o que ajudou a mergulhar o país em uma grande discussão sobre a segurança das usinas atômicas. Em um editorial com o título "O átomo e o medo", O GLOBO abordava o temor que se espalhou pelos Estados Unidos: "Possivelmente, nada acontecerá, mas o medo certamente demorará mais tempo a se dissipar do que qualquer bolha radioativa. O efeito positivo é estimular novas e mais medidas estritas de segurança. O preço negativo é o aumento da desconfiança em relação às aplicações industriais da energia atômica".

Dois anos depois, em 26 de abril de 1986, o caso americano foi superado com sobras pelo acidente nuclear de Chernobyl, que aconteceu no norte da Ucrânia. Uma combinação de falhas causou uma explosão de vapor e um incêndio que jogou grafite no ar por cerca de dez dias. O incêndio só foi contido em 4 de maio. O número de vítimas é controverso até hoje, mas teriam morrido 31 pessoas diretamente, quinze indiretamente e sido registrados milhares de casos de câncer provocados pela contaminação. A manchete do GLOBO no dia 1º de maio daquele ano chegou a falar em 15 mil mortos. A catástrofe de Chernobyl é considerada o acidente nuclear mais desastroso da História e um dos dois únicos classificados como um evento nível 7, o mais alto na escala internacional. O outro foi o acidente nuclear de Fukushima, no Japão, em 2011. Trinta anos depois, em 2016, o jornal publicou uma reportagem especial sobre a herança de Chernobyl e anunciou a construção de um arco de aço para vedar o reator e evitar futuros vazamentos.

A tragédia de Bhopal continua sendo considerada, até hoje, como o pior desastre industrial da História. Um vazamento de gás na fábrica de pesticidas da Union Carbide, em Bhopal, na Índia, ocorrido na noite de 2 de dezembro de 1984, deixou mais de 500 mil pessoas expostas a uma substância altamente tóxica. O número de vítimas nunca ficou muito claro, mas as estimativas das autoridades locais falam em 2.259 pessoas que morreram imediatamente, 8 mil que faleceram nas semanas seguintes e outros 8 mil mortos em consequência das doenças provocadas pelo gás. O assunto ganhou a primeira página do GLOBO no dia 4 de dezembro, com o título: "Gás venenoso mata 500 e intoxica 10 mil na Índia".

O Brasil não ficou imune a essa onda de tragédias dos anos 1980. Em fevereiro de 1984, um vazamento de combustível em um dos dutos que ligava a Refinaria Presidente Bernardes, em Cubatão, ao terminal portuário da Alemoa espalhou cerca de 700 mil litros do produto inflamável pelo mangue. Um incêndio de grandes proporções começou logo em seguida, alastrou-se rapidamente e destruiu os barracos de madeira e as palafitas da Vila Socó, uma enorme favela da região: "Vila Socó já enterrou 82 corpos. E há mais mortos nos escombros", dizia o título do GLOBO. Desde o início dos anos 1980, a região de Cubatão já era conhecida como o Vale da Morte em função da poluição atmosférica provocada pela concentração de indústrias, o que ocasionou um aumento nas doenças pulmonares e no registro de crianças nascidas com anencefalia.

Outra tragédia famosa que aconteceu no Brasil foi o acidente com o Césio-137, em Goiânia. Uma cápsula de césio, elemento altamente radioativo, foi roubada do Instituto Goiano de Radioterapia e estava desaparecida há dez anos quando foi encontrada por dois amigos que venderam a peça para um ferro-velho: "Colocava o meu copo de cerveja em cima da pedra e ficava me divertindo com o seu brilho azul. Com uma chave de fenda, tirava o pozinho que tinha dentro e jogava por toda a casa. Era lindo. Tudo brilhava". O depoimento do dono do ferro-velho, Devair Alves Ferreira, fez parte da cobertura do GLOBO, que ganhou o Prêmio Esso de Reportagem de 1988.

A contaminação radiológica teve início em 13 de setembro de 1987, mas o drama das vítimas e das famílias durou vários dias e foi acompanhado de perto pelo jornal. Em um pequeno editorial, com o título "Nenhum descuido", O GLOBO comentou: "Nem Three Mile Island nem Chernobyl: o mais grave acidente com material radioativo no Brasil teve o início modesto no roubo de um aparelho de radioterapia desativado. A contaminação de 67 pessoas — e o risco de câncer que traz a possibilidade de mortes — não se presta, no entanto, a comparações irônicas. Ao contrário, a tragédia de Goiânia deve aumentar no país a consciência de que o uso pacífico da tecnologia do átomo não permite o menor descuido, e exige uma vigilância que não se limita às usinas nucleares".

Um tipo de tragédia, em particular, fez parte de praticamente toda a história do GLOBO. Por conta da geografia do Rio de Janeiro, da crônica falta de saneamento básico e da concentração de favelas em áreas de risco, as enchentes passaram a ser um assunto frequente nas páginas do jornal. Tão comum que os editores deixavam um estoque de capas, guarda-chuvas e galochas nos armários da Redação. Em março de 1936, a manchete do jornal incluía até um ponto de exclamação, para ressaltar o tamanho do problema: "Noite Diluviada!". Mais abaixo, um subtítulo completava: "O Rio e Niterói sob o maior aguaceiro dos últimos tempos".

Uma das maiores tragédias da História da cidade aconteceu em 1966, deixando mais de 250 mortos e 50 mil desabrigados. Na primeira página do GLOBO, o título: "Dezenas de mortos no maior temporal de todos os tempos". As enchentes de 1988 e 2011, na Região Serrana, também entraram para a relação das mais dramáticas da História: "Catástrofe em Petrópolis: chuva mata mais de 70, desabriga milhares e destrói bairros", dizia a manchete do dia 7 de fevereiro de 1988. No dia 13 de janeiro de 2011, o texto na primeira página do jornal falava em 264 mortos e dizia que a verba para prevenção havia ficado no papel. Quase um ano antes, no dia 7 de abril de 2010, o jornal já perguntava na primeira página: "Cadê o plano de emergência?". E lamentava a falta de ação do poder público: "Tragédias das chuvas no Rio se repetem há quarenta anos e o poder público não consegue reagir".

Seria um erro grave falar sobre essa década de tragédias sem mencionar a morte de Chico Mendes, no dia 22 de dezembro de 1988, em Xapuri, no Acre. Seringueiro, sindicalista e ativista ambiental, ele era conhecido no mundo todo por sua luta em defesa da preservação da Floresta Amazônica. Esse reconhecimento internacional ajudou a provocar a ira de grileiros e grandes fazendeiros locais que o assassinaram. Uma das muitas reportagens do GLOBO sobre o caso falava em "Morte anunciada". Chico Mendes já havia recebido inúmeras ameaças e desde o início de 1988 andava com a escolta de dois soldados da Polícia Militar. Uma semana antes do crime, a PM informou ao líder rural que o pistoleiro Benedito Rosa chegara à cidade para matá-lo e que o crime fora encomendado pelos irmãos Darli e Alvarino Alves da Silva. A política de ocupação do território amazônico, a qualquer custo, na década de 1970, como visto antes, foi responsável por fomentar a devastação da floresta e os conflitos de terra. Nesse contexto, Chico Mendes foi um dos criadores dos famosos "Empates", manifestações pacíficas em favor da preservação. Nesses eventos, correntes de pessoas com as mãos dadas cercavam a área devastada e impediam a continuação do desmatamento até que o responsável pela área assinasse um documento garantindo que a destruição seria interrompida.

Chico Mendes não foi o único nem o último ambientalista a morrer em defesa da Amazônia. Em fevereiro de 2005, a missionária católica Dorothy Stang foi morta por pistoleiros no Oeste do Pará. Um dos bandidos perguntou se a religiosa de 73 anos estava armada, ela tirou a Bíblia de dentro da bolsa e chegou a ler dois versículos para os assassinos antes dos disparos. Em junho de 2022 foi a vez de o indigenista Bruno Pereira e do jornalista britânico Dom Phillips serem mortos por bandidos da região. Eles investigavam a pesca e a caça predatórias no Vale do Javari, na fronteira entre Brasil, Colômbia e Peru. O histórico de violência e conflitos é antigo e não foi por acaso que, no dia 1º de dezembro de 1985, O GLOBO passou a dedicar uma página, exclusivamente, à cobertura ambiental. A primeira reportagem também falava sobre morte, mas de outra natureza: "Gases, espumas e lixo já mataram um rio: o Tietê".

Risco climático (década de 1990)

A década de 1990 foi, sem dúvida, a mais importante para a discussão dos desafios socioambientais do planeta. O mundo acabara de sair da Guerra Fria, o Muro de Berlim já não existia mais, desde 1989, e as atenções se voltavam para dois problemas que começaram a ser discutidos globalmente em Estocolmo, em 1972, mas que se tornavam mais agudos naquele momento: a proteção do meio ambiente e os direitos humanos. O Rio de Janeiro foi o palco da conferência que tratou desses temas, a mais importante da História. Cerca de 180 chefes de Estado e de governo se reuniram no Riocentro, entre os dias 3 e 14 de junho de 1992, na Conferência das Nações Unidas sobre o Meio Ambiente e o Desenvolvimento, a Rio-92, Eco-92 ou Cúpula da Terra, como também era chamada. Segundo a ONU,

9 mil jornalistas de todo o mundo se credenciaram para acompanhar as discussões sobre desenvolvimento sustentável, e pelo menos 40 deles trabalhavam na Redação do GLOBO. O jornal mobilizou repórteres, editores e redatores de todos os setores, da "Economia" ao "Esporte", passando pela "Cultura". Uma Redação foi improvisada em um motel da Barra da Tijuca para facilitar o acesso ao Riocentro, onde se reuniriam os chefes de Estado. Cadernos especiais foram publicados todos os dias, com os mais variados detalhes e enfoques do evento.

Enquanto as lideranças mundiais se reuniam no Riocentro, representantes de movimentos sociais e artistas tomaram as ruas. Cerca de 10 mil pessoas se juntaram no Aterro do Flamengo em um grande encontro da sociedade civil, o Fórum Global. As discussões das ONGs giravam em torno da necessidade de energias renováveis, da destinação correta do lixo tóxico, da poluição do ar, do aquecimento global, do consumo de petróleo e contra a energia nuclear. Participaram desses eventos, entre outros, o então senador norte-americano Al Gore e o líder religioso Dalai Lama. Uma grande marcha tomou conta da Praia de Ipanema, onde se misturavam Pelé e Shirley MacLaine. Enquanto isso, o Exército montou um forte esquema de segurança para a chegada dos chefes de Estado e de governo, o que provocou o criticado cerco de algumas favelas da cidade.

Mas a Rio-92 não começou apenas em junho de 1992. Além das bases lançadas vinte anos antes, em Estocolmo, foi em 1988 que a Assembleia das Nações Unidas aprovou a resolução que determinava a realização de uma conferência sobre temas socioambientais e definiu o Rio de Janeiro como sede. Na mesma reunião foi anunciada a criação do Painel Intergovernamental de Mudanças Climáticas (IPCC), que, desde então, vem orientando todos os debates sobre a crise climática. Também influenciou a Rio-92 o chamado "Relatório Brundtland", produzido em 1987, e que recebeu esse nome em homenagem à então primeira-ministra da Noruega, Gro Harlem Brundtland, uma das responsáveis por consolidar o conceito de sustentabilidade. Também conhecido como "Nosso Futuro Comum", o documento apontava para o risco de esgotamento dos recursos naturais devido ao modelo adotado pelos países desenvolvidos e em desenvolvimento. Em seu discurso, na plenária da Rio-92, registrado pelo GLOBO, Gro fez um alerta aos seus colegas:

"O tempo é curto para corrigirmos os atuais padrões insustentáveis do desenvolvimento humano. Nós devemos erradicar a pobreza e alcançar mais igualdade dentro e entre as nações. Nós todos seremos responsabilizados por eventuais falhas nos acordos do Rio".

Foi no Riocentro também que nasceram alguns dos acordos internacionais mais importantes da História recente. A Convenção do Clima, por exemplo, abriu caminho para todas as negociações que vêm acontecendo há mais de três décadas com o intuito de reduzir as emissões de gases do efeito estufa. Metas e prazos vieram mais tarde, como o Protocolo de Quioto, em 1997, e o Acordo de Paris, em 2015. A Convenção da Diversidade Biológica, assinada no Brasil, virou, anos depois, o Protocolo de Nagoya, com regras claras e inéditas de proteção da biodiversidade. Foi a partir da aprovação da Agenda 21, na Rio-92, que a expressão "desenvolvimento sustentável" ganhou relevância, inspirando um novo olhar sobre a realidade, uma nova forma de gerar emprego e renda e produzir riqueza. O encontro do Rio foi tão importante que o nome da cidade se manteve nas duas conferências seguintes promovidas pela ONU: a Rio+10, em Johanesburgo, na África do Sul; e a Rio+20, que voltou a acontecer no Rio de Janeiro. A principal marca da Rio+20 foi o esforço para promover a participação social em um espaço tradicionalmente ocupado por chefes de Estado e de governo. O documento final, intitulado "O Futuro que Queremos", chegou a mencionar o envolvimento da sociedade civil, mas foi muito criticado por diversos grupos que se sentiram excluídos.

AMBIENTALISMO E NEGÓCIO (DÉCADA DE 2000)

A quinta parte da nossa segmentação começa nos anos 2000, quando a temática ambiental passa a incluir também uma preocupação econômica e ganha um viés maior de negócio nos grupos de comunicação e em diferentes setores empresariais. A ex-ministra do Meio Ambiente Izabella Teixeira conta que a Rio-92 provocou mudanças profundas na rotina das empresas públicas e privadas: "Depois de 1992, nós começamos a ser inundados de relatórios de sustentabilidade do setor privado, mostrando que os caras estavam mudando a direção. Hoje, a sustentabilidade, o clima, é uma mentalidade dentro da regra do negócio. Eles precisavam mudar para fazer parte desse novo contexto" (*Jornal Nacional*, 2022). Além do boom de relatórios de sustentabilidade, são dessa época também a criação do Conselho Empresaria Brasileiro para o Desenvolvimento Sustentável (Cebds) entidade que reúne empresas que representam mais de 60% do PIB nacional; e do Instituto Ethos de Empresas e Responsabilidade Social, organização que tem como missão "mobilizar, sensibilizar e ajudar as empresas a gerir seus negócios de forma socialmente mais responsável".

Foi nesse bojo que, em junho de 2003, O GLOBO lançou o caderno "Razão Social — O Espaço da Empresa Cidadã", que tinha como principal objetivo "transformar em notícia o trabalho das empresas que investem tempo, talento e recursos para fazer um Brasil melhor". É dessa época também o lançamento do "Planeta Terra", um suplemento especial sobre sustentabilidade que recebeu o Prêmio Esso em 2002. Em novembro de 2004, um anúncio que ocupava três quartos da página do primeiro caderno do jornal apresentava a política ambiental da empresa. Ele dizia que o Grupo Globo "sempre preservou a qualidade, o talento e a cultura, e que o meio ambiente não podia ficar de fora", para em seguida enumerar os compromissos da empresa com a conservação dos recursos naturais. Entre os destaques, a preservação da Mata Atlântica no Projac e os 400 mil metros quadrados reflorestados na região de Jacarepaguá, com 40 mil mudas de espécies nativas, além de preocupações com o tratamento de esgoto e a reciclagem. Em 2008, O GLOBO fez uma parceria com o WWF-Brasil para lançar uma coleção com doze livros sobre temas ambientais. O leitor que juntasse sete selos e pagasse mais R$ 9,90 receberia o livro e mais um bicho de pelúcia com a marca da ONG.

Foram muitas as reportagens que também mostravam o esforço da iniciativa privada para se enquadrar nos novos tempos. Em outubro de 2006, uma delas mostrava a iniciativa de duas empresas para garantir um verão mais sustentável no Rio: o coco verde recolhido nas areias das praias, que respondia por 70% do lixo coletado na orla, passaria a ser reciclado e transformado em painéis e substratos para a produção de mudas e vasos. Em outubro de 2010, uma reportagem na editoria de "Economia" contava que o Walmart Brasil passaria a adotar uma espécie de nota de sustentabilidade no rótulo das embalagens, com o objetivo de "informar o tamanho do impacto daquele item no meio ambiente". Em dezembro do mesmo ano, a prefeitura anunciou que passaria a usar um tipo de asfalto colorido e sustentável nas ruas do Rio: "O novo revestimento tem resistência a elevadas temperaturas e à ação dos raios ultravioleta. Na Estrada Dona Castorina, no Horto, a cor escolhida foi o verde, para harmonizar com a floresta", explicava a matéria nas páginas da editoria "Rio".

Os desafios dessa adaptação das empresas ao novo cenário socioambiental, no entanto, mostraram-se mais complexos do que a produção de asfaltos verdes e a reciclagem de cocos. A Petrobras e a Vale, duas das maiores companhias do Brasil, viveram isso de perto. No dia 19 de janeiro de 2000, a primeira página do GLOBO anunciava: "Óleo vaza de refinaria e invade a baía: Petrobras diz que são 500 mil litros, mas Feema calcula quantidade oito vezes maior". Na verdade, o volume do vazamento foi de 1,3 milhão de litros de óleo combustível, e a mancha se espalhou por 40km², no que foi considerado o maior acidente ambiental da Baía de Guanabara. No dia 20 de janeiro, uma foto emblemática do repórter fotográfico Domingos Peixoto, estampada na primeira página, mostrava um mergulhão completamente sujo de óleo, agonizando na Praia de Mauá, em Magé. A mesma foto foi usada no dia seguinte, na página 3 do jornal, ilustrando um anúncio da empresa que dizia: "A Petrobras não tem desculpa, tem compromisso... E o nosso compromisso é recuperar a confiança da sociedade brasileira".

Com a Vale, o drama foi ainda maior e veio em dose dupla. No dia 6 de novembro de 2015, O GLOBO noticiava: "Mar de lama destrói distrito de Mariana". Quatro anos depois, no dia 26 de janeiro de 2019, a primeira página inteira do jornal tratava de um único assunto, com o título: "A tragédia se repete: barragem da Vale se rompe em Brumadinho, deixa 150 desaparecidos e sete mortes confirmadas". O evento de Brumadinho foi considerado o maior acidente de trabalho da História do Brasil e deixou 272 mortos. No dia 6 de fevereiro, uma reportagem do GLOBO revelava: "Vale sabia de problemas em barragem, dizem investigados por desastre". No mês de maio do mesmo ano, em reunião com os acionistas, os executivos da Vale anunciavam as três novas prioridades da empresa: segurança, pessoas e reparação.

Crise climática (de 2010 até os dias de hoje)

Nos últimos quinze anos, os desafios ambientais, que sempre foram grandes e variados, convergiram quase praticamente para um único tema: a urgência climática. Em 2023, ultrapassamos pela primeira vez na História a perigosa marca de 2°C de aquecimento global. Tivemos, com certeza, o período mais quente dos últimos 125 mil anos, como registrou O GLOBO em novembro daquele ano. No mesmo mês, a Organização Meteorológica Mundial divulgou um relatório mostrando que a concentração média de dióxido de carbono (CO2) na atmosfera atingira 418 partes por milhão (ppm) em 2022, chegando pela primeira vez a um índice 50% acima da era pré-industrial. Mas o que era ruim ficou ainda pior. No ano seguinte, em dezembro de 2024, o jornal mostrava os novos dados do Instituto Europeu Copernicus: outro recorde batido e, pela primeira vez, ultrapassando a diferença mínima de 1,5°C em relação ao período pré-industrial (1850-1900), estabelecida no Acordo de Paris, em 2015. A última vez que a Terra registrara uma concentração de CO2 comparável foi entre 3 e 5 milhões de anos atrás. Naquela época, a temperatura estava entre 2° e 3°C mais quente, e o nível do mar era de 10 a 20 metros mais alto (Alves, 2023). Como resumiu o secretário-geral da ONU, António Guterres, e O GLOBO registrou em setembro de 2023, "a Humanidade abriu as portas do inferno com a crise climática".

Para Jared Diamond, pesquisador da Universidade da Califórnia e ganhador do Prêmio Pulitzer, seria um enorme equívoco tentar identificar um único e maior problema socioambiental nos dias de hoje: "Os problemas ambientais do mundo serão resolvidos de um modo ou de outro, no tempo de vida das crianças e jovens adultos de agora. A única pergunta é se serão resolvidos de modos agradáveis, de nossa escolha, ou de modos desagradáveis que não sejam de nossa escolha, como guerras, genocídio, fome, doenças epidêmicas e colapso de sociedades" (Diamond, 2005). Já o líder indígena, filósofo e escritor Ailton Krenak é ainda mais direto. Para ele, estamos de tal modo dopados por essa "realidade nefasta de consumo e entretenimento" que nos desconectamos da vida na Terra: "Com todas as evidências, as geleiras derretendo, os oceanos cheios de lixo, as listas de espécies em extinção aumentando, será que a única maneira de mostrar para os negacionistas que a Terra é um organismo vivo é esquartejá-la? Picá-la em pedaços e mostrar: 'Olha, ela é vida'? É de uma estupidez absurda" (Krenak, 2020).

Impactos do homem sobre a vida na Terra, como os apontados por Krenak, são inúmeros, dramáticos e estão exemplificados em um relatório divulgado, em 2020, pelo Programa das Nações Unidas para o Meio Ambiente (Pnuma): a extração global de recursos naturais estava em 27 bilhões de toneladas em 1970, passou para 92 bilhões em 2017 e deve alcançar 190 bilhões de toneladas em 2060. Cada habitante do planeta consumia, em média, sete toneladas *per capita* em 1970, passou para doze toneladas em 2017 e deve chegar a cerca de vinte toneladas em 2060. Os animais de criação e os humanos constituem agora 95% de todos os vertebrados terrestres. Já a emissão global de gases do efeito estufa estava em 16 bilhões de toneladas em 1972 e atingiu 37 bilhões em 2022 (Pnuma, 2020).

Todos esses números, e muitos outros, que ajudam a sustentar e compreender a gravidade das crises climática e ambiental, foram registrados nas páginas do GLOBO. Em 2007, por exemplo, um caderno especial mostrava que o Rio de Janeiro corria o risco de enfrentar mais secas, ressacas e tempestades, por conta do aquecimento global e que isso poderia representar a perda de até 12% do seu território, além de uma temperatura 5 graus mais elevada. O jornal fez uma cobertura intensa de todas as Conferências Climáticas e publicou dezenas de cadernos detalhando os desafios enfrentados pela Amazônia, pelo Cerrado e pela Mata Atlântica; a importância da preservação dos oceanos (o verdadeiro pulmão do mundo) e das nossas nascentes; mas, sempre que possível, apontando também os caminhos. Um desses cadernos, inspirado em Ailton Krenak, publicado em 5 de junho de 2023, mostrava algumas "Ideias para evitar o fim do mundo", título homônimo a um dos livros do escritor. Entre as sugestões, iniciativas para reconectar trechos de floresta, ampliar a produção consciente e assegurar a preservação de terras indígenas na Mata Atlântica.

Outro destaque dessa cobertura ambiental, sem dúvida, foi a premiada série *Paraíso sitiado*, de 2013, produzida por Míriam Leitão com a luxuosa colaboração do fotógrafo Sebastião Salgado. A reportagem contou o drama do povo Awá Guajá e sua resistência para tentar impedir a ação criminosa de madeireiros na Terra Indígena Caru, um dos últimos remanescentes da Floresta Amazônica no Maranhão.

As boas notícias também tiveram espaço nas páginas do GLOBO. No dia 17 de abril de 2015, por exemplo, o jornal registrava com destaque: "Desmatamento na Amazônia caiu 80% em oito anos, diz estudo alemão". Uma das principais causas dessa queda foi a criação do Plano de Ação para Prevenção e Controle do Desmatamento na Amazônia Legal (PPCDAM), criado em 2004 pela ministra Marina Silva, no primeiro governo Lula. As iniciativas do plano mantiveram o desmatamento abaixo de 8 mil km² até 2018. Com a revogação do PPCDAM, em 2019, e o desmonte dos órgãos ambientais no governo do presidente Jair Bolsonaro (2019-2022), o desmatamento atingiu a marca de 13 mil km² em 2021, o que não ocorria desde 2006, afastando o país das metas estabelecidas em acordos internacionais.

A assinatura do Acordo de Paris, em 2015, foi outro tema comemorado nas páginas do GLOBO. No dia 13 de dezembro, no alto da primeira página, um dos títulos contava: "Celebração em Paris: Cúpula do Clima tem acordo histórico". O pacto, assinado por quase 200 países, prevê que o aumento da temperatura média do planeta fique abaixo de 2ºC, se comparado com o período industrial, mas sugere que o ideal seja um aumento máximo de 1,5ºC. Quase dez anos depois, em fevereiro de 2025, a celebração se transformou em cobrança na página de "Ciência" do jornal: "Acordo de Paris: Quase todos os países descumpriram prazo para apresentar novas metas climáticas".

Na cobertura das enchentes no Rio Grande do Sul, em junho de 2024, uma reportagem de Ana Lucia Azevedo — jornalista especializada em ciência e meio ambiente que, aliás, também trabalhou nas coberturas de Mariana e Brumadinho — mostrava que as mudanças climáticas haviam tornado a tragédia duas vezes mais provável, mas fazia uma ressalva: "Cientistas destacam que as chuvas poderiam não ter causado tanta devastação na região se os sistemas de proteção estivessem operando". A tragédia gaúcha também serviu para dar destaque a dois outros aspectos dos desafios climáticos. O primeiro foi o crescimento do negacionismo e da desinformação ambiental. Uma reportagem publicada no dia 2 de junho de 2024 denunciava que as *"Fake news* sobre o RS e o negacionismo climático estavam gerando lucros no YouTube". A segunda, do dia 16 de maio do mesmo ano, falava sobre a ecoansiedade, "uma nova condição de angústia que vinha crescendo no Brasil frente às enchentes no Rio Grande do Sul".

Depois de cem anos de uma história tão rica, coberturas como a da tragédia no Rio Grande Sul e dos incêndios no Pantanal ou na Amazônia revelam mudanças importantes no enfoque e na urgência do trabalho jornalístico. O foco no espetáculo, na natureza e na aventura, dos anos 1960, assim como a ganância econômica e o crescimento a qualquer custo, dos anos 1970, deram lugar a uma preocupação maior com a preservação da fauna e da flora e, mais especificamente, com os impactos da crise climática na vida do cidadão.

A história de Alan Rusbridger, ex-editor-chefe do centenário jornal britânico *The Guardian*, talvez funcione como um exemplo interessante do que o jornalismo ambiental poderia ter sido, nem sempre foi, e ainda não é. O *Guardian* foi o primeiro jornal no mundo a chamar de crise climática o que antes era tratado como aquecimento global. Além de publicar, extensivamente, reportagens sobre as alterações do clima no jornal e na página on-line, ele também lançou uma campanha para persuadir duas das maiores fundações de caridade do mundo a retirar os seus investimentos da indústria de combustíveis fósseis, a Wellcome Trust e a Fundação Gates. Cinco anos depois, em 2020, a Wellcome Trust anunciou, sem alarde, que não trabalharia mais com a indústria de petróleo (Waterson; Carrington, 2022). Nesse mesmo ano, o jornal britânico passou a recusar anúncios da indústria de combustíveis fósseis (Camargo, 2020). Rusbridger argumentava que, como a notícia, por definição, trata de temas que já aconteceram, a cobertura climática não se encaixava bem nesse escopo, uma vez que aborda assuntos que ainda estão para acontecer: "No jornalismo, sempre foi muito fácil escrever sobre o que aconteceu ontem, mas falhamos em escrever sobre o que pode acontecer com a Humanidade em vinte anos, por exemplo" (Máximo, 2015).

No Brasil, um editorial assinado por Roberto Marinho, publicado na primeira página do GLOBO no dia 8 de março de 1989 — antes, portanto, da Rio-92, do Acordo de Paris e de todas as COPs —, contraria a tese de

Rusbridger e faz uma análise lúcida e visionária do que vivíamos e do que estamos vivendo hoje, mais de trinta anos depois: "Qualquer discussão sobre o futuro da Amazônia que tenha como limites a própria região e o momento presente estará condenada a não chegar a conclusão alguma. O problema da poluição e do equilíbrio ecológico tem dimensão mundial e não se iniciou com a primeira árvore abatida na floresta equatorial". Para o então diretor do jornal, a ameaça tinha nome e sobrenome, e os culpados eram conhecidos: "É preciso começar do começo e olhar além das fronteiras de qualquer país ou continente, para alcançar uma visão objetiva do perigo real que existe para a Terra em um futuro terrivelmente próximo. A ameaça tem nome: efeito estufa. E o atual desequilíbrio ocorre exclusivamente por culpa do homem". E conclui: "Afinal, o espectro do aquecimento insuportável paira sobre a Humanidade inteira. Para exorcizá-lo, a Humanidade inteira precisa de muito mais ação racional, e muito menos retórica".

Agostinho Vieira é editor do #Colabora, site especializado na cobertura de sustentabilidade. Foi repórter, editor, editor-executivo e diretor do jornal O GLOBO entre 1985 e 2009. De 2010 a 2015 foi o titular da coluna "Economia Verde", publicada na editoria de "Economia" do jornal. Ganhou o Prêmio Esso de Jornalismo, em 1994, e dois prêmios da Society for News Design, em 1998 e 1999. Mestre em Comunicação pela UFRJ, tem pós-graduação em Gestão de Negócios pelo Instituto Europeu de Administração de Empresas (Insead) e em Gestão Ambiental pela Coppe/UFRJ.

Bibliografia

ALVES, J. E. *Dia do Meio Ambiente: Brasil já desmontou 90% da Mata Atlântica, 50% do Cerrado e mais de 20% da Amazônia*. #Colabora, 5 jun. 2023. Disponível em: https://projetocolabora.com.br/ods12/dia-do-meio-ambiente-brasil-ja-desmatou-90-da-mata-atlantica-50-do-cerrado-e-mais-de-20-da-amazonia/. Acesso em: 5 fev. 2025.

ARNT, R. (org.) *O que os economistas pensam sobre sustentabilidade*. São Paulo: Editora 34, 2010.

BELMONTE, R. V. Uma breve história do jornalismo ambiental brasileiro. *Revista Brasileira de História da Mídia*, v. 6, n. 2, 2017. Disponível em: https://revistas.ufpi.br/index.php/rbhm/article/view/6656/3817. Acesso em: 6 fev. 2025.

CAMARGO, S. *Jornal britânico The Guardian não aceitará mais publicidade de empresas de combustíveis fósseis*. Conexão Planeta, 3 fev. 2020. Disponível em: https://conexaoplaneta.com.br/blog/jornal-britanico-the-guardian-nao-aceitara-mais-publicidade-de-empresas-de-combustiveis-fosseis/. Acesso em: 6 fev. 2025.

CARSON, R. *Primavera Silenciosa*. São Paulo: Editora Gaia, 2010.

DIAMOND, J. *Colapso: Como como as sociedades escolhem o fracasso ou o sucesso*. Rio de Janeiro: Record, 2005.

JACKSON, J. *O ladrão do fim do mundo*: Como como um inglês roubou 70 mil sementes de seringueira e acabou com o monopólio do Brasil sobre a borracha. Rio de Janeiro: Objetiva, 2013.

JORNAL NACIONAL. *Rio-92: há 30 anos, o mundo parou por 12 dias para pensar no futuro do planeta*. Jornal Nacional, 3 jun. 2022. Disponível em: https://g1.globo.com/jornal-nacional/noticia/2022/06/03/rio-92-ha-30-anos-o-mundo-parou-por-12-dias-para-pensar-no-futuro-do-planeta.ghtml. Acesso em: 7 fev. 2025.

KRENAK, A. *A vida não é útil*. São Paulo: Companhia das Letras, 2020.

MARÃO, J. C.; RIBEIRO, J. H. *Realidade: a história e as melhores matérias da revista que marcou o jornalismo e influenciou as mudanças no país*. Santos: Realejo Edições, 2010.

MÁXIMO, L. *"'The Guardian'", um jornal que tem causas*. Observatório da Imprensa, 9 jun. 2015. Disponível em: https://www.observatoriodaimprensa.com.br/imprensa-em-questao/the-guardian-um-jornal-que-tem-causas/. Acesso em: 15 out. 2024.

MEMÓRIA GLOBO. *Amaral Netto, O Repórter*. 29 out. 2021. Disponível em: https://memoriaglobo.globo.com/jornalismo/jornalismo-e-telejornais/amaral-netto-o-reporter/noticia/amaral-netto-o-reporter.ghtml. Acesso em: 10 fev. 2025.

PÁDUA, J. A. Nature Conservation and Nation Building in the Thought of a Brazilian Founding Father: José Bonifácio (1763-1838). CBS *Working Paper*, n. 53. Center for Brazilian Studies, Universidade de Oxford, 2004.

PNUMA. *Sustainable Trade in Resources: Global Material Flows, Circularity and Trade. United Nations Environment Programme.* Nairobi, Quênia, 2020. Disponível em: https://wedocs.unep.org/bitstream/handle/20.500.11822/34344/STR.pdf?sequence=1&isAllowed=y. Acesso em: 9 fev. 2025.

SGUIGLIA, E. *Fordlândia*. São Paulo: Editora Iluminuras, 1997.

SODRÉ, M. *A comunicação do grotesco*: um ensaio sobre a cultura de massa no Brasil. 11ª ed. Petrópolis: Vozes, 1988.

WATERSON, J.; CARRINGTON, D. *Wellcome Trust sells Sells stakes Stakes in large Large oil Oil and mining Mining companiesCompanies.* The Guardian, London, 21 jul. 2022. Disponível em: https://www.theguardian.com/environment/2022/jul/21/wellcome-trust-sells-stakes-in-large-oil-and-mining-companies. Acesso em: 10 fev. 2025.

Retrato de Irineu Marinho, década de 1920: o fundador do GLOBO morreu menos de um mês depois da primeira edição do jornal ir para as ruas.

Bastos Dias/Acervo Roberto Marinho

Reprodução da primeira página da edição inaugural do GLOBO, em 29 de julho de 1925.

Agência O GLOBO

Deposto do cargo de presidente durante a Revolução de 1930, Washington Luís deixa o Palácio Guanabara acompanhado pelo cardeal Sebastião Leme: o flagrante histórico foi o primeiro grande furo do GLOBO.

Agência O GLOBO/24-10-1930

A eleição para a Assembleia Nacional Constituinte em 1933 foi a primeira vez que as mulheres puderam votar no Brasil: em Laranjeiras, uma delas exerce seu direito.

Agência O GLOBO/3-5-1933

Entre 1933 e 1954, o Circuito da Gávea, no Rio de Janeiro, movimentava o mundo automobilístico e teve no GLOBO um de seus maiores incentivadores. Na foto, a multidão na Rua Marquês de São Vicente acompanha a largada do Grande Prêmio de 1936.

Agência O GLOBO/6-6-1936

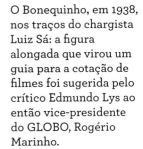

O Bonequinho, em 1938, nos traços do chargista Luiz Sá: a figura alongada que virou um guia para a cotação de filmes foi sugerida pelo crítico Edmundo Lys ao então vice-presidente do GLOBO, Rogério Marinho.

Agência O GLOBO

A Redação do GLOBO na primeira sede do jornal, na Rua Bethencourt da Silva, com os irmãos Ricardo, Roberto (na segunda e na terceira mesa à esquerda, respectivamente) e Rogério Marinho (na cabeceira da mesa ao centro).

Agência O GLOBO

Primeira sede do GLOBO, na Rua Bethencourt da Silva, no Largo da Carioca, onde permaneceu até 1954.

Agência O GLOBO

Soldados da Força Expedicionária Brasileira (FEB) leem O GLOBO Expedicionário, jornal distribuído exclusivamente para as tropas do país na Europa entre setembro de 1944 e maio de 1945, com notícias esportivas, charges e quadrinhos para entreter os combatentes.

Agência O GLOBO

Operário trabalha na construção do Maracanã, em março de 1949: O GLOBO teve papel fundamental na criação do estádio erguido para a Copa do Mundo de 1950.

Nestor Leite/3-1949

Carro do GLOBO virado por populares no Rio de Janeiro no dia do suicídio do presidente Getúlio Vargas.

Agência O GLOBO/24-8-1954

Roberto Marinho na sede do jornal O GLOBO, na Rua Irineu Marinho, em 1956.

Agência O GLOBO/19-1-1956

O capitão Bellini ergue a Taça Jules Rimet na Copa do Mundo da Suécia, em 1958, quando o Brasil conquistou seu primeiro título mundial.

Indaiassu Leite/29-6-1958

Zito comemora gol sobre a Tchecoslováquia na final da Copa do Mundo de 1962, no Chile: Brasil levou seu segundo título mundial vencendo a partida por 3 a 1.

Agência O GLOBO/17-6-1962

O hipismo era uma das paixões de Roberto Marinho, aqui saltando com o cavalo Sagitarius no Torneio Hípico Internacional em Brasília, em 1977.

Orlando Brito/17-4-1977

A porta-bandeira Vilma Nascimento, da Portela, apresenta-se na entrega do Estandarte de Ouro em frente à sede do GLOBO, na Rua Irineu Marinho, em 1978: o jornal prestigia o carnaval desde que foi fundado e instituiu o prêmio em 1972.

Sebastião Marinho/18-2-1978

Atentado terrorista no Riocentro, em 1981, nos anos finais da ditadura militar: a bomba explodiu no colo do sargento Guilherme do Rosário, que morreu na hora. O plano de explosão durante um festival de música tinha o objetivo de incriminar opositores e sabotar o processo de redemocratização.

Anibal Philot/30-4-1981

Em 1984, a manifestação pelas eleições diretas levou milhares de pessoas ao Centro do Rio de Janeiro: a passeata percorreu a Avenida Rio Branco desde a Igreja da Candelária até a Cinelândia.

Alcyr Cavalcanti/16-2-1984

O corpo de Tancredo Neves é levado ao Palácio do Planalto, em Brasília: eleito pelo Colégio Eleitoral em janeiro de 1985, o primeiro presidente após a ditadura militar não chegou a tomar posse, morrendo em abril. Seu vice, José Sarney, assumiu o cargo.

Antonio Moreno/22-4-1985

Jornalistas trabalham nos computadores que chegaram, em 1985, ao GLOBO, já funcionando em seu segundo endereço, na Rua Irineu Marinho. Em pé, à direita, de paletó escuro, está o diretor de Redação Evandro Carlos de Andrade.

Otávio Magalhães/26-7-1985

Em Curionópolis, no Pará, o ouro de Serra Pelada atraiu milhares de garimpeiros em busca de fortuna.

Sergio Marques/17-10-1986

O deputado Ulysses Guimarães, presidente da Assembleia Nacional Constituinte, ergue a nova Constituição brasileira, chamada por ele de "Constituição Cidadã" por garantir mais direitos e liberdade à sociedade.

Luiz Antonio/5-10-1988

Coberto com plástico preto, o Cristo censurado do enredo "Ratos e urubus, larguem minha fantasia", criado por Joãosinho Trinta para a Beija-Flor, em 1989, rendeu o vice-campeonato daquele ano para a escola e virou uma das imagens mais icônicas do carnaval na Sapucaí.

Ricardo Leoni/7-2-1989

O piloto Ayrton Senna comemora a vitória no Grande Prêmio do Brasil de Fórmula 1 em 1991, três anos antes de sua morte no circuito de Ímola, na Itália: a tragédia com o tricampeão comoveu o Brasil e o mundo.

Fernando Pereira/24-3-1991

Estudantes nas ruas do Rio de Janeiro pedem o impeachment do presidente Fernando Collor de Mello: o movimento dos caras-pintadas tomou todo o país em 1992.

Julio Cesar Guimarães/15-9-1992

O produtor e maestro britânico George Martin rege as músicas dos Beatles no Projeto Aquarius, realizado na Quinta da Boa Vista, em 1993: o evento gratuito criado pelo GLOBO em 1972 leva música clássica e contemporânea a grandes públicos.

Ricardo Mello/24-10-1993

Em Pasadena, nos Estados Unidos, Romário levanta a taça do tetracampeonato brasileiro, ao lado do capitão Dunga, na final da Copa do Mundo de 1994: vitória sobre a Itália nos pênaltis.

Anibal Philot/17-7-1994

Em 1996, o cantor Michael Jackson agitou o Morro Dona Marta, no Rio de Janeiro, durante a gravação do videoclipe da música "They Don't Care About Us" e, em 2010, um ano após sua morte, ganhou uma estátua na comunidade.

Anibal Philot/11-2-1996

O menino Diego Frazão chora ao tocar no enterro de Evandro João da Silva, coordenador do projeto social do Grupo AfroReggae, assassinado no Centro do Rio durante um assalto em 2009, em um dos muitos episódios de violência na cidade.

Marcos Tristão/18-10-2009

Fotografia de Domingos Peixoto, que conquistou o Prêmio Esso em 2014, captura o momento em que o cinegrafista Santiago Andrade, da TV Bandeirantes, é atingido no Centro do Rio por um rojão. O artefato foi lançado por um manifestante durante protesto contra o aumento da tarifa de ônibus, e o jornalista morreu quatro dias depois.

Domingos Peixoto/6-2-2014

Lama encobre parede de casa na vila de Bento Rodrigues, em Mariana — MG: o local foi totalmente devastado pelo rompimento da barragem de Fundão, da mineradora Samarco, em 2015.

Márcia Foletto/26-11-2015

Em 2021, a Redação praticamente vazia na nova sede da Editora Globo, na Rua Marquês de Pombal: o trabalho majoritariamente remoto durante a pandemia de Covid-19 obrigou o jornal a se reinventar.

Alexandre Cassiano/27-7-2021

Manifestantes atacam o prédio do Supremo Tribunal Federal em Brasília no dia 8 de janeiro de 2023: o vandalismo dos atos antidemocráticos atingiu também o Congresso Nacional e o Palácio do Planalto.

Cristiano Mariz/8-1-2023

Centro histórico de Porto Alegre inundado pelas chuvas fortes que provocaram destruição e quase 200 mortes no Rio Grande do Sul em 2024.

Edilson Dantas/5-2024

Edição de 2024 do Rio Gastronomia, no Jockey Club, na Gávea: promovido pelo GLOBO desde 2011, o evento movimenta a economia e a cultura do Rio de Janeiro e integra o calendário oficial da cidade.

Alex Ferro/1-9-2024

Milhares de foliões lotam o Centro do Rio de Janeiro no desfile do Cordão da Bola Preta: fundado em 1918, o tradicional bloco é o mais antigo da cidade.

Lorrana Penna/1-3-2025

A primeira charge, publicada em 5/2/1984

Um dos maiores nomes da caricatura brasileira, Chico Caruso conjuga humor, informação e crítica nas páginas do GLOBO desde 1984. No ano em que o jornal celebra o seu centenário, o craque comemora 41 anos levando ao leitor, em poucos traços, uma síntese das principais notícias do Brasil e do mundo.

(3/5/1994)

(22/9/2001)

(27/12/2012)

(27/9/2015)

O jornal vai à guerra

Ascânio Seleme

Premissas

Não é trivial cobrir uma guerra. O jornalista é absorvido pelo clima de tensão e estresse da circunstância. O impacto que sofre no contato direto com a dor, a morte e a desolação deve ser refletido em seus textos. Ele precisa de coragem e liberdade para denunciar abusos e crimes de guerra, maus-tratos a prisioneiros e desvios de conduta de soldados e oficiais. O repórter é a memória do conflito, cabe a ele humanizar a guerra, não para torná-la palatável, mas, ao contrário, para expor toda a dimensão do seu horror.

O repórter no front está sujeito a diversos tipos de manipulação pelas partes envolvidas no conflito, como plantação de informações falsas, propaganda e censura. Fontes externas são eventualmente melhores do que as engajadas na guerra. Moradores da região onde ocorre o conflito, líderes comunitários, médicos de hospitais locais, autoridades civis, agentes de organismos não governamentais e vítimas colaterais são fontes alternativas confiáveis.

Disposição para atender a essas premissas se percebe nas dezenas de conflitos cobertos por jornalistas do GLOBO em cem anos de história.

Equívocos naturalmente ocorreram ao longo de um século por descuido de repórteres, em razão do temperamento do jornal ou por sua opção ideológica, que é observada mais em editoriais do que em textos jornalísticos, embora estes eventualmente sofram influência daqueles.

As profundas transformações políticas que marcaram o século XX, com a implantação do Estado Soviético e a Segunda Guerra Mundial, mexeram com o humor do planeta. Seria improvável que alguém conseguisse passar por tamanhas provações sem sobressaltos e sem eventualmente escolher um lado em momentos tão dramáticos da História.

Vocação

O GLOBO cobre guerras desde o seu primeiro mês de vida. No dia 18 de agosto de 1925, ou seja, 21 dias depois de ser lançado, o jornal publicou em sua primeira página que o enviado especial para a cobrir a Guerra do Rife, no Marrocos, Paulo Torres, não morrera como "havia sido anunciado" e acabara de chegar a Tânger, cidade marroquina no Estreito de Gibraltar. O jornal não diz quem havia anunciado a morte do repórter, mas o fato é que a partir daquele dia ele cobriria a primeira tentativa de libertar o Marrocos do domínio franco-espanhol.

Um dado importante para se entender o espírito do jornal que acabara de nascer é que Irineu Marinho ainda era o seu editor-chefe. Irineu morreria três dias depois, em 21 de agosto, aos 49 anos, sendo, portanto, justo concluir que a decisão de enviar um correspondente para aquela guerra foi dele. Não era uma viagem fácil ou barata. Era feita de navio e demorava pelo menos duas semanas. Paulo Torres embarcou no transatlântico SS Conte Verde ou no SS Rio de Janeiro, navegou do Rio até Lisboa, e de lá viajou de trem até Algeciras, cidade portuária espanhola no Estreito de Gibraltar. Em seguida, num *ferryboat*, atravessou o canal e desembarcou uma hora e meia depois em Tânger. Finalmente, quase vinte dias depois de sair do Rio, o jornalista estaria pronto para iniciar sua cobertura de guerra.

O jornal descreveu da seguinte forma a sua primeira grande cobertura internacional: "O GLOBO, cumprindo o seu programa de grande jornal moderno, enviou desde a primeira hora um representante especial ao Marrocos, a fim de dar ao público brasileiro informações diretas sobre a guerra em que o povo norte-africano se empenha contra a França e a Espanha". O enviado Paulo Torres foi apresentado aos leitores com uma foto na primeira página e a seguinte descrição: "Paulo Torres, poeta e jornalista, cuja mocidade corajosa e brilhante acha prazer nas aventuras difíceis, partiu em julho passado na qualidade de enviado especial do GLOBO com destino ao Marrocos".

O repórter e poeta fez um bom trabalho na frente de batalha. Além de acompanhar os avanços das tropas francesas e espanholas sobre os rebeldes, Paulo Torres entrevistou os dois grandes comandantes da guerra. No dia 11 de setembro, O GLOBO publicou uma entrevista com o general Miguel Primo de Rivera, espanhol que chefiava as tropas conjuntas da França e da Espanha. O título da primeira página destaca "a mensagem de Primo de Rivera aos espanhóis do Brasil". Torres enviou ao jornal um fac-símile de uma mensagem escrita de próprio punho pelo militar aos seus camaradas espanhóis no Brasil. Na entrevista ao correspondente, Rivera disse que a guerra estava perto do fim.

No dia 25 de setembro, o jornal publicou uma entrevista de Paulo Torres com Abd el-Krim, comandante dos rebeldes que buscavam retirar do domínio de estrangeiros a região do Rife, uma área montanhosa que se estende de Tânger até a fronteira com a Argélia. "Há mais de 300 mil mouros em armas contra a Espanha e a França [...] o rei das montanhas declara que só haverá paz com a liberdade de seu povo", escreveu o correspondente, informando que o líder rebelde falou com ele desde sua tenda no Rio Astar. O antetítulo da manchete, pequeno texto em destaque colocado acima do título principal, era um orgulhoso "O GLOBO em Marrocos". Enviar correspondente para a guerra não era banal; o jornal mostrava aos leitores e concorrentes que pretendia ser importante e forte.

Terminada sua missão no Marrocos, Paulo Torres ainda iria a Moscou para relatar aos leitores do jornal como era a vida na "Rússia bolchevique". O título dado à sua primeira matéria foi: "Os banhos públicos, a missa, os 'restaurants' e as historietas populares — O 'céu' e o 'inferno'". Nesse ano, com a vitória de Stalin sobre Trotsky no comando da União Soviética, começava uma guerra interna que acabaria por resultar na morte de milhões de pessoas por perseguição política ou pela fome. Essa é outra história que se desdobraria nos anos seguintes, e o correspondente não poderia mesmo ver ou relatar. Mas O GLOBO a contaria ao longo da sua trajetória centenária.

Guerra fratricida

A Guerra Civil Espanhola, que eclodiu em julho de 1936, foi uma das mais fratricidas da História, deixando meio milhão de espanhóis mortos por outros espanhóis. O conflito que durou três anos era visto como uma guerra entre ditadura e democracia, entre comunistas e fascistas ou simplesmente como uma guerra de classes. O GLOBO inaugurou nessa cobertura a primeira fase de manchetes com letras maiúsculas e garrafais. Todos os horrores da guerra que tomou as cidades e suas ruas foram mostrados. Claramente anticomunista, o jornal não poupava críticas aos fuzilamentos e às execuções sumárias perpetrados pelos republicanos, que governavam em aliança com anarquistas e comunistas, e se defendiam dos ataques dos falangistas comandados pelo general Francisco Franco. O jornal tampouco escondeu as violações praticadas pelo outro lado. Na verdade, condenou-as.

Para O GLOBO de 1936, fazia sentido simpatizar com um lado da contenda, aquele que lutava para derrubar um governo eleito. Quando as tropas de Franco se aproximaram da capital da República, em agosto daquele ano, O GLOBO manchetou: "Madri ao alcance dos revolucionários!". Naquele tempo era comum usar pontos de exclamação em títulos quando se pretendia reforçar o enunciado. O fato é que o jornal passou a chamar os golpistas de revolucionários, com ênfase. O apoio soviético explícito ao governo espanhol sob ataque facilitou a escolha de um lado. A cobertura foi inteiramente feita por agências de notícias, cabendo ao jornal apenas traduzir, editar e publicar os despachos que recebia. Também as agências americanas e europeias refletiam um estado de espírito anticomunista.

No massacre de Guernica, em 26 de abril de 1937, quando foram testados os primeiros aviões de guerra alemães que a indústria bélica montada por

Hitler estava produzindo, já visando aos seus próprios objetivos expansionistas, O GLOBO entregou aos seus leitores toda a extensão da tragédia. Mas, na edição do dia 29 de abril, questionou se a carnificina se deu por bombas rebeldes ou por "fogo vermelho", como se especulou na época. Embora a localidade tenha sido dizimada pelo bombardeio da aviação nazista em apoio a Franco, no dia seguinte, na sua primeira edição, O GLOBO dizia: "Os vermelhos é que destruíram Guernica ao fugir em desespero". A notícia falsa fora recolhida pelos repórteres de agências de notícias entre os franquistas. Um erro ao apostar numa única fonte, o que seria corrigido mais tarde.

No mesmo dia 29 de abril, O GLOBO fez referência a Benito Mussolini, primeiro-ministro italiano que se associaria a Hitler na Segunda Guerra Mundial e era a figura central da criação do fascismo, movimento nacionalista de extrema direita que se sustentava pela força e pela repressão à oposição formada por comunistas italianos. Em título na primeira página, "A Itália sob o fascismo", o jornal enumera os vinte "maiores feitos" do regime instituído por Mussolini. Entre eles estariam "o decréscimo da mortalidade, o aumento da produção agrícola e industrial, a melhora nas condições de trabalho, na educação e nos meios de comunicação e a colonização da África".

A Guerra Civil Espanhola foi a primeira que antagonizou nazistas e fascistas contra comunistas. Abusos e violência contra civis e objetivos não militares foram perpetrados pelos dois lados. O GLOBO relatou a amplitude daqueles três anos de combates sangrentos. Na Segunda Guerra, cuja cobertura jornalística veremos a seguir, o jornal chegou a publicar matérias em que tratava Hitler com alguma condescendência. Mas essa boa vontade durou pouco, até a invasão da Polônia (em 1939), a declaração de guerra dos aliados contra o nazismo e a perseguição odienta ao povo judeu.

Segunda Guerra Mundial

Em 1939, no início da escalada nazista sobre o Leste Europeu, o Brasil vivia sob a ditadura de Getúlio Vargas. Quando Hitler começou sua marcha expansionista, Getúlio podia ser considerado um admirador da força alemã.

O GLOBO observava a evolução ainda inicial do nazismo e tentava ser equilibrado. Na edição do dia 1º de abril de 1939, o jornal publicou a manchete "FALA HITLER", duas palavras em letras garrafais que ocuparam todo o alto da primeira página. Na linha fina (um jargão para designar o subtítulo da manchete), que de fina não tinha nada, acrescentou: "Respondendo a Chamberlain e Daladier, o chefe do governo do Reich profere sensacional discurso". Numa edição extra publicada no mesmo dia, O GLOBO manchetou: "RESISTIRÁ!", adicionando em seguida "A Alemanha, desafia o Führer, enfrentará resolutamente todas as tentativas de bloqueio". Ainda não se conhecia o tamanho do ódio violento que aquele homem viria a produzir.

No dia 3 de setembro do mesmo ano, O GLOBO publicou uma das suas maiores manchetes de todos os tempos. Ocupando um terço da primeira página, três palavras resumiam o drama que mataria de 70 a 80 milhões de pessoas nos cinco anos seguintes: "DECLARADA A GUERRA". Desse momento em diante, o jornal faria uma das maiores coberturas jornalísticas da sua história. E foi também a partir dessa data que o jornal se posicionou claramente contra o nazismo em apoio a Inglaterra e França, que declararam guerra à Alemanha em razão da invasão da Polônia. Mesmo mais adiante, quando a União Soviética foi tragada para o conflito por Hitler, a posição do GLOBO continuou francamente a favor dos aliados, sendo um deles comunista, e contra a Alemanha.

Diante da escassez de recursos e em razão de uma tecnologia de comunicação cara e precária, a publicação de relatos das diversas frentes que foram sendo abertas em razão da movimentação nazista era uma aventura diária. No dia 5 de setembro, o jornal publicou em sua capa a primeira fotografia da guerra no Brasil. Era a imagem de um navio alemão bombardeando o porto de Danzig, na Polônia. A foto, que ocupou mais da metade da primeira página, foi transmitida pela Associated Press de Danzig para Berlim. De lá foi transmitida para Buenos Aires, e da capital argentina seguiu por via aérea para o Rio.

Até 1944, a cobertura da mais sangrenta de todas as guerras foi feita apenas com agências de notícias. O GLOBO e outros jornais só enviariam correspondentes para o front quando o Brasil entrou diretamente nos combates e mandou tropas expedicionárias para combater na Itália. Em 1942, depois de quatro navios de bandeira brasileira terem sido torpedeados por submarinos alemães, com três deles indo a pique e causando inúmeras mortes, Getúlio abandonou a neutralidade, e o Brasil declarou guerra ao Eixo formado por Alemanha, Itália e Japão. O GLOBO do dia 21 de agosto anunciou que o governo brasileiro reconheceu o estado de beligerância com a Alemanha e a Itália. Dois anos depois, a Força Expedicionária Brasileira (FEB) embarcava para a Itália, onde combateria ao lado de tropas americanas.

Alguns jornais mandaram repórteres junto com a FEB, mas antes tiveram de enfrentar a negativa do governo Getúlio, que não queria testemunhas da sua guerra. O GLOBO, o *Diário Carioca*, o *Correio da Manhã* e os *Diários Associados* ameaçaram não publicar os despachos do DIP, o Departamento de Imprensa e Propaganda da ditadura getulista, se seus correspondentes não embarcassem com a FEB. A disputa durou sessenta dias, até Getúlio ceder. Egydio Squeff foi pelo GLOBO; Rubem Braga, pelo *Diário Carioca*; Joel Silveira, pelos *Diários Associados*; e Raul Brandão, pelo *Correio da Manhã*.

Squeff cobriu momentos marcantes da expedição brasileira na Itália. O maior feito dos pracinhas brasileiros foi relatado assim pelo enviado especial: "No momento em que escrevo, terminou a intensa e ininterrupta batalha que se vinha travando entre brasileiros e germânicos desde o alvorecer pela posse do Monte Castelo. Este monte era chamado pelos nossos expedicionários de 'morro maldito', pois já havíamos tentado capturá-lo por duas vezes". A batalha durou três meses. Iniciada em 24 de novembro de 1944, teve seu desfecho relatado por Egydio Squeff em 21 de fevereiro do ano seguinte. A manchete do GLOBO para esse combate foi "Dia glorioso para o Brasil".

Os textos de Squeff eram carregados de emoção. Num deles relata a morte do soldado Cesário Aguiar, que, depois de atingido pelo fogo alemão, se lançou contra o ninho da metralhadora inimiga com uma granada na mão e explodiu o rival, morrendo ele também pela explosão. "Cesário Aguiar é o nosso herói, os nazistas não o roubaram. Temos outros para mostrar a Hitler [...] Lutamos com alguma coisa que eles não compreendem. A luta de Cesário não é a luta de Fritz. Fritz faz a guerra porque ama a guerra. Cesário amava a paz", escreveu o correspondente. Ele cobriria ainda outras batalhas travadas pela FEB em Castelnuovo, Camaiore, Montese e Fornovo di Taro, e a rendição de 6 mil soldados alemães ao general Mascarenhas de Moraes.

Nesse mesmo dia 28 de abril de 1945, o jornal publicaria que Munique havia sido capturada pelas forças aliadas, e Mussolini, fuzilado por "patriotas". Seu corpo e o de sua amante, Clara Petacci, foram pendurados pelos pés na Piazza Loreto, em Milão.

Squeff teve papel importante em outro veículo do Grupo Globo durante o conflito. Inaugurada no dia 2 de dezembro de 1944, a Rádio Globo passou a transmitir diretamente da Itália o programa *Correspondente de Guerra*, com Squeff levando aos ouvintes as notícias diárias do front. No dia 3 de dezembro, a emissora também transmitiu para os nossos soldados na Europa a primeira partida de futebol entre paulistas e cariocas pela decisão do Brasileiro de Seleções. A partida, narrada por Gagliano Neto e transmitida por ondas curtas, foi ouvida em todo o Brasil.

O GLOBO publicou algumas páginas épicas ao longo da guerra, como a capa de uma edição extra sobre a invasão da Normandia. O fim da guerra também mereceu uma edição extra com títulos garrafais. Houve alguns ineditismos naqueles dias. Foi nas páginas de festejos da vitória aliada que surgiu a primeira publicidade de oportunidade no GLOBO. Com uma foto de um soldado pisando com suas botas a bandeira nazista, a empresa Kosmos Capitalização fez uma "homenagem à paz e aos que tombaram na luta". O jornal seguiu cobrindo a guerra que continuava no Pacífico até a rendição incondicional do Japão depois das bombas atômicas lançadas sobre Hiroshima e Nagasaki, em 6 e 9 agosto de 1945, respectivamente. "De joelhos, o Japão", publicou O GLOBO. Mas, apenas três dias depois da primeira explosão, o jornal conseguiu estampar na sua capa o cogumelo produzido pela bomba que destruiu Hiroshima.

O Jornal dos Expedicionários

Uma iniciativa do jornal marcou a história do GLOBO durante a Segunda Guerra Mundial. Foram produzidas 37 edições de um jornal feito especialmente para atender as tropas brasileiras em combate na Itália. "O GLOBO Expedicionário" foi lançado no dia 7 de setembro de 1944. O editorial de lançamento comemora o feito de o primeiro número sair na Semana da Pátria e publica uma mensagem de Getúlio Vargas aos combatentes. Sem qualquer custo para o Estado brasileiro ou para os leitores, o jornal era embarcado no Rio e distribuído gratuitamente entre os soldados na Itália.

Todos os números do "O GLOBO Expedicionário" foram editados por Rogério Marinho, irmão de Roberto Marinho, e Pedro Motta Lima. Ele era publicado uma ou duas vezes por semana, de acordo com o volume de notícias, e levava aos soldados um apanhado geral do que ocorria no Brasil. De fatos da cidade do Rio, das artes e mesmo do futebol, tudo cabia no "GLOBO Expedicionário". No seu primeiro número, o jornal informava que havia sido inaugurada "uma das avenidas mais belas do mundo". Tratava-se da Avenida Getúlio Vargas, despudoradamente batizada com o nome do ditador.

Nas páginas de arte e cultura, uma matéria chamou a atenção na edição do dia 14 de setembro. Com o título "Bibi revive *A Moreninha*", o "Expedicionário" apresentava aos leitores de ultramar "a jovem filha de Procópio Ferreira [...], uma graciosa mocinha de pouco mais de vinte anos possuidora de viva inteligência e de qualidades verdadeiramente notáveis para a arte que tornou famoso o seu pai". Nessa mesma edição, na seção de esportes, informou-se que os jogadores do Flamengo protestaram sentados no gramado do seu campo na Gávea contra a decisão do juiz que validara um gol irregular do Botafogo.

Havia também quadrinhos, em que o carro-chefe era o Zé Carioca, fofocas do rádio, notícias de crime, desastres e tudo mais que fosse considerado relevante pelos editores. Mas o que mais chamava a atenção dos leitores eram as mensagens de parentes e amigos dos pracinhas e a seção batizada "No Lar do Expedicionário". Nas páginas cabiam umas cem cartas curtas, de duas ou três linhas em coluna. No exemplar inaugural, o capitão Malvino foi contemplado com a seguinte mensagem: "Desejaria achar-me contigo neste tão raro momento. Estou bem de saúde. Saudades e beijos da tua Isaura". Já o tenente Prates recebeu recado da mãe: "Todos nos orgulhamos de você. Vamos bem. Todos de casa te abraçam. Beijos e abraços afetuosos da tua mãezinha Olga".

A seção "No Lar do Expedicionário" trazia matérias e fotos de familiares de soldados e oficiais em suas casas. Dona Maria de Lourdes dos Santos, esposa do sargento de artilharia Olegario Santos, foi fotografada com o filho recém-nascido no colo. O menino nasceu depois da partida do pai para a guerra. Na primeira edição também foi publicada a foto da mulher e dos cinco filhos do soldado Acízelo Garrido de Souza com a legenda "Todos sorriem alegres e confiantes". Claro que esses exemplares causavam enorme impacto entre os combatentes. Muitos guardaram as edições e as trouxeram de volta depois do fim da guerra.

Vietnã

Depois da queda da Alemanha e da rendição do Japão, duas guerras foram símbolos do embate ideológico que separou a União Soviética e a China comunista do mundo ocidental capitalista liderado pelos Estados Unidos. As guerras da Coreia e do Vietnã foram marcos da Guerra Fria, secundadas pela crise dos mísseis em Cuba. Ao longo de dezesseis anos, os Estados Unidos mobilizaram 2,5 milhões de soldados no Vietnã com o único objetivo de evitar que o país asiático virasse comunista. Numa guerra que não lhes dizia respeito, os Estados Unidos perderam 58 mil soldados e mataram 1,1 milhão de vietnamitas. Na Coreia, em pouco mais de três anos, morreram 138 mil coreanos, e 24 mil foram dados como desaparecidos. Os Estados Unidos perderam 40 mil soldados.

O volume de bombas despejado pelos Estados Unidos sobre o território vietnamita, 6,7 milhões de toneladas, causou cinco vezes mais mortes do que as bombas atômicas lançadas na Segunda Guerra Mundial em Hiroshima e Nagasaki. Na Coreia, foram 635 mil toneladas, sendo 32 mil delas de napalm, a bomba incendiária mais terrível daqueles tempos.

A cobertura jornalística da Guerra do Vietnã foi feita pelo GLOBO inteiramente com material comprado de agências de notícias, especialmente Associated Press (AP), United Press International (UPI) e Agence France-Presse (AFP). Embora o conflito entre o Sul e o Norte do país tenha começado anos antes, durante a ocupação francesa do território, a cobertura do GLOBO ganhou relevância na década e meia em que se deu a participação americana, a partir de 1960. O jornal não poupou espaço para oferecer aos leitores a evolução da guerra. No princípio, acreditou que ela seria curta, como garantiam os generais americanos estacionados em Saigon. Depois, entendeu que, ao contrário, seria longa e com enorme perda de vidas.

O GLOBO relatou todos os avanços dos vietcongues sobre o território do Vietnã do Sul, lento e gradual até a tomada de Saigon. Os insurretos liderados por Ho Chi Minh eram descritos como terroristas nas páginas do jornal, e seus avanços territoriais, considerados perigosos e ameaçadores. Nem por isso O GLOBO escondeu dos leitores que as baixas eram desproporcionais. Morreram 19 vezes mais vietcongues, cujas posições eram bombardeadas dia e noite, do que soldados americanos e combatentes vietnamitas aliados nos dezesseis anos de guerra.

No dia 1º de fevereiro de 1968, no auge do conflito vietnamita, O GLOBO publicou editorial na primeira página intitulado "Jogo sem regra". Usando fatos colhidos no Vietnã, em Cuba e na União Soviética, o editorial apontava o caminho que parecia querer adotar o Partido Comunista Brasileiro e fazia uma crítica severa a essa escolha. O texto é de uma clareza inequívoca, apontando a raiz do anticomunismo declarado do GLOBO. A seguir, alguns trechos do sentimento expressado naquele artigo de opinião do jornal.

"Toda a receita marxista-leninista consiste na manipulação de massa, a fim de que esta cresça no forno quando se lhe adiciona o fermento da violência. Portanto, falar em 'conquista pacífica do poder' e em 'coexistência' entre regimes de ideologias diferentes é um palavreado oco. Impreciso como a expressão 'Demi-Vierge'. Lenin disse que, em princípio, todos os meios de luta, e mais, todos os planos e métodos podem ser adotados desde que sejam oportunos [...] O Partido Comunista Brasileiro (Prestes, pró-Moscou) decidiu, segundo informe recente, enveredar pela luta insurrecional."

"Examinemos a situação presente no Vietnã. Em Saigon, as armadilhas terroristas mais brutais foram montadas nas últimas horas pelos vietcongues. O terrorismo, teoricamente, vem sendo condenado pelos clássicos do marxismo-leninismo. Bakunin, o gênio do terror, anticzarista, foi incluído entre os 'autores' proibidos na literatura soviética. No entanto, a conquista do poder na Rússia por Lenin e Trotsky, depois consolidada por Stalin, é uma das mais esplendorosas páginas de horror da História [...] A linha insurrecional do Partido Comunista Brasileiro não leva em conta a estratégia oficial da conquista do poder por meios pacíficos. Isso tudo significa que o comunismo é um jogo sem regra. E, como tal, terá de ser considerado."

Naqueles tempos sombrios, não era difícil para O GLOBO (e para os demais jornais brasileiros) ter precauções com o comunismo. Havia razões pragmáticas para apoiar ideologicamente os Estados Unidos contra os vietcongues. Já em 1956, Nikita Kruschev, o secretário-geral do Partido Comunista Soviético, havia revelado ao mundo a dimensão do horror protagonizado pelo seu antecessor Josef Stalin. O sanguinário ditador matara de 1 a 4milhões de russos pela fome, por serem dissidentes ou apenas descontentes, desmoralizando o comunismo como modelo de governo. E havia ainda o caráter expansionista do regime soviético e as ameaças que atravessavam fronteiras, como a causada pela crise dos mísseis de Cuba, em 1962, quando a URSS tentou plantar foguetes com ogivas nucleares no país caribenho situado a 145 quilômetros ao sul da Flórida.

O maior destaque da cobertura do GLOBO sobre a Guerra da Coreia será a participação da correspondente Fernanda Reis, a primeira mulher de um jornal brasileiro numa frente de combates, como veremos mais adiante.

Guerra das Malvinas

O país acompanhou pelas páginas do GLOBO pequenos e grandes conflitos no continente americano, de maior ou menor repercussão internacional, ao longo de um século. Escreveu sobre a Revolução Cubana no final dos anos 1950 e sobre as invasões dos Estados Unidos a Granada, em 1983, e ao Panamá, seis anos mais tarde. Apenas no Panamá, O GLOBO empregou recursos próprios na cobertura, quando mobilizou o correspondente de Washington e a sucursal de Brasília. Os eventos de Granada e Cuba foram descritos por agências de notícias. Um ano antes de Granada, o jornal estampou em suas páginas a Guerra das Malvinas, provocada pela invasão da ilha de possessão britânica por 4 mil soldados argentinos deslocados pelo ditador Leopoldo Galtieri. Os 79 fuzileiros ingleses estacionados nas Malvinas renderam-se sem reação.

O GLOBO cobriu todos os eventos subsequentes à invasão do dia 3 de abril de 1982 com o correspondente Paulo Torres desde Buenos Aires. O jornalista informou como os 4 mil soldados argentinos, apoiados por um porta-aviões e acompanhados por destróieres e fragatas, surpreenderam a minúscula força britânica que protegia a ilha. E dali em diante narrou todos os lances da guerra de dez semanas no Atlântico Sul que, ao final, custou a vida de 649 soldados argentinos, 255 britânicos e três civis. A invasão resultou no rompimento das relações da Inglaterra com a Argentina. A primeira-ministra Margaret Thatcher ainda tentou uma saída negociada, mas, diante da intransigência do ditador Galtieri, mobilizou sua Marinha e foi à guerra.

Em maio, dois acontecimentos marcaram a Guerra das Malvinas, que os ingleses chamam de Falklands. Os argentinos torpedearam e afundaram um destróier britânico, deixando pelo menos 30 soldados mortos. Em retaliação letal e fulminante, as forças inglesas bombardearam e colocaram a pique o cruzador General Belgrano, da Marinha argentina, matando 323 militares. O navio estava a 30 milhas náuticas ao sul das Malvinas. Os argentinos alegaram então que a embarcação militar estaria fora da zona de guerra e que o ato britânico fora uma covardia. Paulo Torres relatou a indignação argentina. A correspondente Any Bourrier, que havia sido deslocada de Paris para Londres, retratou o outro lado, que estava ganhando a guerra. Do Brasil, o ditador João Figueiredo mandou um telegrama de condolências a Galtieri.

A Europa ficou consternada menos com a destruição do Belgrano e mais com a quantidade de vidas perdidas no ataque. O mundo dividiu-se na questão. Muitos achavam que a Inglaterra não precisava ir à guerra por uma ilha remota. Mas, evidentemente, todos consideraram a invasão argentina uma afronta à soberania britânica. O ditador argentino não esperava uma reação tão forte quanto espetacular da primeira-ministra britânica. Tanto que a guerra acabou em junho com a rendição humilhante dos soldados argentinos abandonados na ilha pela frota argentina que fugiu dos torpedos ingleses. Enquanto Thatcher reunia o Parlamento para anunciar a vitória, Paulo Torres contava aos leitores do GLOBO que os militares argentinos divulgaram nota sem usar as palavras "derrota" ou "rendição", limitando-se a informar que houve um "cessar-fogo não negociado pelas duas partes". A ditadura argentina acabou com a guerra. Em outubro do ano seguinte, o civil Raúl Alfonsín foi eleito pelo voto direto.

ISRAEL

Outro conflito que O GLOBO cobriu periodicamente foi o que opôs Israel ao mundo árabe ao longo dos últimos setenta anos. O jornal reportou esse confronto histórico e reincidente desde as primeiras escaramuças em 1956, com a Guerra de Suez. O presidente do Egito, Gamal Abdel Nasser, havia nacionalizado unilateralmente o Canal de Suez, que pertencia majoritariamente a Inglaterra e França, gerando uma imediata declaração de guerra de Israel, que temia ter seus portos bloqueados e perder o acesso ao Mar Vermelho. França e Inglaterra apoiaram Israel objetivando reaver seu patrimônio, não se importando com o fato de o canal ficar dentro do Egito, país que fora colônia britânica até 1922. O conflito durou apenas uma semana, graças à intervenção da ONU e dos Estados Unidos.

Pelo menos dez grandes momentos dessa beligerância intermitente mereceram muita atenção e foco do GLOBO desde 1956. Onze anos depois de Suez, a Guerra dos Seis Dias colocou em confronto Israel com seis nações árabes. E foi, outra vez, o canal a origem do novo conflito. Nasser expulsou as forças da ONU estacionadas na fronteira com Israel, causando um temor de que pudesse haver uma invasão egípcia ao território judeu. O que ocorreu então foi justamente o inverso. O GLOBO mostrou aos seus leitores como, em seis dias, Israel empurrou as forças do Egito para dentro do seu território e ocupou o canal. O jornal também relatou que, como consequência do apoio dado por outros países ao Egito, Israel ocupou militarmente, além do Sinai, Jerusalém, Gaza e Cisjordânia, territórios palestinos, e as Colinas de Golan, na Síria.

No dia 7 de janeiro de 1967, todas as doze chamadas da primeira página do GLOBO foram dedicadas à guerra. No dia seguinte, o último antes da rendição do Egito, as quinze notas da capa tratavam exclusivamente do assunto. O poderio de Israel, que já era conhecido e temido, em razão dos apoios militar e financeiro dos Estados Unidos, foi demonstrado na prática no conflito que não durou sequer uma semana. Israel derrotou, sem qualquer margem de manobra, Egito, Jordânia, Líbano, Síria, Iraque e Palestina. Começou aí a permanente ingerência de Israel sobre os territórios palestinos, que resultaria em inúmeros conflitos de maior ou menor intensidade, culminando com o ataque terrorista do Hamas a Israel em 7 de outubro de 2023 — com 1,2 mil mortos e 250 sequestrados —, seguido dos massacres em Gaza e no Líbano perpetrados por Israel, causando mais de 50 mil vítimas.

Outra guerra registrada nas páginas do GLOBO foi a Guerra do Yom Kippur, de 1973, data em que os judeus celebram o Dia do Perdão, e a causa foi a mesma: o domínio do território ao redor do Canal de Suez. Durou pouco menos de um mês (entre 6 e 26 de outubro) e poderia ser considerada menos relevante não fosse a retaliação árabe cortando sua produção de petróleo e a certa altura suspendendo a exportação para os Estados Unidos. A medida, como O GLOBO noticiou em novembro de 1973, era uma forma de pressionar Israel e Estados Unidos, e acabou se transformando num instrumento de política de preço do petróleo que chacoalhou a economia global no final daquele ano e nos anos subsequentes.

Já no final dos anos 1970, o jornal noticiaria a paz celebrada entre Egito e Israel no Acordo de Camp David, organizado pelo então presidente americano Jimmy Carter. O presidente egípcio, Anwar Sadat, e o primeiro-ministro israelense, Menachem Begin, assinaram um tratado de paz em setembro de 1978. O GLOBO também deu espaço e destaque para outro acordo, este entre o presidente da Autoridade Palestina, Yasser Arafat, e o primeiro-ministro israelense, Yitzhak Rabin, com o patrocínio do presidente americano Bill Clinton, em 1993. Em ambos os casos, usou correspondentes e agregou às coberturas enviados especiais para melhor retratar a grandeza dos dois atos. No intervalo entre esses momentos de esperança, noticiou o Massacre de Sabra e Chatila, em Beirute, e a Primeira Intifada, que foi o levante espontâneo de palestinos contra a ocupação israelense de Gaza, Cisjordânia e Jerusalém Oriental.

Aliás, lendo as páginas do GLOBO em qualquer tempo, uma das palavras mais empregadas quando se trata de Israel é "ocupação". O massacre dos bairros de Sabra e Chatila, em Beirute, ocorreu durante a ocupação da cidade por Israel, em 1982. As tropas israelenses facilitaram a entrada de falangistas libaneses de extrema direita nos acampamentos palestinos instalados nos locais e impediram a saída de moradores. O massacre, uma retaliação pelo assassinato do presidente falangista Bashir Gemayel, resultou num número impreciso de mortes, que pode ter chegado a 3,5 mil.

159

Já a Intifada de 1987, que causou a morte de 1,2 mil palestinos e 180 israelenses, ocorreu em razão da ocupação de territórios palestinos por Israel. Foi esse confronto que acabou impulsionando os entendimentos para os Acordos de Oslo, que estabeleciam um cronograma para a saída de Israel do sul do Líbano e abriam a discussão sobre o status político de Jerusalém.

Foi a partir das coberturas dos conflitos entre Israel e os seus vizinhos árabes que O GLOBO passou a empregar cada vez mais correspondentes e enviados especiais às zonas conflagradas. Na Guerra do Líbano de 2006, deflagrada por Israel depois que dois soldados foram sequestrados pelo grupo extremista Hezbollah, boa parte da cobertura foi feita por José Meirelles Passos e Deborah Berlinck, correspondentes em Washington e Paris, e por Monica Yanakiew, enviada especial a Rabat. Dos bombardeios de Israel sobre o Líbano resultaram 1.191 libaneses mortos, a maioria civis. Do outro lado, 121 soldados e 44 civis israelenses morreram.

O GLOBO cobriria em cada detalhe a escalada de conflitos entre Israel e o Hezbollah, assim como também o embate com outro grupo extremista armado, o palestino Hamas. Em 2023, o jornal publicou com estupor o ataque terrorista do Hamas que matou cerca de 1,2 mil israelenses e fez cerca de 250 sequestrados. Em seguida, O GLOBO noticiou ao longo de mais de um ano os bombardeios e a invasão de Israel sobre territórios vizinhos, que deixaram mais de 50 mil mortos (a maioria civis) em Gaza e no Líbano. A reação impiedosa israelense foi noticiada pelas plataformas do GLOBO, destacando o horror que causou.

Guerra ao vivo

Antes dos atos terroristas do Hamas em Israel e dos massacres israelenses em Gaza e no Líbano de 2023 e 2024, a mais espetacular cobertura de combates feita pelo GLOBO foi a Guerra do Golfo, de 1990, que desencadeou a série de eventos que culminariam nos atentados de 11 de setembro de 2001 contra alvos em Nova York e Washington, na consequente invasão do Iraque e do Afeganistão, e na morte de Osama Bin Laden. A Guerra do Golfo foi provocada em razão da invasão do Kuwait pelo Iraque. Numa coalizão vista apenas na Segunda Guerra Mundial, e que não se repetiria depois, Estados Unidos, Inglaterra, França e a União Soviética de Mikhail Gorbachev se aliaram para conter o ditador iraquiano Saddam Hussein.

O jornalista Peter Arnett, da CNN, foi o único correspondente que conseguiu permanecer em Bagdá durante o conflito, mostrando na TV americana o desdobramento da guerra. O GLOBO mobilizou uma tropa de correspondentes, com Mario Chimanovitch, em Tel Aviv; Graça Magalhães-Ruether, em Bonn; Patrícia Saboya, em Paris; Deborah Berlinck, em Genebra; Monica Yanakiew, em Bruxelas; Teodomiro Braga, em Londres; Heloísa Villela, em Nova York; e José Meirelles Passos, em Washington, depois enviado para Amã, na Jordânia, e Riad, na Arábia Saudita. Mesmo José Negreiros, correspondente em Buenos Aires, participou da cobertura quando o presidente argentino Carlos Menem ofereceu tropas para ajudar os Estados Unidos na guerra. Que não deu em nada, obviamente.

Apesar de seu caráter absolutamente midiático, a guerra sofreu formidável censura dos comandantes militares americanos. Primeiro, impediram que outros jornalistas além de Peter Arnett entrassem na zona de operações ou mesmo em Bagdá. No GLOBO, o editor-executivo Luiz Garcia escreveu um artigo em que afirmava que jornalistas americanos chegaram a pensar em recorrer à Suprema Corte para obrigar os generais a liberar informações e permitir a livre circulação dos correspondentes. Ainda assim, reconheceu Garcia, a guerra seria vista em todas as suas cores: "Se o Vietnã foi a primeira guerra pela TV, esta será a primeira a ser transmitida via satélite, ao vivo".

O GLOBO mostrou o desenvolvimento e os impactos da guerra nas muitas esferas da vida pública e privada do planeta. O primeiro e mais importante efeito foi a elevação do preço do petróleo e de seus derivados. O barril, que chegou a custar US$ 32 no início da guerra, caiu para US$ 16 ao seu final. A questão de fundo era mesmo a gigantesca reserva petrolífera da região, obviamente comprometida com a invasão de um dos grandes produtores. A certa altura do conflito, Saddam Hussein ameaçou explodir poços de petróleo, apontando mísseis para campos no Kuwait e mesmo na Arábia Saudita. Não podia ser mais desastroso e, claro, o mundo se levantaria contra aquela intenção do ditador iraquiano.

Houve eventualmente incêndios e vazamentos em inúmeros poços no transcorrer da guerra. Em razão disso, até o dono do GLOBO, seu diretor-redator-chefe Roberto Marinho, colaborou com a cobertura. Na forma de artigo publicado na primeira página e assinado pelas iniciais R. M., o jornalista discorreu sobre a imagem em que um pássaro banhado em óleo cru tenta inutilmente alçar voo. Sob o título "A mais inocente vítima", ele escreveu:

> A imagem de uma ave tentando despregar-se do mar de petróleo, com sua vida e seu mundo destruídos, foi uma das que mais impressionaram a opinião pública, nos últimos episódios da Guerra do Golfo.
> Parece estranho que o drama de um bicho tenha prevalecido sobre tantos quadros pungentes de cidades e pessoas atingidas pelos mísseis.
> A explicação só a poderia dar um poeta, Carlos Drummond de Andrade, que num de seus poemas recomendava orar pelos animais, cada vez mais ameaçados por nós, os anjos da guarda que a natureza divina lhes deu.
>
> O que sentimos diante da televisão não era, portanto, apenas dó, era remorso.

A guerra dos aliados contra o invasor do Kuwait teve início no dia 17 de janeiro de 1991, quatro meses após a invasão, e o acordo de paz com a derrota de Saddam, mas com sua manutenção no poder, foi assinado no dia 28 de fevereiro. Cada etapa da invasão, da guerra, da desocupação do Kuwait e da tomada de Bagdá foi espetacularmente retratada pelo O GLOBO. No decorrer da guerra, as primeiras menções a armas químicas que o Iraque estaria desenvolvendo chamaram a atenção do mundo. Essas supostas armas desencadeariam outra guerra dos Estados Unidos contra o Iraque, em 2003, cujo resultado foi a derrubada de Saddam, sua prisão, condenação e enforcamento, como veremos mais adiante.

Onze de Setembro

Um dos dias mais importantes da história da Humanidade, o famoso e trágico 11 de setembro de 2001, foi objeto de uma edição extra do GLOBO, de doze páginas, que circulou na cidade do Rio a partir das 16h do mesmo dia em que se deram os atentados. "Terror sem limite" foi a manchete em letras garrafais. "Atentados suicidas deixam milhares de mortos nos EUA", descreveu a linha fina, que tinha corpo maior do que qualquer manchete comum do jornal. Foram quatro fotos na primeira página. A maior mostrava um dos dois blocos do World Trade Center desabando. As outras retratavam os edifícios fumegando, um avião próximo a se chocar com a segunda torre e o prédio do Pentágono também em chamas.

Para se ter ideia da rapidez com que a Redação do GLOBO trabalhou, é preciso notar que o impacto do primeiro avião na Torre Norte ocorreu às 10h46 (horário de Brasília) e às 11h03 o segundo avião atingiu a Torre Sul, que desabaria às 12h33. Em poucas horas, repórteres, editores, diagramadores, pessoal da arte, de pesquisa e de apoio produziram as doze páginas com matérias, fotos, entrevistas, repercussões e análises. No parque gráfico, em pouco mais de quarenta minutos, 30 mil exemplares foram impressos e saíram para as bancas num processo coordenado com extrema agilidade e eficiência pelo Departamento de Circulação do jornal. Antes das 21h, a edição extra tinha esgotado nas bancas do Rio.

O atentado que mudou a História do mundo e sacudiu velhas estruturas, hábitos e normas se deu em uma época em que os protagonistas eram George W. Bush, Tony Blair, Jacques Chirac, Ariel Sharon, Gerhard Schröder, João Paulo II e… Vladimir Putin. No Brasil, o presidente Fernando Henrique Cardoso mandou uma carta de solidariedade a Bush e convocou uma reunião com ministros e o comando das Forças Armadas. Enquanto era fotografado diante de um aparelho de TV onde assistia às imagens dos atentados, FH disse uma frase captada pelo experiente fotógrafo Ailton de Freitas, do GLOBO: "Uma loucura, é a terceira guerra mesmo".

A edição regular do dia seguinte ao atentado terrorista teve uma enxurrada de artigos e análises da nata do jornalismo e do colunismo do GLOBO. Além dos textos e testemunhos dos correspondentes em Nova York e

Washington, Toni Marques e José Meirelles Passos, o jornal publicou análises e comentários de Zuenir Ventura, Luis Fernando Verissimo, Elio Gaspari, Ancelmo Gois, Míriam Leitão, Marcio Moreira Alves, Miguel Falabella, Cora Rónai, Artur Xexéo, Tereza Cruvinel, Arnaldo Bloch, Hildegard Angel, Nelson Motta e Arnaldo Jabor. O jornal também empregou um batalhão de repórteres, editores e diagramadores na produção de edições gigantescas que seriam feitas nos dias seguintes.

Os desdobramentos militares do atentado foram minuciosamente acompanhados pelo GLOBO até o último ato, dez anos depois, com a morte de Osama Bin Laden, o líder do grupo terrorista Al-Qaeda, que planejou os ataques aos Estados Unidos. Antes disso, o jornal se ocupou também do impacto econômico causado. Foi uma revolução nas Bolsas e no câmbio em todo o mundo. No Brasil, a crise fez o dólar bater um recorde, chegando a R$ 2,76. Todos os prognósticos de um final de ano bom na economia nacional desmoronaram. No resto do mundo não foi diferente. Numa de suas primeiras edições logo após os atentados, O GLOBO anunciou que o mundo estava "a caminho da recessão".

Menos de um mês depois dos ataques, no dia 8 de outubro, começariam a guerra contra os talibãs no Afeganistão e a caçada a Bin Laden. Os primeiros atos foram uma chuva de bombas sobre posições militares dos talibãs e outra chuva, de remédios e comida, sobre Cabul. O que se pretendia era desestabilizar o governo e atrair a simpatia popular. O resultado não poderia ser melhor e mais rápido. No dia 14 de novembro, os rebeldes da Aliança do Norte, grupo armado de oposição ao Talibã, entraram em Cabul e tomaram o poder apoiados pelos Estados Unidos. Pouco antes do Natal, em 17 de dezembro, as tropas americanas ocuparam a região de Tora Bora, onde supunham que Bin Laden se escondia, mas não o encontraram.

Tropas dos Estados Unidos permaneceriam no Afeganistão por vinte anos, até a saída dramática e desorganizada de 2021. Nesse intervalo de tempo, O GLOBO contaria duas outras grandes histórias que foram desencadeadas pelos ataques às Torres Gêmeas e ao Pentágono: a Guerra do Iraque e a morte de Bin Laden, numa casa insuspeita de uma pacata cidade do Paquistão. A notícia de que ele havia sido encontrado e morto em Abbottabad ocupou metade da primeira página do GLOBO no dia 2 de maio de 2011. "Bin

Laden está morto", exclamou a manchete do jornal. A outra metade coube à conquista do pentacampeonato invicto do Carioca pelo Flamengo.

A cobertura em Washington foi feita pelo então correspondente do GLOBO Fernando Eichenberg. No Rio, o ex-correspondente José Meirelles Passos fazia análises e entrevistas com antigas fontes para engrandecer o noticiário. Dorrit Harazim, que estava em Nova York no dia da morte de Bin Laden, foi para a rua descrever a euforia que tomou conta dos americanos e a consequente onda de celebrações na cidade. Em editorial, O GLOBO apostava: "O fim do líder radical reforça movimentos de abertura do mundo árabe".

O corpo de Bin Laden foi despejado no mar em local não determinado pelos Estados Unidos. Imagens dos restos mortais do chefe da Al-Qaeda nunca foram mostradas, apesar da enorme pressão que o presidente Barack Obama sofreu dos americanos (pesquisa da CNN apontava que 56% queriam ver fotos do homem morto), do Congresso e mesmo da ONU. "Bin Laden não é um troféu", disse Obama, segundo Eichenberg. Ao mesmo tempo, o presidente dos Estados Unidos não queria colaborar para a criação de um ícone do terrorismo nem estabelecer um local de peregrinação de radicais de todo o mundo. Por isso seu corpo foi dispensado em local desconhecido e sua imagem jamais divulgada. "As fotos são horrendas e potencialmente incendiárias", disse uma fonte da Casa Branca.

A Guerra do Iraque

A Guerra do Iraque, que teve início em março de 2003, um ano e meio depois dos atentados do Onze de Setembro, foi sendo estimulada em razão de supostas armas químicas que o regime do ditador Saddam Hussein estaria desenvolvendo em desacordo com a legislação internacional. O Iraque permitiu inspeções a instalações militares e industriais até um certo ponto, depois encerrou a colaboração com inspetores da Agência Internacional de Energia Atômica (AIEA) da ONU. Os Estados Unidos reiteraram que Saddam tinha armas biológicas de destruição em massa e que estava pronto para lançá-las contra alvos em seu território, segundo apresentação feita pelo secretário de Defesa, Colin Powell, ao Conselho de Segurança da ONU. O GLOBO noticiou que os Estados Unidos temiam um ataque biológico desde o atentado de Onze de Setembro, quando se informou que poderia estar ocorrendo, já naqueles dias, ataques com antraz, um micro-organismo que mata ao causar úlceras necróticas e hemorrágicas, além de obstruir e perfurar o intestino.

A invasão do Iraque movimentou, mais uma vez, os grandes nomes do jornalismo do GLOBO. José Meirelles Passos foi novamente enviado a Amã, na Jordânia, posto mais avançado da guerra para os brasileiros. Meirelles havia feito a cobertura da primeira Guerra do Golfo, comandada por George Bush, e agora cobria a segunda, chefiada por seu filho, George W. Bush. A capa do GLOBO do dia 22 de março, com a manchete "Choque e pavor", nome da operação batizada pelos Estados Unidos, daria ao editor-executivo Luiz Antônio Novaes, o Mineiro, e ao diretor de Redação, Rodolfo Fernandes, o Prêmio Esso de Primeira Página daquele ano.

Os bombardeios americanos foram cirúrgicos, mas ainda assim fizeram vítimas civis, mostrou o jornal em sua cobertura. Manchete do dia 27 de março revelava: "Mísseis atingem mercado e matam 15 civis". Na capa do caderno especial da guerra (suplementos especiais circularam diariamente até dia 13 de abril de 2003), o título principal, em caixa-alta, foi "Massacre no mercado". Outro míssil mataria dias depois mais 56 civis. A certa altura, as baixas civis seriam contabilizadas em 645 pelo GLOBO. Em três semanas, Bagdá capitulava, e as tropas americanas entravam no palácio de Saddam Hussein.

Além das colunas de fumaça produzidas pelas bombas americanas em Bagdá, as mais importantes imagens mostradas pelo O GLOBO ao longo da guerra seriam das mortes de civis, de soldados americanos ocupando os palácios do governo e das derrubadas de estátuas de Saddam. A mais emblemática foi a que ficava no centro de Bagdá. A gigantesca figura em bronze, com mais de dez metros de altura, era de um Saddam de corpo inteiro, com um braço esticado, como se ao mesmo tempo fizesse um aceno e indicasse o caminho a seguir. Sua destruição foi também mostrada ao vivo por televisões para todo o planeta.

O ditador, que no dia 8 de abril escapara para um local desconhecido, acabaria preso "como um rato", noticiou O GLOBO uma semana depois. Seus dois filhos, Qusay e Uday, facínoras como o pai, foram mortos em combate. Saddam ficaria preso três anos e meio até ser julgado, condenado à morte e enforcado em cerimônia filmada no dia 30 de dezembro de 2006. Em 2021, Colin Powell publicou um livro no qual admitiu que mentiu ao afirmar que o Iraque enganara os inspetores da ONU e estaria em condições de fabricar armas biológicas, justificando para o mundo a invasão do país.

Guerras em rede

As duas guerras mais recentes — a agressão da Rússia à Ucrânia e o ataque terrorista do Hamas a Israel, seguido dos massacres em Gaza e no Líbano — intensificaram a cobertura dos conflitos em tempo real do jornal. Foram os momentos mais importantes do jornalismo on-line nos sites de veículos que, até há pouco mais de uma década, eram analógicos e engatinhavam no mundo digital. No GLOBO não foi diferente. Outras experiências do jornalismo digital já tinham sido testadas na Guerra do Iraque e em conflitos menores, sobretudo por jornais globais, como o *New York Times*. Mas nenhuma com a dimensão experimentada em Kiev, Gaza, Tel Aviv e Beirute.

Desde a segunda metade da década passada, O GLOBO vinha trocando assinantes de papel por assinantes digitais. Não por escolha sua, mas porque o mundo mudara. O jornal que chegou a imprimir um milhão de exemplares aos domingos mantinha, em 2024, apenas algumas dezenas de milhares de leitores fiéis do seu diário impresso, mas cresceu na internet e passou a atrair outras dezenas de milhares de assinantes interessados em seu conteúdo distribuído nas plataformas digitais. Para estes, que leem notícias no celular e no computador, é que se destinam as *breaking news*, os furos. Não se tratava mais de uma opção dar a notícia antes no digital, como ocorria nos primeiros tempos da internet: tratava-se de uma obrigação.

A história dessas duas guerras, ainda em curso enquanto este livro estava sendo escrito, foi contada a partir do digital. O ataque terrorista do

Hamas em Israel com toda a sua brutalidade foi mostrado nas plataformas do GLOBO tão logo aconteceu. Da mesma forma, a retaliação desproporcional e ainda mais brutal de Israel, que deixou mais dezenas de milhares de civis mortos em seguidos massacres no território palestino, foi apresentada em tempo real aos leitores do jornal. Essa foi a grande mudança vivida pelo GLOBO e por todos os demais jornais na sua tarefa diária de informar aos leitores o que acontece no mundo.

Houve um tempo em que as editorias do GLOBO tinham cotas diárias de notas para subir no site, e o chefe era o papel. Era a época do ciclo de notícias de 24h, que acabou. A mudança não significa que os leitores do jornal impresso perdem com a concorrência da internet, até porque ao assinar o papel recebem também acesso ao conteúdo digital. Por outro lado, ganham em razão da organização e da hierarquização das notícias na edição impressa. Se o leitor optar por apenas ler o papel, sentirá um delay de 24h na obtenção das notícias, mas terá uma compreensão bastante abrangente e didática das guerras e dos demais assuntos que mereceram a atenção dos editores do jornal e ganharam as suas páginas.

Os correspondentes de guerra

Desde 1925, quando o novo jornal de Irineu Marinho foi para as bancas, O GLOBO cobre guerras procurando sempre contá-las com um olhar próprio. Foi por isso que, antes de completar um mês de existência, enviou seu primeiro correspondente para uma zona de guerra. A história desses homens e mulheres que foram a frentes de batalha, inaugurada por Paulo Torres na Guerra do Rife, no Marrocos, teve momentos de tensão, perigo e alguns de pavor.

A galeria iniciada por Paulo Torres é composta por grandes nomes do jornalismo brasileiro. Já foram citados neste livro alguns deles em situações particulares, como Egydio Squeff, enviado para a Segunda Guerra Mundial para acompanhar as batalhas da Força Expedicionária Brasileira. Ou como José Meirelles Passos, que foi correspondente do GLOBO em Buenos Aires e Washington por mais de trinta anos. Meirelles foi enviado para Amã e Riad nas duas Guerras do Golfo, comandadas pelos Bush, pai e filho, em 1990 e em 2003.

Participaram da cobertura de guerras, no local dos confrontos ou relatando de postos avançados, correspondentes na Europa, na Ásia, no Oriente Médio e na América Latina. A lista é enorme, mas vale citar alguns, como Mario Chimanovitch, que escreveu para O GLOBO desde Tel Aviv; Graça Magalhães-Ruether, correspondente na Alemanha; Patrícia Saboya e Helena Celestino, destacadas em Paris; Deborah Berlinck, em Genebra, e depois Paris; Monica Yanakiew, correspondente em Bruxelas; Teodomiro Braga, de Londres; Heloísa Villela, Toni Marques e Fernando Eichenberg, em Nova York.

Para frentes de combate, além de Meirelles e Squeff, foram enviados Deborah Berlinck, para a cobertura da Primavera Árabe, em 2011; Fernanda Reis, destacada para a Guerra da Coreia, em 1951; e este autor, juntamente com o fotógrafo Sérgio Marques, para a Guerra de Angola, em 1992. Os quatro passaram por momentos de enorme estresse na cobertura dos confrontos.

Deborah foi acionada num início de noite em sua casa em Genebra para substituir um outro enviado do jornal a Trípoli, na Líbia, onde manifestantes tomaram ruas e praças em protesto contra o ditador Muamar Kadafi. O primeiro enviado chegou a Trípoli e sumiu. Passou 24h sem fazer contato com o jornal, que acionou a Embaixada Brasileira na Líbia, temendo o pior. O repórter ligou no dia seguinte explicando que uma bomba de efeito moral explodiu a poucos metros dele. Ele não se sentia seguro para continuar a cobertura e foi devolvido ao seu posto em Londres no mesmo momento em que Deborah Berlinck desembarcava em Trípoli.

Deborah chegou à Líbia 12h depois de acionada e fez toda a cobertura em meio aos manifestantes. Ela passou quase um mês buscando informações no olho do furacão. As manifestações tomaram toda a cidade e foram combatidas pelas forças armadas do país com brutalidade. A jornalista se movimentou muito naquela que foi uma das suas mais extraordinárias coberturas, imiscuindo-se entre as tropas rebeldes no deserto da Síria e viajando atrás de notícias até o Cairo, no Egito, já que a onda de manifestações pelo fim das ditaduras se espalhara na região. Suas andanças, sempre com grande risco pessoal, foram um dos argumentos para o Grupo Globo rever as regras de segurança de seus repórteres alguns anos depois.

Este jornalista e o repórter fotográfico Sérgio Marques foram enviados do Brasil para Angola quando o Movimento pela Libertação de Angola (MPLA) e a União Nacional pela Independência Total de Angola (Unita) dois grupos antagonistas que lutaram pela libertação de seu país de Portugal — a independência foi declarada em 1975 — voltaram a se confrontar depois de dois anos de paz. O MPLA tinha o apoio da União Soviética, e a Unita, dos Estados Unidos. Chegamos a Luanda no dia 11 de novembro de 1992, poucos dias depois de iniciados os combates. Insatisfeito com o resultado de uma eleição presidencial em que perdera, Jonas Savimbi, líder da Unita, ordenou a saída de seus homens de Luanda fazendo eclodir imediatamente uma reação que resultou em alguns milhares de mortos. Quase todos soldados ou simpatizantes da Unita, inclusive o candidato a vice-presidente na chapa derrotada de Savimbi.

No terceiro dia de cobertura, Sérgio Marques e eu resolvemos ir até o front norte, ver o movimento das tropas do MPLA. A determinada altura da estrada que liga Luanda à cidade de Caxito, depois de passarmos por uma coluna de tanques do MPLA e incentivados por soldados a seguir um pouco mais, fomos cercados por guerrilheiros da Unita e presos. Levados até Caxito, permanecemos por 3h detidos no adro de uma igreja e ameaçados por soldados armados de fuzis, metralhadoras e pistolas. O mais velho deles, um sargento de trinta e poucos anos, pegou meu caderno de notas e começou a ler com muita dificuldade. Nele, entre outras anotações, estava escrita a história de Selerino, o motorista que nos acompanhava e que participou dos combates de Luanda contra a Unita.

Se o sargento conseguisse ler nas minhas anotações o papel do motorista no confronto, o resultado seria trágico. Selerino contou como participara da caça, do cerco e das ações que resultaram na morte do vice de Savimbi. A certa altura, quando o militar entrou na página fatídica — eu acompanhava a sua leitura e sabia exatamente onde começava a história do motorista —, aproximei-me, tomei o caderno de suas mãos dizendo "deixe-me te ajudar a ler esses garranchos", virei a página e passei a ler o que vinha depois. Vinte minutos depois, terminada a leitura, sepultei meu caderno na bolsa para só retomá-lo depois de esgotada aquela agonia. Após muita negociação, inclusive pelo rádio com um líder militar da Unita, nos soltaram.

De todas, a maior aventura de um correspondente de guerra foi vivida pela jornalista Fernanda Reis, enviada especial para a cobertura da Guerra da Coreia, em 1951. O conflito, iniciado um ano antes com a invasão da Coreia do Sul pela Coreia do Norte, e que se estenderia até 1953, com a consolidação da divisão do país, estava no seu auge quando Fernanda chegou a Seul. O GLOBO revelava em suas páginas o temor de que o confronto, que opunha tropas americanas e chinesas na remota Ásia Oriental, pudesse se transformar na Terceira Guerra Mundial, cinco anos depois de terminada a guerra global anterior. "Seul ameaçada pelos vermelhos", destacava o jornal. 1,4 milhão de pessoas morreram nesse confronto.

Fernanda Reis cobria o governo Getúlio Vargas no Rio, embora não fosse setorista no Palácio do Catete. Ela tinha um bom relacionamento com o presidente, de quem obtinha informações em primeira mão para o jornal. A decisão de enviá-la para a guerra foi anunciada assim na edição de 6 de abril de 1951: "Fernanda Reis não tem especialidade e persegue com entusiasmo e objetividade os assuntos que lhe são confiados. Ainda agora vem de lhe ser atribuída uma tarefa, sem dúvida das mais difíceis, qual seja a de correspondente de guerra na Coreia, onde quinze jornalistas já perderam a vida. Fernanda Reis irá ao campo da luta como correspondente do GLOBO".

Dois meses depois, Fernanda passaria pela aventura que marcaria sua vida e a destacaria no rol de correspondentes de guerra pela ousadia e coragem. O primeiro a contar o episódio foi o jornalista Charles Barrett, correspondente do *New York Times*. Ele escreveu em seu jornal que o avião militar em que a brasileira viajava para uma cobertura ao norte de Seul fora atingido por tiros inimigos, obrigando Fernanda a saltar do aparelho de paraquedas. O GLOBO relataria o fato aos seus leitores dois dias depois, na edição de 5 de junho de 1951, da seguinte forma:

"Perigosa é a missão dos jornalistas nas guerras de hoje. Muitos foram os que morreram na Coreia enquanto procuravam obter notícias para os seus jornais, arriscando-se em zonas de combate […] E agora é uma mulher que corre esses perigos, é Fernanda Reis, que, num voo sobre o território ocupado pelos comunistas, é obrigada a saltar de paraquedas na terra de ninguém."

O jornal não informou como ela voltou para Seul, mas ressaltou sua coragem e determinação e a citou como exemplo: "(Ela saltou) perto do Rio Han, que tem sido palco de encarniçadas batalhas. Voando sobre as linhas inimigas, o avião, atingido, teve um sério desarranjo no motor, o que obrigou Fernanda Reis a saltar de paraquedas, para salvar a vida. Não é demais ressaltar a coragem desta jornalista, que não se contentou em ficar de longe e procurou aproximar-se da região do perigo. Fernanda Reis encarna, assim, o espírito do jornalismo moderno, disposto a todos os sacrifícios. E O GLOBO, ao lado dos grandes jornais norte-americanos e europeus, realiza um serviço direto de informações do conflito, que é decisivo para as democracias mundiais".

A aventura espetacular de Fernanda não seria possível nos dias atuais. Os veículos do Grupo Globo não permitiriam hoje que tamanho risco fosse corrido pela correspondente. Desde a segunda metade da década passada, normas rígidas foram estabelecidas e atendem não apenas a guerras, mas também aos conflitos armados e perigosos nas favelas do Rio ou na periferia de São Paulo. Segurança é o mandamento número 1 das normas de cobertura do GLOBO e dos demais órgãos do grupo. As guerras, infelizmente, ainda ocorrem e com certeza merecerão toda a atenção e destaque do jornal, mas os relatos serão coletados por agências de notícias, freelancers locais ou de posições onde seja seguro estacionar seus jornalistas. Repórteres não vão mais arriscar suas vidas numa praça do Cairo, numa pequena cidade no interior da Angola ou nos céus da Coreia.

Ascânio Seleme foi repórter em Brasília, correspondente em Paris, editor-executivo, diretor de Redação e colunista do GLOBO. Ganhou três Prêmios Esso com seu trabalho no jornal: em 1995, na categoria Reportagem, por uma série de matérias sobre consultoria no Sebrae; em 1996, na categoria Informação Científica, Tecnológica e Ecológica, com "A saga dos índios gigantes"; e em 1999, novamente na categoria Reportagem, com uma série sobre o atentado no Riocentro em 1981.

A nossa Seleção

Toninho Nascimento

TRABALHAR POR VINTE ANOS na editoria de "Esportes" do GLOBO, sendo dezesseis como editor, foi um privilégio. Era o local em que se falava mais alto, o riso era mais estridente e até se reclamava mais do que em qualquer outro ponto da Redação. Sempre ignorando os "psiu, psiu" dos vizinhos ou o habitual: "Silêncio! Estamos fechando aqui!". O "Esportes" não tinha clima de quadra de tênis. Impossível acompanhar pela TV jogos de futebol, ou de qualquer outra modalidade, com som baixo, sem vibrar ou se indignar.

O "Esportes" sempre ficou numa ponta extrema da Redação — ou até em outro andar. Até hoje, na atual Redação do GLOBO, lá está ele, agora muito (e põe muito nisso!) mais comportado, mas, de qualquer forma, o mais longe possível da "civilização", formada por editorias como "Política e Brasil", "Economia" ou "Mundo". Ecos do passado. Afinal, ninguém comemora uma notícia sobre o eterno conflito entre palestinos e israelenses ou sobre o aumento do PIB com um grito ou se abraçando, como fizemos eu e Míriam Leitão, em frente à TV, quando o Rio de Janeiro foi escolhido para sediar as Olimpíadas de 2016.

No "Esportes", sim. Nem o computador, que começou a ser introduzido na Redação pela nossa editoria, em 1985, diminuiu muito os decibéis do

"Esportes". Imagino como deve ter sido no tempo das máquinas de escrever. Esse ambiente, hoje inimaginável, com a cultura do cada um por si e dos fones de ouvido, é que vou tentar reproduzir aqui, lembrando que somos e seremos sempre coadjuvantes de uma história muito maior, a do jornal O GLOBO.

O noticiário esportivo do jornal foi adquirindo, através dos tempos, determinadas características que o diferenciavam dos concorrentes. A emoção e o bom humor superavam o "eu acho", o "opinismo" da grã-fina de nariz de cadáver — como Nelson Rodrigues, colunista do jornal, tão bem o definiu — ou o mau humor crítico paulistano, o "não gosto" — cheguei a participar de um programa do Juca Kfouri na TV sobre esse tema.

A bagunceira editoria de "Esportes" foi pioneira em várias inovações tecnológicas. Em 17 de agosto de 1936, a imagem da nadadora Piedade Coutinho nas finais dos quatrocentos metros livre nos Jogos de Berlim foi a primeira telefoto publicada na imprensa brasileira. Em novembro de 1979, foi a vez das primeiras telefotos a cores transmitidas no Brasil, as do jogo Santa Cruz x Flamengo, em Recife. E, em 1985, a editoria de Esportes foi a primeira a usar computador na Redação, já se preparando para a Copa do México, meses depois, que coincidiu com a minha primeira fase no jornal — no total, fiquei 23 anos no GLOBO. Basta dizer que em 1993 tive uma breve passagem pela já decadente revista Manchete e, para meu espanto, lá ainda se trabalhava com máquina de escrever e cópia em carbono — oito anos depois da introdução do computador no GLOBO!

Vou acabar a introdução escrevendo, rapidamente, sobre mim. Nos dezesseis anos em que fui o editor de "Esportes" (1996-2012), comandei a cobertura de cinco Olimpíadas (Atlanta/1996, Sydney/2000, Atenas/2004, Pequim/2008 e Londres/2012) e quatro Copas (França/1998, Coreia do Sul e Japão/2002, Alemanha/2006 e África do Sul/2010), mas nunca fui a nenhuma delas. A pergunta é frequente: por quê? Nunca fui ou quis ser repórter — a função mais importante do jornalismo. Gosto de ficar na retaguarda, organizando e dando aos repórteres e aos fotógrafos as melhores condições possíveis para trabalharem — nada contra o chefe que viaja! Explico usando uma analogia com os voos espaciais. Eles decolam de Cabo Canaveral, na Flórida, mas minutos depois passam ao controle de Houston, no Texas — o famoso *"Houston, we have a problem"*, de um astronauta da Apolo XIII em 1970. Preciso estar em "Houston" para resolver os problemas dos "astronautas".

É mais ou menos o que vou fazer agora. Deixarei os "astronautas" contarem suas aventuras, emoções e dramas no espaço do esporte. Mas também participarei com comentários e histórias. Afinal, "Houston, we don't have a problem any more".

Vamos passear pelos cem anos do GLOBO começando por uma volta no tempo. Na primeira edição do jornal, em 29 de julho de 1925, o noticiário de esporte teve um acanhado espaço na página sete, com a vinheta "Nos Sports". O futebol já era o primeiro assunto, com o título "Os estudantes de Coimbra no Rio". Isso mesmo! Eles disputariam "matches contra o team do Fluminense e o team do Vasco da Gama". O esporte que mereceu maior espaço foi o turfe, com "a grande corrida do Derby". Mas tudo mudou nos anos seguintes, principalmente com a chegada de Mário Filho, na década de 1930. Nelson Rodrigues, que também deixou sua marca no GLOBO, mas num segundo momento, escreveu sobre a importância do irmão na crônica esportiva: "Antes dele (Mario), a página de Esportes do GLOBO era algo antigo, obsoleto, nostálgico, como o primeiro espartilho de Sarah Bernhardt. Roberto (Marinho) chamou Mario e tudo mudou". Mário e O GLOBO foram fundamentais para o sucesso da campanha para a construção do Maracanã, como conta João Máximo.

A CAMPANHA PELO MARACANÃ (1947-1950)

Manchete no GLOBO de quinta-feira, 23 de maio de 1947: "Já é tempo de tratarmos de um estádio real e não imaginário." Na mesma página, mais abaixo, outro título impositivo: "Já, o estádio para o Campeonato do Mundo". Por trás daquelas e de outras matérias sobre o assunto — publicadas no GLOBO ou no *Jornal dos Sports* — crescia a campanha liderada por um jornalista apaixonado por futebol: Mário Filho. Com o entusiasmo de seus 29 anos, o jornalista atuava em várias frentes. Chefiara as páginas de esportes do GLOBO, continuava assinando nelas a coluna "Da primeira fila", ajudara a fundar O GLOBO Sportivo e comprara, em 1936, com a ajuda de Roberto Marinho, o seu *Jornal dos Sports*. Os dois eram amigos, além de parceiros de sinuca. Muito por essa amizade, Mário e Roberto estiveram sempre juntos naquela campanha. Mas que campanha? Afinal, o que defendiam os dois jornais quase todos os dias?

Tudo começou quando, um ano antes (1946), o congresso da Fifa, em Luxemburgo, confirmou o Brasil como sede da próxima Copa, então marcada para 1949. Com isso, reabriu-se uma polêmica política e cultural que vinha dos tempos de Getúlio Vargas na Presidência: uns contra e outros a favor da construção de um estádio de futebol no Rio. Um estádio imenso, bem maior do que o Pacaembu, que São Paulo orgulhosamente inaugurara em 1942. Agora, a discussão ganhava força: sem estádio, nada de Copa. Muitos dos que se opunham achavam que o dinheiro da prefeitura deveria ser gasto de outra forma. Por exemplo, em hospitais e escolas. Os comunistas, apesar de cassados naquele mesmo mês de maio, batiam-se por moradias para populações mais pobres. Vereadores da União Democrática Nacional (UDN), partido de oposição ao presidente Dutra, se dividiam, Carlos Lacerda preferindo a construção de uma vila olímpica em Jacarepaguá. Ary Barroso torcendo por estádio tão monumental como a torcida do Flamengo. Outros o aceitavam, desde que longe, no subúrbio mais distante, em vez dos que o pretendiam na área nobre do Derby Club, hipódromo desativado junto ao Rio Maracanã.

Nos dois jornais, Mário Filho se fazia ouvir. No seu, escrevendo crônicas ou abrindo espaço para influentes vozes pelo estádio, como José Lins do Rego. E, no GLOBO, pautando seu principal repórter, Geraldo Romualdo da Silva, para uma série de cem reportagens intitulada "E o Estádio para a Copa do Mundo?". Em 29 de outubro de 1947, o projeto de lei aprovado pela Câmara respondia à pergunta do repórter. O resultado de tudo isso é que no dia 20 de janeiro seguinte, com a Copa já adiada para 1950, lançou-se a pedra fundamental. Em 21 de julho, projetos aprovados, construtoras contratadas, o início das obras.

Mário Filho acompanhou sempre de perto todos os capítulos dessa história: o sonho, a campanha, as ideias, os debates, as obras, a inauguração do estádio que tem seu nome.

João Máximo escreveu para O GLOBO de 1992 até 2018

*

A dinastia dos Rodrigues pelo jornal, iniciada pelo rubro-negro Mário Filho (1908-1966), teve um digno herdeiro em Nelson (1912-1980) — os irmãos Karamazov, como brincava o mais novo por causa da disputa Fla-Flu entre os dois, responsáveis pela mística do confronto. Nelson publicou suas colunas no GLOBO de 26 de março de 1962 até 2 de dezembro de 1980 — 19 dias antes de morrer. No período, escreveu frases memoráveis. Desapontado com o empate do seu Fluminense com o Flamengo em 0 a 0 na final do Carioca de 1963 — com 194.603 torcedores no Maracanã, o maior público da história em jogo entre clubes —, que deu o título ao rubro-negro, apesar das suas profecias de vitória tricolor, sentenciou em sua coluna em 16 de dezembro no GLOBO: "Amigo, eu sei que os fatos não confirmaram a profecia. Ao que o profeta pode responder: 'Pior para os fatos!'. É só".

Nestes cem anos, vários jornalistas foram representativos da união do seu trabalho com o jornal. No caso do esporte, um dos maiores deles — se não o maior — foi Antônio Roberto Arruda. Não à toa, Nelson Rodrigues cita Arruda em sua última coluna no GLOBO. Ele entrou no jornal como repórter, no início dos anos 1970, e depois virou chefe de reportagem até 2009, sendo os dez últimos anos no *Extra*, na mesma função. Arrudinha, como era chamado, foi o "fiel escudeiro" não só de Nelson Rodrigues, mas de todos os editores — inclusive eu. Num tempo sem celular, nem sempre era fácil achar os repórteres para acertar ou marcar uma pauta urgente. Não para ele, que sempre encontrava mesmo os que não queriam ser encontrados, com o seu bordão: "Aqui, Arrrruda!".

Além de Mário Filho e Nelson Rodrigues, muitos outros colunistas e colunas tiveram destaque nas páginas de esporte do GLOBO, como Penalty de Otélo (1953 a 1985), João Saldanha (1970 a 1974), Sérgio Noronha (1975 a 1979), Cláudio Mello e Souza (1975 a 1981) e Sérgio Cabral. Nas Copas, no entanto, o "Esportes" recebia o reforço de mais "craques" que escreviam para outras editorias, como lembra Fernando Calazans.

ZÓZIMO, UBALDO, CHICO, RODOLFO, VERISSIMO, XEXÉO

Se há algo que me fascina e traz orgulho a um jornalista esportivo é a cobertura das Copas, qualquer uma delas. Ou várias delas, como foi o meu caso. Sete Copas ao redor do mundo. Não só pela qualidade da competição, pela emoção dos jogos, mas também (ou sobretudo) pelo relacionamento, durante o evento, com grandes personalidades do Brasil e de fora, que também são atraídas pelo futebol.

Logo na primeira Copa como colunista efetivo, a de 1994, nos Estados Unidos, travei conhecimento (e amizade) com duas dessas personalidades especiais: o colunista social (e genial) Zózimo Barrozo do Amaral e simplesmente o imortal da Academia Brasileira de Letras João Ubaldo Ribeiro, ambos escrevendo colunas diárias para O GLOBO. Um imortal com quem, aliás, dividi um amplo quarto de hotel na Califórnia durante boa parte da competição. Eu mesmo, num início de carreira como colunista, dividindo espaço com um imortal da literatura brasileira. Em contato 24h por dia. João Ubaldo e Zózimo não apenas escreviam suas colunas diárias como promoviam, após o trabalho, encontros noturnos da equipe do GLOBO em bares e restaurantes das cidades que receberam os grandes jogos. Com graça, bom humor e inteligência que possuíam de sobra, iluminavam nossas noites, como que nos preparando para a jornada trabalhosa do dia seguinte.

Pois nada mais do que quatro anos depois, na Copa de 1998, na França, nosso companheiro temporário foi ninguém menos do que Chico Buarque de Hollanda — ele também escrevendo colunas para O GLOBO. A participação de Chico Buarque se explica: um dos seus maiores amigos, com quem mantinha particular convivência, era Rodolfo Fernandes — e este, Rodolfo, viria a ser, a partir de 2001, diretor de Redação do GLOBO. Eram tão próximos que Chico jamais recusaria o convite recebido para escrever artigos para o jornal durante a Copa. Rodolfo Fernandes era um jornalista excepcional — e mais excepcional ainda como ser humano. Infelizmente nos deixou cedo demais, vítima fatal de uma cruel doença degenerativa. Cruel para nós, seus amigos, cruel para O GLOBO, onde fez história como diretor de Redação. De seu lado, Chico chegou a nos receber em seu apartamento em Paris, de onde partimos para assistir à final da Copa, em que o Brasil perdeu para os donos da casa. A seleção brasileira perdeu. Nós jornalistas ganhamos pelo convívio com um artista como Chico Buarque. E um colega de profissão como Rodolfo Fernandes.

Logo em seguida, nos anos 2000, passei a lidar com outra dupla de peso. O brilhante jornalista Artur Xexéo (1951-2021), dedicado às artes e à cultura, e o escritor Luis Fernando Verissimo, que também publicava artigos no jornal. Ambos apaixonados por futebol. Convivemos intensamente em alguns Mundiais, mas, em determinado momento, já veteranos de guerra, passamos a nos queixar da repetição de alguns procedimentos a que éramos sujeitos, como fazer malas e trocar de hotéis com frequência. Até que uma noite decidimos drasticamente que aquela seria nossa última Copa. E fizemos um pacto definitivo de despedida das competições, das viagens, dos hotéis e das malas.

Porém, na Copa seguinte, lá estávamos os três mais uma vez, e nos reencontramos com absoluta naturalidade, trocando abraços calorosos. Artur Xexéo, Luis Fernando Verissimo e eu quebramos o pacto sem o menor constrangimento, sem nenhuma necessidade de justificativa. Essa é a razão das Copas do Mundo de futebol. Mais do que uma competição esportiva internacional, mais do que uma cobertura jornalística, são a celebração de grandes amizades, novas e antigas.

Fernando Calazans *foi redator de 1988 a 1989 e colunista até 2018*

*

A cobertura esportiva sempre teve destaque no GLOBO, afinal, era uma das maiores paixões de Roberto Marinho. E as Copas do Mundo são os seus grandes momentos — que me perdoem as Olimpíadas! Nas vitórias e também nas derrotas. Nesse último caso, o Mundial de 1950 é imbatível. Após a derrota do Brasil na final por 2 a 1, com cerca de 200 mil pessoas no recém-inaugurado Maracanã, O GLOBO estampou, melancólico, o óbvio em sua primeira página: "Campeão o Uruguai", com foto, recortada, dos rostos dos onze titulares do adversário.

Oito anos depois — além de mais um fracasso, em 1954 —, os brasileiros deram um chute no "complexo de vira-lata", como bem definiu Nelson Rodrigues. A conquista do primeiro título, em 1958, na Suécia, ocupou toda a primeira página do GLOBO, com títulos como "Brasil, campeão do mundo!", "O grande feito", "Pela primeira vez sul-americanos ganham Jules Rimet na Europa". A pequena equipe de três jornalistas na Suécia aumentou para sete no Chile, em 1962, com foto de seis deles nas páginas de esportes durante almoço no restaurante do jornal. Na primeira página, "Delira todo o país com o bicampeonato", "Assim chorou Zagalo" e uma sequência fotográfica do gol de Zito.

No Mundial de 1970, no México, o tri foi comemorado com uma edição da vitória e eufórica manchete: "TRI, carnaval em junho". Logo abaixo,

"Facultativo hoje e amanhã", referindo-se à decisão do presidente Médici de decretar "feriado" nos dias seguintes — segunda e terça-feiras. Dos sete jornalistas de 1962, a equipe aumentou para nove, comandados pelo editor Ricardo Serran, como no Chile. Para se ter uma ideia, na Copa da França, em 1998, minha primeira como editor, O GLOBO levou dezessete pessoas. Em 1994, nos Estados Unidos, após jejum de 24 anos, um imenso "TETRA" foi o único título da primeira página. Já em 2002, no Japão, com a foto de Ronaldo e Rivaldo beijando juntos a taça, o penta foi comemorado com a manchete "Pentacampeão de todos os continentes".

*

Renato Maurício Prado brinca que teve um Grand Slam em sua carreira no GLOBO. Ele esteve presente em quatro grandes acontecimentos esportivos envolvendo brasileiros nas décadas de 1980 e 1990: o título mundial do Flamengo, em Tóquio, em 1981; as exibições da seleção na Copa de 1982, na Espanha (ambos como repórter); o tricampeonato de Nelson Piquet, em 1987, como correspondente em Madri e da F1; e o primeiro título de Gustavo Kuerten em Roland-Garros, em 1997, como colunista e superintendente da Redação.

Pela ordem cronológica, o Flamengo em primeiro lugar. No coração dele, com certeza.

O MUNDO SE RENDE AO FLAMENGO (1981)

Para contar a história do título mundial do Flamengo, em 1981, preciso voltar ao final da década de 1960. Tempo em que, garoto, costumava ir ao Maracanã com meu pai, a bordo do nosso intimorato Fusquinha. Na maioria das vezes, chegávamos animados e saíamos frustrados com uma derrota do Mengão ou um empate decepcionante contra times pequenos.

Sim, naqueles tempos, era duro ser rubro-negro. E, ao som dos comentários de Rui Porto ou João Saldanha no Motorádio do carro, meu pai voltava para casa enfurecido, chamando todos os jogadores do rubro-negro de perna de pau para baixo. O único que lhe agradava era o ponta-direita argentino Narciso Doval, em que enxergava um futebol digno da camisa que tinha visto vestir Domingos da Guia, Leônidas, Zizinho, Valido, Dida e tantos outros.

— Na minha época, meu filho, o Flamengo tinha onze dovais! — bufava.

Inocente, pensava, incrédulo, como isso seria. Corta para o final da década de 1970, início dos anos 1980. Eis que me vejo, já jornalista, trabalhando com esportes e presenciando, de perto, a formação do supertime de Zico, Júnior, Leandro, Adílio, Andrade, Carpegiani etc. Como repórter setorista na Gávea, presenciei (e reportei nas páginas do GLOBO), em 1980, a conquista do primeiro título brasileiro e, em 1981, a devolução histórica dos 6 a 0 contra o Botafogo, o Carioca do Ladrilheiro, a épica Libertadores (com direito a três jogos na final e desfecho glorioso com dois gols de Zico e o soco de Anselmo no criminoso Mário Soto, no Estádio Centenário, em Montevidéu).

A cobertura para a final do Mundial no Japão se revelaria uma saga. A começar pela escala de cinco dias em Los Angeles, para adaptação do Flamengo ao fuso horário. Bem treinado por Paulo César Carpegiani, o time exalava confiança, mas do outro lado estava um esquadrão temido e respeitado do Liverpool que havia ganhado três das últimas cinco Ligas dos Campeões. Chega o dia da contenda e um acontecimento no túnel que dava acesso ao gramado amarelado do Estádio Nacional de Tóquio (a grama estava queimada pelo frio) define sua sorte. Enquanto os brasileiros se uniam na reza e no tradicional círculo do "vamos lá", os ingleses sorriam, debochados, desdenhando da cena. Era o incentivo que faltava. Zico e Cia. entraram em campo soltando fogo pelas ventas. Não deram nem tempo aos ingleses de perceberem o que os atropelava de forma tão avassaladora. Três gols no primeiro tempo e fatura liquidada.

Assisti ao massacre na primeira etapa, fotografando, atrás do gol do Liverpool. A foto do terceiro, marcado por Nunes (que também fizera o primeiro e Adílio, o segundo) foi para as páginas do caderno esportivo, em formato tabloide, que escrevi praticamente sozinho, com fotos de Sebastião Marinho, repórter fotográfico do GLOBO. Ele precisou sair para enviar as imagens dos dois primeiros gols para a edição do primeiro clichê, por conta do fuso. Voltou depois e pôde fazer as fotografias do final do jogo, da premiação, com direito à volta olímpica.

Ao passar por mim, no gramado, Tita me convidou para fazer com eles a volta triunfal. Confesso que tive ímpeto de ir, mas me contive. Por mais rubro-negro que fosse (e continue sendo), meu papel era o de repórter, não torcedor. De mais a mais, tudo o que queria era chegar ao centro de transmissão para telefonar para meu velho e dizer, com a voz embargada:

— Está aí, pai, um time melhor até do que aquele dos seus onze dovais...

Do outro lado, ouvi somente os soluços emocionados de meu pai. E chorei como não chorava há muito tempo. Com a alma lavada e a alegria de estar ajudando, como jornalista, um momento épico do nosso futebol.

Renato Maurício Prado foi repórter de "Esportes" de 1979 a 1983, editor de "Esportes" de 1983 a 1987 e de 1988 a 1989, além de correspondente em Madri em 1987, responsável pela cobertura da F1

*

A cobertura de "Esportes" não é feita só de grandes eventos. Na verdade, eles são exceções. O habitual é o dia a dia dos clubes, faça sol ou faça chuva, ou dos esportes olímpicos. Nem sempre prazerosa e com uma concorrência feroz, até mesmo entre os repórteres do mesmo jornal. Evidentemente, teria mais destaque e espaço quem fosse o responsável pela cobertura do Flamengo do que do América. Mas sempre desgastante, como conta o repórter Marcos Penido.

"AQUI QUEM DÁ OPINIÃO É O DR. ROBERTO MARINHO" (1983)

O ano era 1983. Até aí, tudo bem. Só que não na minha vida. Mal sabia eu que uma revolução estava para começar. Por cinco anos trabalhei no *Jornal do Brasil*, junto a jornalistas incríveis. Bons tempos. Mas, em uma fatídica segunda-feira à tarde, eles foram interrompidos com o singelo aviso de que havia acontecido uma mudança no esporte ("Passaralho", no jargão dos jornalistas) e não contavam mais comigo, assim como outros cinco companheiros, também dispensados. O que naquele momento parecia uma amarga decepção, transformou-se no bilhete da sorte que tirei na vida. No mesmo dia, à noite, toca o telefone na minha casa. Era ninguém menos, ninguém mais do que Renato Maurício Prado, o editor de "Esportes" do GLOBO, convidando-me para fazer parte da equipe do jornal. Aleluia! O mundo me abria em horas uma nova porta. Da decepção ao desafio do novo mundo. E que mundo...

Entrei pela Redação do GLOBO entre desconfiado, ansioso e curioso sobre como seria a recepção. Logo, Renato, gentilmente, me chamou e, no seu estilo franco e direto, explicou o que estava querendo fazer com a editoria. Sutilmente, no meio da conversa, disse que não me conhecia bem, gostava do trabalho do Fernando Paulino, que me indicara a ele, mas queria fazer uma avaliação mais pessoal. E foi direto:

— Que clube você cobria lá?

— O Fluminense — respondi, com firmeza.

Parênteses para explicar que naquela época, bem diferente de hoje, o repórter começava em clubes pequenos. Se mostrava serviço, subia para América ou Bangu (sim, eram grandes e formavam times excelentes. Espero que voltem a sê-lo). Depois, a briga de cachorro grande por Botafogo, Fluminense, Vasco e Flamengo. Nas horas vagas, cumpria-se um plantão no chamado Esportes Amadores, que, nas últimas décadas, tomou nova dimensão com a ascensão de vôlei, basquete, surfe etc. O filé-mignon, pela popularidade, era o Flamengo, disputado por significar para o repórter espaço certo. Mas a concorrência era pau a pau.

Bem, o Renato olhou para mim e falou:

— Vamos fazer o seguinte: você vai para o América e vou dar uma olhada no seu texto com atenção.

Dito e feito. Lá fui eu para Campos Sales (saudades). Na volta, ele pediu para olhar o meu texto e me chamou. Fui para a hora da verdade. E eis que recebi a maior lição da minha vida profissional. Jamais esquecida e que me fez entender o que era o jornalismo na sua essência e a grandeza do GLOBO.

O que ouvi:

— Olha, o seu texto é bom, mas tem muita opinião. Aqui, quem dá opinião é o doutor Roberto Marinho. Você se limita a informar. E a partir de amanhã volta para o Fluminense — encerrou Renato.

Foi um raio de luz que graças a Deus caiu no meu colo e durou trinta anos, com uma rápida passagem pela *Folha de S.Paulo*. Acho que isso diz tudo!

Marcos Penido *foi repórter de futebol do GLOBO de 1983 a 2015*

*

Nem sempre as transmissões de futebol tinham inúmeras câmeras ou todo torcedor usava um celular para fotografar qualquer detalhe. Em 1989, as fotos ainda "valiam mais do que mil palavras". Jorge William foi fotógrafo do GLOBO por quarenta anos e, naquele período, teve uma foto que se enquadra no batido chavão e lhe valeu o cobiçado Prêmio Esso. Graças à foto de Jorge William, uma das maiores armações da história do futebol foi desmascarada. A imagem foi usada, inclusive, no julgamento na Fifa que puniu o Chile — ficou fora das Eliminatórias seguintes, para a Copa de 1994 — e o goleiro Rojas foi banido do futebol, além de inocentar o Brasil.

A FOTO QUE DESMASCAROU A FARSA CHILENA (1989)

Três de setembro de 1989. Brasil e Chile se enfrentavam no Maracanã pela última rodada das Eliminatórias para a Copa de 1990, na Itália. A seleção precisava do empate, mas vencia por 1 a 0, gol de Careca. Aos 24 minutos do segundo tempo, um sinalizador caiu no gramado, próximo ao goleiro Rojas. Começava uma grande farsa, que ajudei a esclarecer.

Nesse dia, cheguei ao jornal por volta das 8h para a reunião com o editor de fotografia, Aníbal Philot, e o subeditor, Sebastião Marinho, quando seria definido o trabalho de cada um na partida. Ao contrário do que esperava, Marinho me deu uma pequena e limitada lente para uma partida no Maracanã. Para piorar, tive que ir para o estádio às 10h fazer a chegada dos torcedores. Fiquei irritado. Além de ralar muito fora do estádio, ficaria limitado durante o jogo à linha de fundo, só de um lado do campo — o outro lado já tinha um fotógrafo escalado. Só conseguiria fazer uma boa foto se tivesse um gol do Brasil do meu lado. Assim, fiquei o primeiro tempo e boa parte do segundo sem fazer fotos, só observando a movimentação dos torcedores.

Foi a minha sorte. Logo percebi uma luz verde subindo e depois caindo em direção ao campo enquanto os chilenos atacavam. Automaticamente, comecei a acompanhar pelo visor da câmara o sinalizador e percebi que ele cairia dentro do campo, o que aconteceu, perto do goleiro Rojas. Tirei inúmeras fotos. Logo vi que o goleiro tinha se jogado no meio da fumaça, simulando ter sido atingido — cortou-se com uma lâmina que tinha na luva. Os jogadores chilenos correram para pedir que o juiz encerrasse a partida — o que poderia levar à desclassificação do Brasil.

Ainda em meio à confusão, encontrei o Tino Marcos, da TV Globo, e disse que era tudo uma simulação e que tinha as fotos para provar. Quando cheguei à Redação, uma equipe da Globo já estava lá, e a imagem foi mostrada no *Fantástico*. As fotos foram publicadas com destaque na primeira página do GLOBO do dia seguinte, com a manchete "A farsa chilena".

Jorge William foi fotógrafo do GLOBO por quarenta anos, até 2019

*

A morte de Ayrton Senna na curva Tamburello, em 1º de maio de 1994, foi um dos maiores dramas da história do esporte, não só brasileiro. Em dois pontos geográficos distintos naquela data, Celso Itiberê (no Circuito de Ímola, na Itália) e César Seabra (na sede do jornal, no Rio) lembram as horas dramáticas em que foi praticamente impossível separar a dor pessoal do trabalho profissional como pouquíssimas vezes no jornalismo brasileiro.

"SENHORES, SENNA ESTÁ MORTO" (1994)

1. Na véspera

A noite de sábado foi muito tensa. Depois de um longo banho e pouco repouso, Ayrton mantinha o que havia dito ao sair do Circuito de Ímola no fim da tarde. Estava abalado, não admitia que um esporte tão importante produzisse acidentes graves — como o de Rubens Barrichello na sexta-feira — e fatais — a morte de Roland Ratzenberger no sábado. Seu protesto? Não alinharia para o grid. No mundo da F1 os contratos ocupam muitas dezenas de páginas envolvendo basicamente responsabilidades para as equipes e obrigações para os pilotos. Ayrton sabia disso, mas estava disposto a enfrentar punições para conseguir melhorar a segurança dos carros e das pistas.

A mesa para o jantar abrigava amigos, diretores da Williams e da FIA e patrocinadores. Ayrton recebeu uma sequência de pedidos. As complicações financeiras e jurídicas seriam pesadas. Ayrton batia pé: não queria ceder. Os ponteiros do relógio deram algumas voltas até que os ânimos serenassem e ele voltasse atrás da decisão. Havia muita coisa em jogo para que pudesse manter o seu ponto de vista. No brinde final, de confraternização, ele se manteve sério, o semblante fechado.

2. Na pista

Não tive oportunidade de falar com Ayrton na sua chegada a Ímola no domingo, mas acompanhei sua trajetória. Ele foi direto conversar com os engenheiros. Papo rápido. Não se passaram dez minutos e ele entrou nos boxes. Eu me surpreendi. Estava diante do boxe, a vinte centímetros do bico do carro, quando o vi passar a mão carinhosamente no aerofólio traseiro, um gesto de namorado apaixonado. Eu o acompanhei de perto por alguns anos e para mim aquele gesto era desconhecido.

No ambiente da F1 as opiniões não divergiam. Todos tínhamos conhecimento que o carro era rápido, mas inconsistente e, diante do gesto doce de Ayrton, pensei: "Há alguma coisa diferente na cabeça deste monstro das pistas, vou colar nele". Acompanhei de alguma distância sua chegada para os preparativos da largada. Estava na pole, tendo ao lado Michael Schumacher. Quando entrou na Williams, faltavam cerca de quinze minutos para a largada e de novo me surpreendi. O procedimento-padrão foi abandonado. Ao faltarem dez minutos para a largada, ele habitualmente se isolava, colocava a balaclava e o capacete, baixava e se sentava no *cockpit* praticamente imóvel. Isolar-se do mundo era o seu jeito de conseguir o máximo de concentração.

Em Ímola, ele ficou longo tempo com o capacete nas mãos, conversou com os mecânicos, acenou cordialmente para os amigos e admiradores. Pensei comigo: "o que poderia ter gerado as duas mudanças?" Reservei a pergunta para a conversa rápida que teríamos depois da corrida. Ayrton largou magistralmente, manteve a liderança e, em duas voltas perfeitas, abriu vantagem sobre o Benetton-Ford de Michael Schumacher. Pensei comigo: "parece que a sonhada primeira vitória da Williams na temporada pode acontecer hoje". Essa esperança começou a desaparecer na quarta volta, quando o alemão iniciou a aproximação e senti que a corrida poderia se tornar dramática. Logo depois, na freada da Tamburello, já sofrendo pressão de Schumacher, aconteceu o acidente. É uma sequência de duas curvas de alta velocidade, a primeira para a direita e a segunda para a esquerda. Ayrton fez a primeira, mas não a segunda. O Williams bateu no muro.

Naquele tempo, a proteção lateral era mínima. O piloto se sentava no cockpit e ficava com a cabeça, ombros e laterais do corpo totalmente expostos. A roda dianteira direita, que tocou forte no muro e se soltou, fez o chamado "efeito estilingue". Voltou em grande velocidade e acertou a cabeça do piloto. O tempo passava, e Ayrton não se mexia. Pensei o pior. Senti que o acidente era gravíssimo e desci as escadas correndo, tentando ver o que tinha acontecido. Quando cheguei muito perto do carro, havia um bloqueio. Ninguém passava dali. O que vi está presente na minha memória. A pressão subiu. O coração bateu mais forte, não consegui conter as lágrimas. Ayrton estava no chão, imóvel, a maca cercada pelos médicos desesperados. Um jato de sangue jorrava de sua cabeça, na altura dos olhos. O helicóptero chegando para transportá-lo para o hospital.

Fiquei praticamente paralisado. Foi quando veio ao meu encontro o fotógrafo Angelo Orsi, da revista *Autosprint*. Era um italiano querido por todos, velho amigo de Ayrton. Ele foi me empurrando para trás, os olhos cheios de lágrimas, e me lembro do que disse: "Não tente chegar mais perto. Eu estava na curva, fiz todas as fotos. Foi uma coisa muito violenta. Está muito machucado, e temos que rezar para que saia dessa". Grande Angelo. Seu carinho por Ayrton ficou provado quando ele não permitiu que a revista publicasse suas fotos que mostravam toda a sequência — a saída da pista, o choque, o pneu atingindo o carro, a equipe de socorro imediato retirando Ayrton do carro e a expressão de desespero dos médicos quando a maca foi levada para o helicóptero. Testemunha mais precisa de tudo que aconteceu naquele tristíssimo momento, o *signor* Orsi guardou seu tesouro e só o entregou à revista para a edição especial um ano depois.

3. No hospital

Ao voltar para a sala de imprensa, já havia decidido o que fazer. Liguei para o editor de "Esportes", César Seabra, e avisei: "Vou abandonar Ímola e partir para o hospital, em Bologna, a uma hora e pouco de carro. Por favor, façam a corrida pela televisão. Quando tiver novidades, entrarei em contato". E lá fui eu, um olho na estrada e a cabeça a mil. Nesses momentos, a gente pensa de tudo, volta ao passado recente, lembra a magistral corrida na chuva furiosa de Donington, das divergências com Ron Dennis, do aceita ou não aceita o convite da Ferrari. Houve também espaço para conjunturas futuristas: o que seria da F1 no Brasil sem o ídolo Ayrton? Se aconteceu alguma coisa na estrada, não sei. Lembro apenas que cheguei ao Policlínico de Bologna e ao décimo primeiro andar, onde funcionava a UTI. O ambiente estava pesado.

Os médicos da Tamburello lá estavam. Quem falou por eles foi o chefe do grupo, Giovanni Gardini, que deitou Ayrton na maca ao lado do carro e deu a ele os primeiros cuidados. Chorando discretamente, ele acabou com as minhas esperanças: "O caso é muito grave. Ele sofreu um longo corte na base craniana, perdeu muito sangue e massa encefálica". A tensão crescia a cada minuto. Ayrton estava recebendo os cuidados de Maria Teresa Fiandri, neurologista número 1 da Itália. Segundo o pessoal do hospital, a médica avaliava a possibilidade de uma cirurgia e faria um pronunciamento assim que finalizasse os exames.

Depois de quase duas horas de incertezas, tivemos o anúncio da *dottoressa* Fiandri. Um comunicado curto e preciso, que começou assim: "Senhores, Senna está morto". Diante da agitação provocada pela frase, acrescentou: "Fiz todos os exames necessários e não há possibilidade de salvar sua vida. O osso do crânio tem múltiplas fraturas e se tocar com o dedo ele desmanchará. Ayrton ainda respira porque tem uma extraordinária condição física, mas é questão de tempo. Pode durar vinte minutos ou quatro horas".

Eu tinha a vantagem do fuso horário e uma hora de estrada para voltar a Ímola para começar a escrever. Decidi então ficar ali até que a morte fosse oficializada. Queria ser preciso. A morte foi anunciada cerca de quarenta minutos depois, às 19h05. A viagem de volta foi mais difícil do que a de ida. Mais de uma hora com lágrimas nos olhos, lembrando alegrias, incertezas, tristezas e dando adeus a um piloto maravilhoso, a um amigo, a uma pessoa que procurava fazer o mundo melhor ajudando os menos favorecidos. E Ayrton o fazia sempre em silêncio.

De um lado, sempre encontrava tempo para visitar hospitais para crianças e sondar as necessidades para um atendimento melhor. Ia sozinho. Não queria publicidade. Sei disso porque antes, em Ímola, descobri que ele tinha marcado uma visita a um hospital infantil. Ele me confirmou e pedi: "Posso ir com você?". E ele me respondeu: "Pode, se você se comprometer que não vai contar para ninguém". Prometi e esta é a primeira vez que falo sobre isso. No Brasil, ele se mantinha oculto, mas usava de seu prestígio para conseguir preços melhores e comprava equipamentos hospitalares, modernos e caríssimos, para beneficiar hospitais públicos.

Voltei à sala de imprensa. Escrevia e chorava, mas dei tudo o que podia e fui o penúltimo a sair, já no início da madrugada. Como não havia internet, O GLOBO não estava ao meu alcance. Confesso que fiquei curioso: fizemos um bom trabalho? Senti-me orgulhoso e gratificado quando recebi o jornal dois dias depois em Milão. O pessoal do César trabalhou duro. Fizemos uma edição maravilhosa do GLOBO. Foi nossa homenagem a Ayrton Senna.

***Celso Itiberê** foi editor de "Esportes" de 1970 a 1979, correspondente da F1 e escreveu a coluna "Pit Stop" de 1985 a 2018*

SOLIDARIEDADE NA REDAÇÃO (1994)

O Dia do Trabalhador caía num domingo, e nós, da editoria de esportes, decidimos dar folga a metade da equipe. Teríamos duas coberturas aparentemente tranquilas. De manhã, o Grande Prêmio de San Marino de Fórmula 1, em Ímola, na Itália. À tarde, Flamengo x Vasco no Maracanã. Com metade estaria tudo dominado. Mas aquela manhã foi marcada por esta frase: "Senna bateu forte", narrou Galvão Bueno na TV Globo. Nosso tricampeão mundial não resistiu. Imediatamente, convocamos toda a equipe para a Redação. Nossa grande surpresa foi perceber, ao chegar ainda de manhã, que companheiros de todas as editorias ("Mundo", "Grande Rio", "Segundo Caderno", "Economia") já estavam lá para nos apoiar. Eles nos ajudaram até o fechamento, tarde da noite, numa mobilização profissional comovente e inesquecível.

Fizemos um caderno especial de 26 páginas. Da Itália, nosso correspondente Celso Itiberê nos ligava, incansável e destroçado, passando informações sobre o trágico acidente. No Rio, no Brasil e no mundo, nossos repórteres e correspondentes repercutiam a morte de Senna. Na Redação, superávamos a dor para organizar a cobertura. À tarde, 120 mil pessoas homenagearam Senna no Maracanã. Um Flamengo 1 x 1 Vasco insosso e triste. Faixas e bandeiras homenageavam nosso piloto. Numa rara união, torcedores rivais cantaram: "Olê, olê, olá, Senna, Senna!". Naquele domingo, trabalhávamos e chorávamos. Todos nós, de todas as editorias. As pessoas se abraçavam.

A solidariedade não estava apenas no trabalho em si. Tentávamos nos confortar. Falávamos baixo. Normalmente barulhenta, nossa Redação vivia quase um silêncio. Luto e serenidade se misturavam. Não sabíamos que aquele 1º de maio de 1994 se tornaria um dos dias mais tristes de nossas vidas.

César Seabra foi editor de "Esportes" de 1991 a 1995

A paixão do GLOBO por automobilismo não começou com Emerson Fittipaldi, Piquet e Senna. Ela é muito anterior. O jornal foi um dos maiores incentivadores do Circuito da Gávea entre 1933 e 1954, num percurso pelas atuais Avenida Niemeyer, Estrada da Rocinha, Marquês de São Vicente e Visconde de Albuquerque. A prova era assistida por milhares de pessoas e atraía pilotos estrangeiros. Em 1937, o jornal, com o Automóvel Club do Brasil, realizou um sorteio com cupons para promover o v GP Cidade do Rio. O primeiro prêmio — acreditem! — era "um apartamento no Edifício Tupan que se volta para a Praia de Copacabana". E com foto do prédio.

Plagiando Neném Prancha, o filósofo do futebol, que disse (ou disseram que teria dito, o que é mais provável) que "pênalti é uma coisa tão importante que quem devia bater é o presidente do clube", no GLOBO "nota de jogador era tão importante que quem dava era o diretor de Redação". Isso mesmo. Alguns diretores de Redação participavam ativa e, às vezes, furiosamente da escolha da nota dos atletas. É preciso explicar. As notas eram consideradas por todos, inclusive pelos jogadores, mais importantes do que as crônicas das partidas. Atletas paravam de falar com repórteres por se sentirem injustiçados, o que acontecia com frequência. A obsessão das notas durou muitos anos e teve o seu apogeu na Copa de 1994. César Seabra conta como era "convencer" Evandro Carlos de Andrade em plena Era Dunga.

TETRA COM DRIBLE EM EVANDRO (1994)

Ainda estávamos traumatizados com a despedida de Ayrton Senna. E não demonstrávamos otimismo com a seleção brasileira que disputaria a Copa de 1994. Era um time pragmático, mesmo com talentos como Bebeto e Romário. Quem nutria certa esperança era Evandro Carlos de Andrade, nosso diretor de Redação, que chegou a escrever um artigo defendendo o tão criticado técnico Carlos Alberto Parreira.

Para nossa surpresa e felicidade, o Brasil foi avançando rumo ao título que não conquistava desde 1970. Nossos enviados especiais traziam dos Estados Unidos notícias animadoras. Jogo após jogo, Evandro me ligava para discutir as notas que daríamos aos nossos craques nos cadernos especiais da Copa. Eram horas de debate. Jogador por jogador, avaliado pelo crítico e questionador Evandro. Apesar das vitórias, suas sugestões de notas eram sempre baixas. Cabia a mim argumentar e aumentá-las.

Na duríssima semifinal contra a Suécia, o baixinho Romário se antecipou aos zagueiros grandalhões e marcou, de cabeça, o gol da vitória. Brasil classificado para a final. Todo o nosso descrédito indo pelo ralo. Edição em andamento, chega o momento das notas, o telefonema de Evandro. Um a um, avaliações razoáveis. Até chegar a vez de Romário.

— Romário é nota 5 — disse ele. — Fez o gol, mas mal tocou na bola.

— Não pode, Evandro — respondi. — Ele é o herói da vitória, o gol dele nos deixa perto de mais um título mundial. Estaremos cometendo uma injustiça, os leitores não vão entender.

Após muita conversa e reflexão, Evandro retrucou:

— Está bem, Romário é nota 7 e não se fala mais nisso.

Veio a final contra a Itália. Ganhamos nos pênaltis. No campo, a homenagem dos jogadores a Senna. Nossos bravos enviados especiais se desdobravam para enviar as reportagens. Na retaguarda, em meio à emoção do fechamento daquela edição especial, a ansiosa espera pelo telefonema de Evandro e pelas notas que daríamos aos tetracampeões mundiais.

César Seabra

OS PALAVRÕES DE DUNGA (1994)

O dia amanheceu ensolarado. Era a final da Copa de 1994. O jogo Brasil x Itália estava marcado para 12h30. Como era habitual, nós fotógrafos fomos bem cedo para o estádio, pois precisávamos nos organizar e montar o laboratório de revelação dos filmes. Naquela época não existia fotografia digital, e se mandássemos os filmes para o serviço de revelação do Centro de Imprensa do estádio, corríamos o risco de receber os negativos mais tarde, e nossas fotos ficariam de fora da edição impressa, que fechava às 21h30 no Brasil (16h30 na Califórnia). Como quase todos se lembram, o jogo terminou empatado no tempo normal e também na prorrogação, em 0 a 0. Situação difícil para qualquer fotógrafo brasileiro por causa da quantidade de filmes operados durante o jogo e das desfavoráveis 5h de diferença.

Nós éramos três fotógrafos cobrindo o jogo pelo GLOBO. Aníbal Philot era o editor de fotografia e ficou responsável por sair da partida durante o intervalo para transmitir as fotos do primeiro tempo. Cezar Loureiro foi escalado para fotografar as arquibancadas, e eu era o único fotografando o campo. Estava bastante nervoso, já que era minha primeira Copa. Quando o juiz apitou o fim do primeiro tempo, fui encontrar Philot, e ele me disse algo parecido do tipo: "Nada está definido no jogo.

Seja qual for o resultado, por favor, separe o filme mais importante e me entregue este primeiro". A entrega da taça seria na tribuna de honra, e somente cinco fotógrafos brasileiros, cinco italianos e cinco das principais agências poderiam subir e registrar de perto.

Após o chute para fora de Baggio na cobrança do pênalti, eu já estava com a segunda câmera pronta para a foto histórica. No instante em que os jogadores passaram em frente aos fotógrafos, pedi ao capitão Dunga para que se virasse para a esquerda assim que erguesse a taça, já que os fotógrafos brasileiros estavam naquele lado. Quanta inocência... Em resposta, ouvi todos os tipos de impropérios e insultos existentes na língua portuguesa. E que foram repetidos de forma ainda mais violenta ao erguer a taça, num desabafo aos anos de pesadas críticas que vinha recebendo desde a Copa de 1990. Por causa de tudo o que aconteceu no jogo, a quantidade de filmes foi grande, e eu, na pressa, acabei misturando todos eles no bolso do meu colete. Felizmente, o filme com a entrega da taça estava na câmera, foi revelado na primeira leva, e a foto histórica do capitão erguendo a taça foi publicada na primeira página do jornal.

Ivo Gonzalez foi fotógrafo do GLOBO de 1990 a 2015 e participou de seis Copas e seis Olimpíadas

*

O último Grand Slam de Renato Maurício Prado foi inesperado.

A DESCOBERTA DO SURFISTA DO SAIBRO (1997)

Algumas das melhores reportagens acontecem por acaso. Sorte. Coincidências. Acreditem. Em 1997, eu era superintendente da Redação do GLOBO, o responsável pela montagem da infraestrutura da cobertura da Copa de 1998, na França. Para isso, juntamente com Telmo Zanini, editor de "Esportes" da Rede Globo, que faria o mesmo para a televisão, fui a Paris visitar hotéis e possíveis locais de treinamento da seleção no ano seguinte. Começava aí, por acaso, uma das coberturas de que mais gostei e da qual muito me orgulho. Após visitar várias cidades e hotéis (conhecendo até o Castelo de Chantilly, onde anos mais tarde se casariam Ronaldo Fenômeno e Daniella Cicarelli), chegou a hora de abandonar as visitas e nos juntarmos à cobertura da seleção, dirigida por Zagallo, que disputaria em solo francês o Torneio de Lyon (um precursor da Copa das Confederações). Durante a competição, eu trocaria o chapéu de superintendente do jornal pelo de colunista de esportes. Mas, antes de a equipe chegar à França, faria um amistoso com a Noruega em Oslo (onde levaria uma surra de 4 a 2).

Telmo partiu para lá. Eu preferi ir para Paris, assistir a dois ou três dias de Roland--Garros — algo que combinei com o Merval (Pereira), então diretor de Redação, me comprometendo a estar em Lyon quando a delegação enfim chegasse por lá. Explico: sempre fui um apaixonado por tênis. O rebelde John McEnroe era meu ídolo, mas eu amava também em ação o sueco de gelo Björn Borg, o explosivo Jimmy Connors, o argentino Guillermo Vilas e outros.

Uma vez no complexo do Bois de Boulogne, descobri, no programa, que Fernando Meligeni estava em ação. E para lá eu fui. Já na quadra, encontrei Chiquinho Leite Moreira, do *Estadão*, meu amigo desde a Copa da Argentina, em 1978. Lado a lado comentávamos sobre o duelo duríssimo entre Meligeni e Javier Frana, mas via que o amigo, vez por outra, virava-se para acompanhar uma partida, na quadra ao lado, em que jogava um moleque louro, magricelo, de cabelo encaracolado, vestido com uma camisa horrorosa que parecia ser patrocínio das pilhas Rayovac.

— Por que diabos estás preocupado com esse outro jogo? — quis saber.

— Porque este lourinho aí de camisa azul e amarelo é o Guga. Brasileiro, também.

Começava ali a magia e a grande cobertura que nunca tinha pensado em fazer. Guga ganhou rapidamente por 3 a 0, enquanto Meligeni seguia se esfalfando contra Frana (venceu também). Deixei a quadra e fui ao encontro de Gustavo Kuerten, cometendo de cara uma gafe:

— Sou do GLOBO, vamos conversar? — ataquei-o, mal deixava o campo de jogo, sendo logo fuzilado por um olhar irado de seu técnico, Larri Passos.

— Claro, mas me deixa primeiro tomar uma água?

Obviamente deixei, mas logo estávamos conversando no lounge dos jogadores, enquanto ele se divertia num videogame de corridas de carro. "Tenho vinte anos, mas me sinto como um moleque de dezesseis", me diria, entre outras coisas. O jogo seguinte seria contra "uma fera", nas palavras do próprio Guga: Jonas Björkman, um sueco. Bem ranqueado. Vigésimo terceiro do ranking. Quase esqueci dessa partida (que foi dois dias depois) porque desandei a ver em ação os craques daquele tempo: Sampras, Hingis, Graf, Seles e por aí vai. No dia, após a derrota de Meligeni para Filip Dewulf, alguém lhe perguntou se ainda havia sul-americanos "vivos" (o chileno Marcelo Ríos também perdera), e a resposta dele "o Guga!" me fez ir correndo para a quadra.

Guga venceu no sétimo match-point que teve. Sofrimento. Mas uma grande vitória. E aí me surgiu um dilema. Ele teria pela frente, na terceira rodada, o austríaco Thomas Muster, que, na Copa Davis, armara um banzé no Brasil e recusara-se a jogar, quando enfrentaria, entre outros, o próprio Guga. Mas estava na hora de me juntar à equipe do jornal, em Lyon, aonde a delegação chegara naquele dia. E agora? Senti mais cheiro de notícia em Paris do que em Lyon. Liguei para o Merval:

— Olha só, esse Guga x Muster é muito melhor do que os treinamentos da seleção (que só estrearia alguns dias depois). Vou ficar até o dia do jogo por aqui, ok? Acho que vai dar samba.

Merval topou. E, na quadra 1 do complexo, deu-se um partidaço com idas e vindas, cinco sets e uma reação impressionante do brasileiro, que chegou a estar perdendo por 3 games a zero a última parcial. Euforia entre os brasileiros, inclusive no Brasil, e resolvi ligar de novo para o Merval.

— Amigo, vamos combinar? Só saio daqui quando o "manezinho" (era assim que ele mesmo se intitulava) perder, ok? A notícia está aqui, não lá.

Gustavo Kuerten não perdeu, eu assisti e reportei todos os seus sete jogos e incontáveis e adoráveis entrevistas, e ainda tive o prazer de, nas duas últimas rodadas, ver grande parte da turma que estava em Lyon ser deslocada às pressas para Roland-Garros para cobrir aquele acontecimento histórico. Que, aí já de caso pensado, voltei a ver *in loco* em 2000 e 2001.

Guga, o Surfista do Saibro, foi o melhor, mais simpático e mais carismático personagem dos esportes que tive o prazer de acompanhar de perto. Que me desculpem Zico e Ayrton Senna, que completam meu pódio.

Renato Maurício Prado

*

O MILAGRE DO FENÔMENO (2002)

Nos primeiros dias de 2002, uma incerteza assombrava os brasileiros. Era ano de Copa, e a dúvida sobre a presença de Ronaldo Fenômeno pairava sobre todas as discussões entre torcedores. E até nas redações dos jornais. Numa reunião de pauta em janeiro, um repórter levantou a questão: "Quando O GLOBO, finalmente, vai escrever que Ronaldo não jogará o Mundial?", indagou. Obteve o silêncio como resposta. Em 12 de abril de 2000, ele havia rompido o tendão patelar do joelho direito. Passados quase dois anos, após uma cirurgia e intensos trabalhos de fisioterapia, a incerteza continuava. A Copa do Japão e da Coreia do Sul, a primeira — e até hoje única — disputada na Ásia, impunha imensos desafios. Pela primeira vez, o Mundial se dividiria entre dois países e seria disputado sob o preocupante fuso horário de 12h. A equipe do GLOBO chegou a Ulsan, na Coreia. A adaptação ao fuso horário não foi simples. Nos primeiros dias, houve repórter que dormiu sobre o laptop. Mas havia outro desafio maior: a barreira do idioma. Porém, a sorte bateu à porta. Havia na cidade um pastor presbiteriano que morou em São Paulo por dez anos e que mantinha o seu português ouvindo a rádio CBN. Kim tornou-se membro da nossa equipe.

O olhar sobre Ronaldo permeou toda a cobertura da imprensa até o final. Pelo GLOBO, coube a Antonio Maria Filho, o repórter mais experiente da equipe, acompanhar o craque. Após vitórias sobre Turquia, China e Costa Rica, partimos para o Japão. Não teríamos mais Kim, mas ganhamos novo reforço: Shinichiro Nakaba, correspondente do GLOBO no país. Em 17 de junho, o Brasil venceu a Bélgica em Kobe. A distância entre o hotel da seleção, em Hamamatsu, e o da equipe do jornal era algo como Barra da Tijuca-Teresópolis. No primeiro momento foi preocupante, mas rapidamente solucionado com a contratação de três motoristas brasileiros. Em Shizuoka, a seleção ganhou da Inglaterra e, cinco dias depois, passaria pela Turquia, em Saitama, e disputaria pela terceira vez seguida uma final de Copa.

Em 30 de junho, em Yokohama, o Brasil derrotou a Alemanha por 2 a 0, com gols de Ronaldo, e conquistou o penta. Percorridas centenas de quilômetros, passando por sete cidades e dois países em mais de 30 dias, àquela altura a incerteza sobre Ronaldo não assombrava ninguém

Tadeu de Aguiar chefiou a equipe do GLOBO nas Copas de 1998, 2002, 2006, 2010 e 2014

*

"VERGONHA, VEXAME, HUMILHAÇÃO" (2014)

Na tribuna do Mineirão, a sensação era de que havia poucos motivos para otimismo naquele 8 de julho de 2014. Embora avançasse até aquela semifinal, a seleção era a imagem da desconexão entre expectativa e realidade: o país só aceitava a vitória no Mundial em casa, mas o jogo daquela equipe era insuficiente. Do outro lado estava uma Alemanha superior e um Brasil que perdera o capitão Thiago Silva e sua jovem estrela, Neymar, de forma dramática.

No entanto, o que viria era muito mais do que uma derrota. Quando o 5 x 0 se estabeleceu ainda no primeiro tempo, numa inverossímil sequência de golpes, um gol após outro, todos nos entreolhávamos não apenas em busca de entender o que se passava. Era como se soubéssemos que, diante de nós, estaria colocada pelos próximos dias, meses e anos a necessidade de dar ao leitor a dimensão daquele acontecimento, encará-lo como consequência de algo maior, de um futebol que precisava ser reformado em todas as suas estruturas. Não seria suficiente tratar o 7 x 1 apenas como uma derrota, um desastre esportivo. A tarefa era fazer do jogo uma plataforma para um debate amplo.

"Vergonha, vexame, humilhação". As três palavras que estavam na capa da edição de 9 de julho, o dia seguinte, tentavam refletir o sentimento nacional. Mas logo O GLOBO mostrava que a missão ia além. Surgiam os primeiros debates sobre um suposto atraso tático no futebol nacional, e relatos sobre como a Alemanha reestruturara o seu futebol. Um dia depois, o jornal publicava uma série de perguntas a que o Brasil precisava responder. Entre elas, se sua formação de jogadores e de treinadores, além da estrutura política da CBF, precisavam ser revistas. Uma semana depois, a oficialização da queda de Felipão trouxe à tona a discussão sobre a validade de contratar um treinador estrangeiro. Um mês depois, o jornal entrevistava gerentes de divisões de base de clubes nacionais para discutir como melhorar a escola brasileira de futebol.

Até hoje é difícil dizer se o 7 x 1 refletiu, de fato, tais problemas estruturais. Ou se refletiu questões específicas daquele time. Impossível, no entanto, negar que os debates surgidos naquele 8 de julho perduram até hoje. Aquela derrota ainda pauta a cobertura esportiva.

Carlos Eduardo Mansur foi repórter do GLOBO de 2007 a 2021 e é colunista desde 2016

*

A editoria de "Esportes" sempre foi a mais "machista" de todo o jornal. Não tenho como negar isso. Até bem adiantado nos anos 2000 era impensável que as mulheres participassem da cobertura de futebol. Ficavam restritas, as poucas que eram contratadas, ao que chamávamos na época de esportes amadores — que de amador não tinha nada. Ou seja, tudo que não fosse futebol. Hoje, isso parece impensável. Mas era a realidade, como conta Lúcia Novaes, uma das pioneiras desse "desbravamento".

MULHER NÃO ENTRA (1984)

Hoje em dia temos uma mulher, Leila Pereira, presidente de um clube de elite do futebol, o Palmeiras; temos narradoras, comentaristas, repórteres cobrindo futebol. Mas não foi sempre assim. No meu primeiro emprego, ainda estagiária, ouvi a seguinte frase do editor de esportes: "Pode procurar outra editoria porque aqui nunca teve mulher". Futebol, então, não era coisa de mulher. Fui ficando, cobrindo esportes amadores, natação, vôlei, até me deixaram fazer entrevistas quando o GP do Brasil de Fórmula 1 era em Jacarepaguá. Mas futebol não era coisa de mulher.

Vim para O GLOBO em 1984, como redatora e, mais uma vez, era a única mulher. Pelo menos, não ouvi aquela frase. Fui bem recebida, o que não quer dizer que o ambiente não fosse machista, com as habituais brincadeiras e piadinhas. Ser enviada para cobrir uma Copa do Mundo, nem pensar. Futebol ainda não era coisa de mulher. Ou era, mas nada de resenhas de jogo num Mundial. As matérias (a pedido das próprias mulheres de outras editorias) eram "as pernas mais bonitas", "o mais tatuado", "o peitoral mais sexy", "o cabelo da moda entre os jogadores" e por aí vai. Até que num ano sugeri uma série sobre assuntos mais técnicos (a sério), tipo explicar, bem explicadinho e com gráficos, a lei do impedimento. Foi um início. A seleção feminina de futebol começou a dar os primeiros passos. E foi dando certo.

Atualmente, com tantas e tão variadas vozes femininas na área, progredimos.

Lúcia Novaes foi repórter de "Esportes" do GLOBO de 1984 a 1987. Ela ficou no jornal até 2014, sempre reforçando o "Esportes" em fins de semana e em Copas e Olimpíadas

A repórter Ester Lima, com passagens pela seleção de vôlei, foi outra que rompeu a barreira de mulheres no "Esportes". Mas não o muro do futebol. Ela ajudou e viu surgir com força o vôlei, principalmente o de praia, que nos deu a primeira medalha de ouro feminina em Jogos Olímpicos de Atlanta, em 1996.

AS PRIMEIRAS MULHERES DE OURO (1987)

Em 1987, eu, Consuelo Dieguez e Cátia de Moraes chegamos juntas ao GLOBO, por puro mérito — nada de cotas! Rsss. Fomos as primeiras colocadas numa prova dificílima elaborada pelo então editor de opinião do jornal, Luiz Garcia, para novos jornalistas. Chegamos a uma Redação com maioria absoluta de homens, mas não nos intimidamos. Meus primeiros meses foram nos *Jornais de Bairro*, depois fui para a "Grande Rio". Estava lá eu muito bem, ralando feliz da vida, quando o Renato Maurício Prado, o meu colega de tempos de vôlei e editor de esportes, me chamou para substituir Márcia Vieira, que saíra após uma greve na Redação. Nem pisquei os olhos para aceitar. Era o lugar onde sempre quis estar. Eu seria a terceira mulher na editoria — lá já estavam Heloisa Eterna e Christiane Paiva Chaves.

Naquela época, o "Esportes" tinha, invariavelmente, três páginas diárias — duas para futebol e uma para esporte amador. Como mulher e futebol ainda era como água e vinho, nós três dividíamos a página do amador. E dávamos um banho na concorrência. Conhecia todo mundo do vôlei, que, àquela altura, começava a bombar. E com o incentivo do jornal, fã do esporte, fomos ganhando cada vez mais espaço. Olhando hoje para a trajetória do vôlei, não tenho dúvidas em afirmar que a primeira medalha olímpica feminina do Brasil, nas Olimpíadas de Atlanta, em 1996, com Sandra e Jacqueline no vôlei de praia, tem um dedo — quase uma mão — do GLOBO.

Volto a 1987, quando o Mundial de Vôlei de Praia começou a ser disputado no Rio, no início só no masculino. Ninguém dava muita bola. O vôlei de praia era até então um esporte de lazer, mas entramos de cabeça no negócio. A cobertura era uma delícia e, certamente, foi o que alavancou a presença do público na arena e o interesse de outros meios de comunicação, inclusive a TV.

Criamos ali os personagens dos *Reis do Rio*, a dupla americana Sinjin Smith e Randy Stoklos, que conquistou o título cinco anos seguidos. Nenhuma dupla brasileira conseguiu derrotá-los. Lembro-me de uma partida da dupla contra Bernard e Edinho que durou mais de 4h. Jogadores nas últimas, calor a mil na areia — era fevereiro —, torcida frenética pelos brasileiros, Bernard usando e abusando do saque "Jornada nas Estrelas", mas ninguém largava o osso. Depois do jogo, Stoklos confessou que urinou no calção de tanto cansaço e foi flagrado no estacionamento aos prantos.

Ali começou a ser plantada a semente para o vôlei de praia se tornar olímpico, o que aconteceu em 1993, também com um supertorneio em Copacabana, com a presença do presidente do COI, o espanhol Juan Antonio Samaranch. O GLOBO nunca desistiu de acompanhar passo a passo o vôlei de praia. E nenhum órgão de imprensa do Brasil acompanhou como ele. Mas a medalha de ouro tem mais história. Jackie Silva, na minha opinião a melhor levantadora que o vôlei brasileiro — quiçá do mundo! — já produziu, tinha brigado com o presidente da Confederação Brasileira de Vôlei (CBV), Carlos Arthur Nuzman. Ela foi jogar na Itália e depois trocou a quadra pela praia e se mandou para os Estados Unidos, onde brilhou nas areias. Com a criação do Circuito Mundial de Vôlei de Praia e a iminência de o esporte virar olímpico, ela precisava voltar ao Brasil. Mas a briga era um empecilho. Amiga próxima dos dois, não tive dúvidas. Peguei-a pelo braço e coloquei os dois frente a frente, na sede da CBV. Precisavam se entender e foi mais fácil do que eu pensei. Um mea-culpa de cá, um mea-culpa de lá, e pronto, tudo resolvido. Jackie Silva voltava a ser uma jogadora do vôlei brasileiro. Uma discreta matéria no GLOBO selou a história!

Em 1996, pude acompanhar ao vivo a medalha de Jackie e Sandra não mais pelo GLOBO, mas como repórter especial do Comitê Olímpico Brasileiro. Foi muita emoção, confesso. Trabalho mais do que recompensado!

Ester Lima *foi repórter do GLOBO de 1986 a 1993*

*

"Nunca tantos deveram tanto a tão poucos." A frase de Winston Churchill, agradecendo aos aviadores que combateram os bombardeios alemães na Segunda Guerra Mundial, serve de parábola ao papel do GLOBO na divulgação e no desenvolvimento do hipismo no Brasil. Roberto Marinho era apaixonado por cavalos e os montou até cerca de seus setenta anos. "Ele dizia que tinha três paixões: O GLOBO, cavalos e Angra. Nessa ordem", conta o cavaleiro João Aragão, que em 1985 fez parte da equipe Roberto Marinho. A equipe disputou eventos nacionais e internacionais, com excelentes resultados. Entre as montarias, destaque para Miss Globo, inclusive no Mundial de 1986. A pista principal da Sociedade Hípica Brasileira, na Lagoa, tem o nome de Roberto Marinho, assim como o Troféu Perpétuo, disputado em novembro, no aniversário do clube — que completa 87 anos em 2025. A paixão continuou com um dos seus filhos, João Roberto.

João Aragão, que durante muitos anos conviveu com Roberto Marinho por treinar e competir com os seus cavalos, conta uma história de como o jornalista disse "não", sem dizer "não".

O "NÃO" SEM DIZER "NÃO"

Doutor Roberto não era um fã de emprestar ou de deixar outros cavaleiros, fora os seus de confiança, competirem com os seus principais cavalos. Em 1983, eu montava os seus cavalos e tinha um grupo de dirigentes que gostaria que ele cedesse o El Quebracho para o Pan-Americano de Caracas, em poucos meses. Em uma competição no Marapendi, esses dirigentes tentavam convencer o doutor Roberto com vários argumentos, enquanto assistiam à competição ao lado dele. "O senhor tem cavalos excepcionais", "seus cavalos não podem ficar fora da equipe do Brasil", "vamos fazer uma equipe fortíssima" etc. etc. Lá pelas tantas, o doutor Roberto responde: "Eu gostaria muito que meus cavalos fizessem parte, mas eu ando muito ocupado e tenho tido muito pouco tempo para treinar". Fecha o pano. Nunca me esqueço da gargalhada de Tamborete (tratador e braço-direito de Roberto Marinho na Hípica) quando lhe contei a história.

João Aragão foi cavaleiro da equipe Roberto Marinho de Hipismo

*

Para fechar os depoimentos sobre "Esportes" nada melhor do que o do atual editor da área, Thales Machado. Nestes cem anos, tudo mudou, mas poucas coisas com a velocidade do que aconteceu recentemente nos meios de comunicação e numa Redação, principalmente de um jornal impresso.

PANDEMIA, PELÉ QUE VAI, REBECA QUE VEM

Eu me tornei o editor de "Esportes" no dia em que começaram a decretar que não haveria esporte por um bom tempo. Horas antes de receber a notícia, a NBA tinha anunciado o adiamento de todos os seus jogos. Era o primeiro de vários anúncios do tipo. Foram os dias em que o esporte parou. Era março de 2020 e a pandemia de Covid-19 tirou também quase toda a disputa esportiva de quadras, campos e arenas. Como cobrir esportes sem que haja esporte por aí? Com a maioria de repórteres e editores emprestados a editorias que cobriam a crise de saúde global, o primeiro desafio foi solucionado com o DNA do GLOBO e da editoria que já fora chefiada por Mário Filho: criamos rankings, retrospectivas, eleições que seguraram a peteca por meses. Fizemos, por exemplo, uma histórica seleção dos cem maiores jogos dos setenta anos do Maracanã. Ajudamos, em parte, a aliviar o noticiário de tempos tristes com isso. Mas era só a primeira das soluções que tínhamos que encontrar. A pandemia veio com a enorme missão de equilibrar o trabalho na Redação com o home office, algo impensável nos 95 anos do GLOBO até então.

Foi assim, distantes, que começamos essa jornada e, dessa maneira, separados e sem a presença dos colegas e do público, que cobrimos as Olimpíadas de Tóquio, adiada de 2020 para 2021. No Rio, não passava de meia dúzia de pessoas na Redação, com a maioria em trabalho remoto. Aliás, as grandes coberturas são fundamentais na transformação digital do jornal, em que o "Esportes" teve grande papel, iniciada em 2017, com meu antecessor Márvio dos Anjos. Se antes os cadernos esportivos eram o filé-mignon, passamos a ser uma editoria relevante para a audiência digital.

Para além do recorde histórico de medalhas do Brasil, foi de Tóquio que vimos surgir o fenômeno Rebeca Andrade, maior atleta e personagem esportiva do Brasil nos últimos cinco anos do centenário do jornal. Em 2024, em Paris, mostramos Rebeca se tornando a maior atleta olímpica, entre homens e mulheres. E, se ela brilhou, vimos a maior estrela do esporte brasileiro se apagar. A morte de Pelé, que todo jornalista esportivo temeu noticiar, e imaginou como seria fazê-lo no fatídico dia, veio num 28 de dezembro de 2022, dez dias após o fim de uma extenuante cobertura de Copa que, pela primeira vez, tinha se alongado até uma semana antes do Natal. Já com a pandemia arrefecida, foi dia de ver todos voltarem à Redação, os que estavam e os que não estavam de plantão no merecido recesso de ano-novo, provando que é quando mais se precisa que o jornalismo esportivo apareça. Tive a honra, logo eu, mineiro nascido na mesma Três Corações que o Rei, de editar o caderno especial de sua despedida, que foi às bancas envelopado por quatro primeiras páginas diferentes circulando, uma para cada etapa vitoriosa da vida do conterrâneo. Inédito, histórico e merecedor. O maior obituário de um brasileiro que o jornal já viu, em edição de colecionador.

Depois da tempestade vem a bonança, e o pós-pandemia foi marcado por conquistas marcantes dos times cariocas. Nos três últimos anos, cobrimos três títulos da Libertadores. O tri do Flamengo em 2022, que consolidou o domínio rubro-negro desde 2019; a inédita conquista do Fluminense em 2023 e, para encerrar com chave de ouro, a dobradinha de títulos da América e do Brasil pelo Botafogo, em 2024, numa das finais mais épicas que o torneio continental já viu. Tem coisas que só acontecem com o jornal O GLOBO.

Impossível não pensar que vem muito mais por aí.

Thales Machado entrou no GLOBO em 2017
e se tornou editor de "Esportes" em 2020

*

Vou encerrar homenageando dois jornalistas. Tive o prazer de trabalhar com ambos: Dorrit Harazim e Antonio Maria Filho. Dorrit completou no Rio, em 2016, a décima cobertura de Olimpíadas — a primeira foi em Moscou em 1980 —, metade delas pelo GLOBO, no qual mantém uma coluna dominical. Já Maria, repórter do jornal de 1988 a 2007, esteve em nove Copas — cinco delas pelo GLOBO. Eles são craques.

Toninho Nascimento é carioca e trabalhou por 23 anos, em duas passagens, no jornal O GLOBO. Entre 1986 e 1993, foi redator e subeditor de

Esportes, além de editor de Internacional e do suplemento Carroetc. Entre 1996 e 2012, editou Esportes, sendo responsável pela cobertura de cinco Olimpíadas e quatro Copas do Mundo. Em 2006, ganhou um Prêmio Esso de Criação Gráfica. De 2013 a 2015, foi secretário nacional de Futebol do Ministério do Esporte.

Carnaval, o maior espetáculo do Globo

Flávia Oliveira

IMAGINE UMA PUBLICAÇÃO RECÉM-NASCIDA — por batismo, com ambição planetária; de origem, apaixonada pela festa; por destino, plantada a três quilômetros do berço do samba na velha capital federal. No melhor estilo de quem observa o mundo, mas não tira os olhos do próprio quintal, o carnaval sempre fez parte do DNA do GLOBO. Antes mesmo de fundar o jornal, em 1925, Irineu Marinho (1876-1925) já promovia divertidos bailes carnavalescos na propriedade da família em Corrêas (Petrópolis, RJ). Em 1924, a festa foi animada pela orquestra dos Oito Batutas, liderada por ninguém menos que Alfredo da Rocha Vianna Filho e Ernesto Joaquim Maria dos Santos, os inigualáveis Pixinguinha (1897-1973) e Donga (1889-1974), pais, respectivamente, do choro e do samba.

Nas primeiras três décadas de existência, O GLOBO cobria o carnaval da sede, no Largo da Carioca (Rua Bethencourt da Silva), no Centro. Dali, acompanhou corsos, ranchos, cordões, bailes, blocos. Em 1933, ajudou a dar forma ao cortejo de origem afro-brasileira, que se tornaria o espetáculo de maior expressão cultural do Brasil, dentro e fora do território nacional: o desfile das escolas de samba. Foi em 1954, com a mudança para a Rua Irineu Marinho, homenagem ao fundador do jornal, que a vizinhança com a histórica e saudosa Praça Onze se concretizou. Até hoje, O GLOBO fica perto do epicentro da folia, o Sambódromo, denominação extraoficial da Passarela Professor Darcy Ribeiro (1922-1997), justa homenagem ao antropólogo, escritor e vice-governador que a viabilizou, em 1984. Neste século de existência do GLOBO, a cidade, os costumes e a língua portuguesa mudaram. O carnaval mudou. O interesse pela festa, jamais.

O ponto de partida foram os registros em notas e fotografias dos grupos de foliões de todas as idades que, paramentados, visitavam a sede nos dias de folia. "Haroldo, filho do nosso companheiro Nelson de Souza, é um pequenino, mas já ardoroso folião de 1 ano e 4 meses, apenas. Trajando uma interessante fantasia de colombina, de requintado gosto, no meio de cujas cores destacava-se um rostinho de criança muito vivo e encantador, Haroldo veio também alegrar com a sua presença suavizadora o nosso recinto de trabalho", publicava o jornal em 20 de fevereiro de 1928. Sob um trio de fotos, na mesma edição, a legenda: "Mais três aspectos aqui ficam das gentis visitas que O GLOBO recebeu ontem em sua Redação. Da esquerda para a direita veem-se, extraordinariamente animados: os Turunas da Tijolada, o Grupo dos Menores e os Trouxas".

Entre 1926 e 1931, O GLOBO circulou às segundas-feiras de carnaval. No período de 1932 a 1972, porém, a festa só ganhou as páginas do jornal na Quarta-Feira de Cinzas, exceto por um único domingo em fevereiro de 1937. Progressivamente, O GLOBO foi ampliando a cobertura carnavalesca: aos domingos, a partir de 1973; também às terças, em 1987; e, desde fevereiro de 1989, rigorosamente em todos os dias da folia. Guarda um acervo que se tornou documento histórico, tanto do que deixou de existir quanto do que foi eternizado nas temporadas de Momo. São fartas as anotações sobre os primórdios da festa, dos corsos aos grandes bailes, ora eclipsados pela multiplicação dos blocos que arrastam multidões por vias da cidade. Do Teatro João Caetano, no Centro, ao Sport Club Mackenzie, no Méier, na Zona Norte; do Clube de Regatas do Flamengo, na Gávea, ao Cordão da Bola Preta, então na Rua do Passeio, também no Centro, contavam-se às dezenas as agendas de salão.

"A antiga instalação do velho Club dos Políticos estava ontem deslumbrante. Era uma bela mancha feérica ali, na Rua do Passeio, ofuscando tudo mais. Os Bolas Pretas entravam com pé direito no carnaval deste ano. A sua primeira recepção carnavalesca, saudando Momo, era um furor de alegria. Marcava, realmente, uma faiscante página no Livro de Ouro das festas populares do Rio. À meia-noite, já o antigo salão do Club dos Políticos era um delicioso recanto de entusiasmo folianesco. O Cordão da Bola Preta mostrava uma pujança extraordinária. As suas principais figuras, entre elas, Jamanta, não se continham de satisfação. A festa da Bola Preta foi, certamente, uma das notas de distinção do sábado de carnaval deste ano. E o entusiasmo, cada vez mais crescente, foi um ponto de atração para ali, até 4h da manhã, quando a polícia resolveu impor tréguas aos foliões, determinando que o jazz se fosse embora", publicou o jornal em fevereiro de 1926.

Dos blocos aos megablocos

O velho Bola Preta, fundado em 1918, segue como instituição vibrante do carnaval carioca — ainda hoje escrutinada pelo GLOBO. "Os componentes deste cordão são os mais valorosos carnavalescos da atualidade e, por isso, as festas que vão efetuar em homenagem ao Reinado do Momo deixarão decerto uma eterna saudade nos foliões do carnaval de 1926", registrava a nota publicada no jornal em janeiro do mesmo ano.

Em 2024, fez o seu 105º desfile pelas ruas do Centro, com público estimado em um milhão de pessoas, entre anônimos e famosos do quilate de Neguinho da Beija-Flor. O cantor e compositor passou pela agremiação antes de integrar o elenco da escola de samba que leva no coração e como sobrenome, e da qual se despediu como intérprete em 2025, após meio século em atividade. A atriz Paolla Oliveira, que no mesmo ano pôs fim a sete carnavais de reinado à frente da bateria da Acadêmicos do Grande Rio, é igualmente soberana no cordao secular. Brilhou também em 2025, quando o sábado de carnaval, dia habitual do cortejo, caiu no dia 1º de março, aniversário de 460 anos da Cidade Maravilhosa.

Aos trancos e barrancos, sobrevivem outras agremiações tradicionais. Fundado em 1961 no bairro que leva no nome, o Cacique de Ramos é berço de grandes sambistas. De lá saíram, por lá passaram, artistas do tamanho do grupo Fundo de Quintal; da cantora Beth Carvalho (1946-2019), madrinha de tantos expoentes; dos gigantes Zeca Pagodinho, Almir Guineto, Jorge Aragão, Arlindo Cruz, Jovelina Pérola Negra (1944-1998) e Luiz Carlos da Vila (1949-2008), para ficar em meia dúzia de exemplos. Por décadas, o Cacique experimentou com o Bafo da Onça — formado em 1956 no Catumbi, na Região Central da capital — polarização assemelhada ao Fla-Flu no futebol, hoje marcante na política. Por fora, corriam os Boêmios de Irajá, criado em 1967 no território que legou ao Brasil o gênio Nei Lopes e a jornalista que aqui escreve. Rivais no passado, hoje se irmanam na resistência.

Em 2025, 685 blocos se inscreveram na Prefeitura do Rio para apresentações em todas as regiões da capital. Alguns deles, denominados megablocos, atraem centenas de milhares, até milhão, de foliões. O Bloco da Favorita, empreendimento da promotora de eventos Carol Sampaio; o Fervo da Lud, da cantora Ludmilla; o Bloco da Anitta, *popstar* brasileira com carreira internacional; e o Monobloco, fundado há 25 anos pelo músico Pedro Luís, são alguns exemplos. Apresentações de artistas consagrados substituem, gradualmente, agremiações inscritas na História. O Imprensa Que Eu Gamo, fundado por um grupo de jornalistas há trinta anos, no bairro de Laranjeiras, na Zona Sul, fez o último desfile em 2025. Os Escravos da Mauá, do Centro, e o Bloco de Segunda, do Humaitá, despediram-se em 2022 e 2023, respectivamente.

Ícone da retomada do carnaval de rua, que andara esvaziado nos anos da ditadura militar, o Suvaco do Cristo, rebento da redemocratização acostumado a lotar a via principal do Jardim Botânico, avisou que desfilará pela última vez em 2026, quando completa quarenta anos. O GLOBO noticiou a despedida em fevereiro de 2023, em reportagem com diagnóstico preciso sobre a mudança na organização e na demanda: "Responsáveis por desfiles históricos por mais de três décadas, Suvaco do Cristo, Escravos da Mauá e Bloco de Segunda fazem suas últimas festas e abrem espaço para a geração dos megablocos: 'A gente entende que tudo tem sua hora', afirma um dos fundadores". O setor público passou a elencar exigências mais alinhadas com projetos corporativos do que com a espontaneidade carnavalesca. Os foliões se interessam menos por desfiles com sambas inéditos, próprios, temáticos, repetidos incontáveis vezes ao longo do trajeto. A hora é dos cortejos à moda *set list*, mesclando marchinhas de outros tempos com hits do momento, do sertanejo aos Beatles, não necessariamente samba.

Cotidiano e crime na cidade

Corsos, ranchos e grandes sociedades sucumbiram às escolas de samba; bailes, aos blocos; e estes, aos megablocos. O jornalismo do GLOBO acompanhou a metamorfose. Partiu de uma cobertura assemelhada ao colunismo social, com profusão de registros sobre pessoas, encontros, indumentárias e atmosfera dos salões. Descreveu e celebrou a ebulição nas ruas, sem perder de vista a ordem pública. A opinião pública carioca é forjada tanto na valorização da festa quanto no repúdio à baderna. Nas páginas carnavalescas, notícias sobre a folia sempre dividiram espaço com anotações de tumultos, brigas, repressão policial. "Na Praça Tiradentes, os policiais dispersaram a multidão a cassetete", informava a legenda sob a foto da confusão, publicada na mesma página que manchetava o primeiro título da Beija-Flor de Nilópolis no desfile principal, em março de 1976.

Ao mesmo tempo que a riqueza, o gigantismo e a relevância da folia são exaltados, a cobertura nunca deixou de apresentar os transtornos cotidianos. Xixi nas ruas, por exemplo, deu o tom na primeira década deste século, forçando o poder público a arranjar, em parceria com o setor privado, banheiros químicos e uma agenda com local, horário e duração das aglomerações nos bairros. A Comlurb, encarregada da limpeza urbana, segue os cortejos para deixar ruas, avenidas e praças livres do lixo. Ao longo do tempo, o carnaval tornou-se cadeia produtiva complexa, com impacto na arrecadação municipal, no turismo, na geração de trabalho e renda. Em 2025, movimentou, segundo estimativa da Secretaria de Desenvolvimento Econômico da capital, R$ 5,7 bilhões; e arrastou 6,8 milhões de pessoas. Para atender os foliões, O GLOBO sempre investiu em serviços cada vez mais completos, graças ao avanço da tecnologia. As interrupções no trânsito são informadas em tempo real nas redes sociais; o site do jornal traz a programação completa dos blocos, além da cobertura integral.

A cobertura do GLOBO tampouco omitiu as relações da festa com o crime organizado, expressas na subordinação das escolas de samba aos barões do jogo do bicho, ora em diálogo, ora perseguidos pelo poder constituído. Entre os anos 1980 e 1990, cobriu fartamente o processo em que a juíza Denise Frossard, da 14ª Vara Criminal do TJ-RJ, condenou a seis anos de prisão, por formação de quadrilha, os catorze maiores bicheiros do estado. A sentença ocupou a manchete e algumas páginas do jornal em 22 de maio de 1993. A vinculação histórica com as agremiações, que durante o regime de exceção foi estimulada como mecanismo de controle de comunidades populares, emprestou prestígio social a contraventores: de Natalino José do Nascimento, o Natal da Portela (1905-1975), nos anos 1940, à cúpula forjada nas décadas seguintes.

Bicheiros repartiram a Região Metropolitana em áreas de domínio, numa espécie de releitura das Capitanias Hereditárias. Fundaram a Liga Independente das Escolas de Samba, nos anos 1980, figuras como Castor de Andrade, o Doutor Castor (1926-1997), patrono da Mocidade Independente de Padre Miguel; Waldemir Garcia, o Miro (1935-2012), do Acadêmicos do Salgueiro; Luiz Pacheco Drumond, o Luizinho (1940-2020), da Imperatriz Leopoldinense; Aílton Guimarães Jorge, o Capitão Guimarães, da Unidos de Vila Isabel; e Aniz Abraão David, o Anísio, da Beija-Flor de Nilópolis. Os dois últimos seguem em atividade, em meio à franca — e violenta — transição geracional, esmiuçada pelo jornal na série "Geopolítica do Jogo do Bicho", publicada em fevereiro de 2025. "Aposta no carnaval — Nova cúpula que trava disputa das ruas também busca se estabelecer em escolas", mostrava a reportagem do dia 25.

Folia nos traços

A sátira política, também marca do carnaval, sempre se fez presente no GLOBO. Ilustrações, charges, caricaturas estão no jornal desde a estreia, em 29 de julho de 1925. Quem se destacou como pioneiro da arte foi o cartunista Raul Pederneiras (1874-1953), já presente na capa da primeira edição do GLOBO com uma charge que situava num ringue o ainda hoje atualíssimo embate entre receitas públicas escassas e gastos descontrolados. Reconhecido como parte da história do humor gráfico brasileiro, Raul, como assinava, ilustrou belas primeiras páginas dos dias de folia entre 1926 e 1931. Ocupava todo o espaço apenas com desenhos ou com imagens vinculadas a textos, diálogos, versos. Decisão editorial arrojada e ousada até nos dias atuais. Em fevereiro de 1928, uma letra em cinco estrofes, logo abaixo de uma ilustração momesca, ironizava a apropriação privada do patrimônio público — no popular, a "mamata", outro esporte nacional: "O bloco do também quero/ Não é bloco, é multidão/ Pois, sem nenhum exagero/ Arregimenta a nação".

Lanfranco Aldo Ricardo Vaselli Cortellini Rossi Rossini (1925-2020), o Lan, foi outro expoente da charge carnavalesca no GLOBO. Italiano radicado no Rio de Janeiro desde os anos 1950, Lan retratou, durante e fora dos dias de folia, caricaturas de sambistas, ritmistas, baianas e passistas — estas por muito tempo denominadas mulatas, em referência à miscigenação racial do país. Foi casado por seis décadas com Olívia Marinho, mulher negra que inspirou uma infinidade de obras do marido. Integrante do trio Irmãs Marinho, do Salgueiro, ela fez sucesso nos anos 1960 e 1970, período de intenso brilho da "Academia", dançando com as irmãs Norma e Maria Luiza (Mary, que se casou com Haroldo Costa, ator, escritor, expoente do samba). Lan era obcecado pelo corpo feminino, que desenhava com curvas e sensualidade exageradas, não raro amalgamado à silhueta de montanhas cariocas — em particular, o Pão de Açúcar.

Não deixe o samba morrer

Pertence ao passado e ao presente a sentença de morte do carnaval. Desde o tempo do Onça, digo, do corso, vaticinam os sinais de fadiga, prenúncio do fim da folia. Há 99 anos, o jornal reportava, numa espécie de manifesto, na capa de uma das edições vespertinas: "O carnaval não morreu. O último descrente, o último carioca que apregoava a decadência da nossa maior festa, senão única festa deveras popular, não resistiu no sábado à tentação de comprar uma máscara". Poucos anos depois, em 1929, uma reportagem divertida dava voz ao folião Morcego, figura tradicionalíssima do carnaval carioca de então, que desabafava: "O carnaval avacalhou-se! Está avacalhado!". Despido de fantasia e máscara, o "sr. Norberto do Amaral Júnior, pai de família, exemplar servidor do Estado" (era funcionário dos Correios), explicava "o que foi e o que é o carnaval, depois que passou 'a comer' do Governo".

Como conhecíamos, a festa, de fato, já morreu. E morreu, novamente. E de novo. Morreu, mas passa bem. O debate, de tão atual, assusta. Quantas vezes, nas mesmas páginas, artistas, intelectuais, políticos, membros da sociedade civil temeram o fim da festa, que incessantemente se renova e ressuscita. A pandemia de Covid-19, mais recente capítulo deste século, foi capaz de interromper, mas não de aniquilar o carnaval. Não houve festa em 2021, pela primeira vez na História. Mas a folia voltou em abril de 2022, com escolas de samba autorizadas e desfiles clandestinos de blocos. Caiu bem no fim de semana que juntou os feriados de Tiradentes (nacional) e de São Jorge (estadual). Inédito e delicioso.

No Grupo Especial, o desfile fora de época rendeu o primeiro campeonato da Acadêmicos do Grande Rio, fundada em 1988, em Duque de Caxias. O enredo, "Fala, Majeté! Sete chaves de Exu", sobre o mais demonizado e incompreendido orixá do candomblé, encantou público, crítica e julgadores pela abordagem profunda e estética arrebatadora dos carnavalescos Leonardo Bora e Gabriel Haddad, fenômenos da nova geração, tal como Leandro Vieira, uma década de carreira, campeão na Estação Primeira de Mangueira e na Imperatriz Leopoldinense. O GLOBO noticiou com emoção o reencontro de público e sambistas com o palco principal: "O abraço e o choro na dispersão pareciam mais fortes que em outros carnavais". E eram.

COM AS ESCOLAS DESDE A ORIGEM

O carnaval se espraia inteiro, em todas as vertentes, na trajetória do GLOBO. Porém, nenhuma face da festa é tão intensamente conectada ao jornal quanto os desfiles das escolas de samba. O diário não inventou o desfile, mas alicerçou o modelo que ainda hoje sustenta o espetáculo. A primeira competição entre agremiações, em 1932, foi obra do jornalista Mário Filho, irmão do cronista e dramaturgo Nelson Rodrigues, para o *Mundo Sportivo*. Ele era dono do veículo e idealizou o concurso para preencher as páginas esvaziadas de campeonatos de esporte nos primeiros meses do ano. O GLOBO foi o único veículo a noticiar a novidade. Mário, além de amigo de Roberto Marinho, que assumira a direção do jornal em 1931, também era editor de "Esportes" do GLOBO.

No *Dicionário da história social do samba* (Editora Civilização Brasileira, 2015), os autores Nei Lopes e Luiz Antonio Simas contam que há, ao menos, três versões da gênese das escolas de samba. Uma inspiração seriam os ranchos carnavalescos — em particular, o Ameno Resedá (1907-1943), conhecido no auge como rancho-escola. O radialista, pesquisador e cantor Almirante, nome artístico de Henrique Foréis Domingues (1908-1980), atribuía a denominação ao tiro de guerra, modalidade de prestação do serviço militar, que popularizou em exercícios públicos o brado de comando "Escola, sentido!". O sambista Ismael Silva (1905-1978) também reivindicava a autoria da expressão. Ele batizou de escola de samba a Deixa Falar, ancestral da Estácio de Sá, campeã do Grupo Especial em 1992 com o enredo "Pauliceia desvairada", sobre o Modernismo, ora na Série Ouro, e que também já se chamou Unidos de São Carlos, morro da região central da cidade. A ideia partiu da escola de formação de normalistas que funcionava no bairro.

As escolas de samba combinavam, na origem, a organização dos ranchos, a espontaneidade dos blocos de sujo, a dança intuitiva, não ensaiada, o coro de vozes femininas, a cadência do batuque carioca. Os pretos da cidade incorporaram às próprias tradições culturais e religiosas manifestações emprestadas das festas de rua e das procissões católicas, herança do colonizador. Gestaram um milagre, exemplo único de apresentação multiartística que nasce, se desenvolve e desaparece em, no máximo, oitenta minutos, pelas regras da Liesa para 2025. Não é exagero pensar o desfile das escolas de samba como obra divina. Na configuração atual, a preparação é moto-contínuo, que atravessa o ano todo, termina no Desfile das Campeãs e recomeça um ou dois meses depois.

Dá para analisar o espetáculo sob a ótica da indústria criativa, da cadeia produtiva da cultura, da geração de trabalho e renda, da sociabilidade, do desenvolvimento local, pela distribuição das quadras por toda a Região Metropolitana. Mas não há riqueza maior que a concepção, o sentido, a experiência da festa. Carnavalescos apresentam os temas; compositores se dedicam à disputa pelo samba. Escolhido o hino, a competição desaparece; o canto é único. Por meses, ensaios de bateria, alas, comunidades. Aos casais de mestre-sala e porta-bandeira é imposto treinamento de atletas profissionais. Nos barracões, verdadeiras fábricas de alegorias, fantasias e adereços, o trabalho intenso de construção do cortejo.

No dia D, milhares de componentes — ao menos 3 mil por escola — se dirigem no horário combinado na direção da Marquês de Sapucaí. Sozinhos, parecem deslocados circulando de fantasias em trens, ônibus, metrô, a pé. O sentido é construído com a entrada na concentração, onde os cortejos são formados. É ali que a parte vira o todo, a partir do encontro com o igual em indumentária, do gigantismo das alegorias, do toque dos tambores na bateria, do grito de guerra do intérprete, do samba-enredo na ponta da língua. É mágico o momento de entrada na Avenida iluminada e aquecida pelo público, sobretudo das arquibancadas. O cortejo se desenrola até a Apoteose. E imediatamente se desfaz, para nunca mais. É espetáculo único, sublime. Deveria estar inscrito no Artigo 5º da Carta Magna: "Todos são iguais perante a lei, sem distinção de qualquer natureza, garantindo-se aos brasileiros a inviolabilidade do direito à vida, à liberdade, à igualdade, à segurança, à propriedade e a desfilar, pelo menos uma vez a cada encarnação, numa escola de samba do carnaval do Rio de Janeiro". Cumpra-se.

As primeiras agremiações surgiram na primeira metade do século XX, entre os anos 1920 e 1930. O concurso idealizado por Mário Filho, que também dá nome ao mais importante e icônico estádio de futebol do Brasil, o Maracanã, teve a participação de 19 escolas. Quatro foram premiadas pela meia dúzia de julgadores: Mangueira em primeiro, seguida de Vai Como Pode (que, antes de se chamar Portela, também fora denominada Conjunto Carnavalesco de Oswaldo Cruz e Quem Nos Faz É o Capricho), Para o Ano Sai Melhor e Unidos da Tijuca. Naquele primeiro desfile, samba-enredo não era obrigatório: era permitido cantar até três composições de tema livre.

O bem-sucedido experimento de Mário Filho fez O GLOBO assumir, já no ano seguinte, a organização do concurso. Em janeiro de 1933, o jornal noticiou a reunião com sambistas para pactuar o regulamento. Vinte e cinco escolas de samba se inscreveram para o desfile que serviria, como está impresso, para "fazer a cidade conhecer e consagrar o legítimo samba do morro" — aqui, um sintoma da cidade partida que Zuenir Ventura, um mestre do jornalismo e imortal da Academia Brasileira de Letras, só nomearia seis décadas depois. A cobertura foi vasta. "O campeonato de samba organizado pelo GLOBO vem sendo aguardado com a maior ansiedade. Explica-se: a música do morro exerceu sempre sobre nossa imaginação uma irresistível fascinação. Sabe-se que, sem embargo dessa circunstância, o samba legítimo lá de cima raramente é trazido aqui para baixo. De certo modo, o quase ineditismo da música do morro faz com que seu mistério aumente e seu poder de fascinação cresça", publicou o jornal em 22 de fevereiro de 1933, quatro dias antes dos desfiles, transferidos da Esplanada do Castelo para a Praça Onze, em razão dos cortejos dos corsos, ainda prestigiados, no mesmo domingo de carnaval.

No Campeonato de Samba do GLOBO, as regras estabeleciam que a comissão julgadora, formada por João da Gente, Jorge Murad e Joffre Rodrigues, avaliaria os quesitos harmonia, poesia do samba, enredo, originalidade e conjunto. Tornaram-se obrigatórias apresentação da bandeira, ala de baianas e três composições inéditas. As cinco primeiras colocadas seriam premiadas. Até hoje, harmonia, enredo e samba fazem parte da avaliação oficial, bem como a dança do casal de mestre-sala e porta-bandeira com o pavilhão. As baianas não pontuam, mas são tradição indispensável; as doze agremiações do Grupo Especial carioca não podem atravessar a Avenida sem, pelo menos, sessenta mulheres na ala.

No dia 1º de março de 1933, a edição do jornal reportava o sucesso da iniciativa. Naquele primeiro campeonato, alem das 25 inscritas, dez agremiações se apresentaram extraoficialmente aos julgadores. Com o enredo "Uma segunda-feira do Bonfim, na Ribeira", a Estação Primeira de Mangueira, dos mestres (Angenor de Oliveira) Cartola (1908-1980) e Carlos (Cachaça) Moreira de Castro (1902-1999), sagrou-se campeã. Foi o primeiro título de uma parceria para lá de exitosa entre a escola e o estado da Bahia. A Azul e

Branco, do Morro do Salgueiro, foi vice; a Unidos da Tijuca, terceira colocada. A cobertura foi ampla, e O GLOBO anunciou em manchete o público estimado de 40 mil pessoas, que se aglomerou na Praça Onze para o espetáculo. Um feito! No carnaval de 2025, o primeiro da História com três dias de desfiles, a Riotur informou que meio milhão de pessoas estiveram em arquibancadas, frisas e camarotes da Marquês de Sapucaí. Outras 245 mil passaram pela Estrada Intendente Magalhães, onde se apresentam as Séries Prata e Bronze, divisões de base do carnaval carioca.

Já em 1934, os jornais *A Paz* e *A Hora* promoveram um par de desfiles. No primeiro, em 20 de janeiro, em celebração ao padroeiro da cidade, São Sebastião, venceu a Mangueira; a Vai Como Pode foi vice. O segundo cortejo, em fevereiro, fez campeã a Recreio de Ramos, ancestral da Imperatriz Leopoldinense. Meses depois, em setembro de 1934, as agremiações fundaram a União das Escolas de Samba (UES). Passaram não só a organizar as competições, mas também a cobrar apoio do poder público. O prefeito do então Distrito Federal, Pedro Ernesto (1884-1942), concedeu, já em 1935, a primeira subvenção ao carnaval. Naquele ano, a Portela desbancou a tricampeã Mangueira e deu início à escalada ao Olimpo: é a maior vencedora do Rio, com 23 títulos, o último deles em 2017. Em 2025, a Prefeitura do Rio destinou R$ 2,150 milhões a cada uma das doze escolas do Grupo Especial. O governo do estado anunciou aporte de R$ 40 milhões, entre patrocínio direto às agremiações e obras no Sambódromo.

Em 1952, veio a Associação das Escolas de Samba da Cidade do Rio de Janeiro (AESCRJ); em 1984, com a inauguração do Sambódromo, foi fundada a Liesa, formada pela cúpula do jogo do bicho, até hoje no comando. O GLOBO não seguiu na organização da festa, mas se manteve parceiro na cobertura jornalística e na divulgação dos desfiles. Há relatos, entrevistas e imagens antológicas de ambientes e figuras emblemáticas do carnaval. O grande Heitor dos Prazeres (1898-1966), cantor, compositor, artista plástico, deixou-se fotografar, em 1933, como diretor de harmonia da escola De Mim Ninguém se Lembra, de Bento Ribeiro. Elegante, vestia terno, gravata e chapéu.

Igualmente impressiona e encanta o relato no jornal de uma subida ao morro, certamente o Borel, numa noite de janeiro, para acompanhar a preparação da Unidos da Tijuca para o carnaval de 1933: "Oficialmente, há ensaios na Unidos da Tijuca aos domingos. Mas o samba é encontrado no morro todo dia. As vozes e as baterias não descansam. Os rumores descem para a cidade, que os escuta sempre com agrado". Numa época de quase absoluta invisibilidade das mulheres no samba, a reportagem localizou uma compositora: "Há no Unidos também uma mulher que faz sambas. É ela Amalia Peres, uma morena carioca de olhos buliçosos. É dela esse samba: 'Na Muda da Tijuca/ Onde reside o Unidos/ Salve o bloco das baianas/ Saímos com harmonia/ Para enfrentar a folia'".

Da Praça Onze à Sapucaí

A Praça Onze foi endereço dos desfiles das escolas de samba até 1942, quando foi demolida para dar lugar à Avenida Presidente Vargas. No biênio 1943-1944, a Avenida Rio Branco foi passarela. No ano seguinte, o cenário improvável foi o Estádio de São Januário, sede do Vasco da Gama. Foi um carnaval eclipsado por um conflito entre integrantes das escolas Depois Eu Digo, do Morro do Salgueiro, e Cada Ano Sai Melhor, do São Carlos. A brigalhada deixou duas dezenas de feridos e um compositor da agremiação tijucana (que mais tarde daria origem ao Salgueiro) esfaqueado. José de Oliveira, apelido Matinadas, morreu aos 25 anos. No jornal, a violência ofuscou a festa.

Em 1946, com o fim da Segunda Guerra Mundial e a avenida inaugurada, o desfile passou à Presidente Vargas. Os enredos trataram da vitória dos aliados e da participação do Brasil na derrota dos nazifascistas — no carnaval de 2000, a Liesa também impôs como tema os quinhentos anos da chegada dos colonizadores portugueses, à época ainda chamada Descobrimento do Brasil. Em 1948, a folia chegou a reunir 200 mil pessoas. Naquele ano, o recém-criado Império Serrano conquistou o primeiro título, pondo fim à série de sete vitórias consecutivas da Portela. Nascia a terceira força do carnaval carioca. Mais tarde, ajuntou-se o Salgueiro. A hegemonia das quatro grandes escolas só chegaria ao fim em 1976, com a primeira vitória da Beija-Flor de Nilópolis.

A partir da segunda metade dos anos 1940, surgiram novas agremiações, que nas décadas seguintes se tornariam também potências do samba. Nos anos 1950, as escolas eram a principal atração do carnaval, deixando para trás tanto os ranchos quanto as grandes sociedades. Em fevereiro de 1953, O GLOBO atestava o protagonismo: "Não são apenas o ritmo do samba e os passos da dança, que seus componentes aperfeiçoam de ano para ano, mas também a arte de seus carros, que tornam as escolas de samba talvez a parte mais importante do carnaval". Jogo jogado. De 1957 a 1962, os desfiles retornaram à Rio Branco. O excesso de público e a segurança impraticável na via estreita levaram as agremiações de volta à Presidente Vargas em 1963, ano do primeiro título exclusivo do Salgueiro, que desfilou "Xica da Silva".

Antes a escola dividira com Mangueira, Portela, Império e Unidos da Capela — quatro coirmãs, como se denominam — o campeonato de 1960, com enredo sobre Zumbi dos Palmares, marco zero da chamada revolução salgueirense. A substituição da História oficial por personalidades e episódios afrocentrados e, até então, desconhecidos também selou a aliança entre a festa e os criadores da Escola de Belas Artes da UFRJ. À frente, o professor Fernando Pamplona (1926-2013) e o cenógrafo Arlindo Rodrigues (1931-1987), acompanhados de jovens alunos, que nas décadas seguintes se tornariam estrelas do carnaval: Joãosinho Trinta (1933-2011), Rosa Magalhães (1947-2024) e Maria Augusta (1942).

João Jorge Trinta saiu do Maranhão, seu estado natal, para o Rio em 1957. Queria estudar dança clássica no Theatro Municipal; tornou-se o maior carnavalesco de todos os tempos. Foi três vezes campeão pelo Salgueiro (1971, 1974 e 1975). Na Beija-Flor conquistou, de cara, um tricampeonato (1976, 1977 e 1978), o primeiro da escola; venceu também em 1980 e 1983. Ele ainda ganharia mais um título, em 1997, pela Unidos do Viradouro. Em abril de 1977, poucos meses depois de garantir o bicampeonato da Beija-Flor, ele conquistou o troféu Personalidade Global em comunicação, concedido pelo GLOBO e pela TV Globo; Roberto Marinho presidia o júri. Em entrevista ao jornal, ele rebatia as críticas às inovações que incorporou à festa carioca: "A riqueza, que dizem ser um exagero nos meus carnavais, não é mais do que fantasia. O carnaval tem mudado, e eu colaborei para isso tornando-o mais espetacular, mais dinâmico, satisfazendo a um crescimento natural".

E resumia sua visão da Avenida: "O desfile das escolas de samba é o grande momento da verdadeira comunicação do povo brasileiro".

Em junho do mesmo ano, ele viajou com sambistas da agremiação de Nilópolis para participar do Festival do Folclore Internacional de Paris. O GLOBO noticiou, via correspondente na capital francesa, Any Bourrier, que a apresentação da Beija-Flor foi a mais celebrada do Carnaval dos Carnavais na capital francesa. De lá, Joãosinho contou que recusou convites para estender a temporada na Europa: "Temos de voltar logo ao Brasil, para preparar o enredo do próximo carnaval, 'A criação do mundo na tradição nagô', que nos dará, quem sabe, mais uma vitória". Dito e feito.

O carnaval das escolas de samba virou espetáculo pago a partir dos anos 1960. São da época a construção de arquibancadas e a venda de ingressos, tentativas do setor público para limitar a quantidade de público. Os desfiles foram, aos poucos, se transformando em atrações para turistas, com acesso caro aos amantes locais do samba e demanda sempre muito superior à oferta. Nos últimos anos, os ensaios técnicos na Marquês de Sapucaí e de rua, nos arredores das comunidades das escolas, são oportunidades de encontro entre as agremiações e suas apaixonadas torcidas. Em 2025, O GLOBO noticiou que 80 mil pessoas estiveram no Sambódromo para assistir aos ensaios de Salgueiro, Imperatriz e Unidos do Viradouro, campeã de 2024, no sábado, 15 de fevereiro, duas semanas antes do carnaval.

Após idas e vindas entre Rio Branco, Presidente Vargas e até Avenida Presidente Antônio Carlos, as escolas de samba chegaram à Rua Marquês de Sapucaí, em 1978. Primeiro, com arquibancadas temporárias, montadas e desmontadas anualmente. Desde 1984, em cenário permanente, o Sambódromo, projeto do arquiteto Oscar Niemeyer (1907-2012), por encomenda do então governador Leonel Brizola (1922-2004) e do vice, Darcy Ribeiro. As obras começaram em outubro de 1983 e duraram 120 dias. O então secretário municipal de Obras, Sérgio Braz, chegou a dizer que a missão era comparável a erguer "um Maracanã em quatro meses". O trabalho em três turnos, 24h por dia, de mais de mil operários, viabilizou a construção no tempo recorde.

O GLOBO dedicou cobertura crítica à empreitada. Não era segredo a antipatia entre Roberto Marinho e Brizola. Havia dúvidas sobre o cumprimento do prazo, os custos da obra e a segurança da construção. Em 2 de março de 1984, dia da inauguração do Sambódromo, o jornal revisitou a saga: "Não há notícia, na história da engenharia mundial, de uma obra dessa dimensão ter sido construída em período tão curto. Para se ter uma ideia, a Torre do RioSul, o edifício mais alto da América Latina, levou quatro anos para ser erguida e usou apenas 7 mil metros cúbicos de cimento a mais que a Passarela". Na Sapucaí teriam sido consumidos 120 mil sacos de cimento. O orçamento era outro mistério: o estado estimou em 18 bilhões de cruzeiros, a moeda da época; uma autoridade municipal, por sua vez, garantira que o investimento seria de, no mínimo, Cr$ 25 bilhões. São valores que, corrigidos pelo IPCA, índice oficial de inflação do país, equivaleriam hoje a algo entre R$ 370 milhões e meio bilhão de reais.

Em reportagem duas semanas antes dos desfiles, o jornal também alertou os leitores sobre pontos de má visibilidade da Passarela. Chamava atenção para a inclinação modesta da geral, de apenas 30 centímetros, adequada somente a quem ocupasse a primeira fila, junto à grade: "Evite comprar ingresso para a geral (setores 3, 5, 6 e 13) e para as arquibancadas e camarotes do Setor 4. Evite também os ingressos das arquibancadas da Praça da Apoteose, pois de lá não se verá o desfile propriamente dito, mas apenas a 'explosão' final de cada escola". O carnaval de 1984 também foi o primeiro em que as escolas se dividiram em dois dias, outra mudança polêmica. O GLOBO chegou a consultar os cariocas sobre a alteração numa votação informal, com cédulas impressas nas páginas, que deveriam ser depositadas nas agências dos classificados ou enviadas à Redação pelos Correios. Em artigos, especialistas, sambistas e dirigentes das agremiações apresentavam prós e contras.

O desfile em dois dias aconteceu — e se perpetuou. Obviamente, com atrasos e falhas no sistema de som, mazela que ainda assombra o espetáculo em pleno século XXI. No ano de estreia, consagraram-se as duas maiores campeãs do carnaval: Portela, vencedora do domingo, e Mangueira, melhor da segunda-feira e aclamada supercampeã de 1984. A escola, com o enredo "Yes, nós temos Braguinha", homenagem ao compositor João de Barro (1907-2006), revolucionou a Sapucaí. Numa "manobra complexa", nas palavras do GLOBO, usou a Praça da Apoteose para retornar à Avenida e desfilar em sentido contrário, em direção à concentração. Arrastou uma multidão e levantou a taça.

Ao fim daquele carnaval, em editorial, o GLOBO elogiou a festa, mas cobrou do governo do estado transparência e organização: "No balanço que deve ser feito, dois dados positivos devem, com justiça, ser ressaltados. Em primeiro lugar, a existência da Passarela do Samba, o palco definitivo sempre reclamado por todas as agremiações que desfilam no carnaval. Depois, o novo sistema de vendas de ingressos". E continuou: "A própria construção este ano da Passarela merece contestação. Uma obra é feita não apenas quando necessária, mas também quando oportuna. E o governo se lançou à empreitada mostrando, por suas próprias palavras, que não sabia onde estava se metendo. Que outra conclusão tirar de um empreendimento orçado, sucessivamente, em 3, 5, 8 e 18 bilhões de cruzeiros?... Agora, a população tem direito a uma prestação de contas. Quanto custou, afinal, a Passarela?".

O endereço definitivo da folia, nos arredores da velha Praça Onze, é garantia de emoção, seja pela entrada em curva a partir da Avenida Presidente Vargas, seja pelo Viaduto 31 de Março, obstáculo para as superalegorias das escolas que se concentram na direção da Central do Brasil. Desde a inauguração, a Passarela do Samba coroou duas grandes campeãs: a Beija-Flor de Nilópolis, ganhadora de dez títulos em 40 carnavais; e Rosa Magalhães, a carnavalesca número 1, vencedora cinco vezes com a Imperatriz Leopoldinense (1994, 1995, 1999, 2000 e 2001) e uma com a Vila Isabel (2013). A professora, como era chamada, é sinônimo de inspiração, capricho e requinte na criação de enredos e na elaboração dos desfiles.

O GLOBO a retratou tanto como carnavalesca vitoriosa quanto como cenógrafa de bailes. Ela concebeu, em 1984, o Circo Fantástico da boate Regine's. Em entrevista sobre o tema, ela contou que tinha trabalhos expostos no Museu Lasar Segall, em Nice (França), numa mostra sobre os cem anos do carnaval na cidade. Até hoje, a EBA/UFRJ é celeiro de formação de carnavalescos, num protagonismo também criticado pela sobrevalorização de quesitos visuais embranquecidos (alegorias, fantasias e adereços), em detrimento dos elementos negros fundantes da festa (samba, bateria, dança, canto).

O Oscar dos sambistas

Uma década antes da inauguração da Passarela do Samba, O GLOBO empreendeu o mais importante projeto carnavalesco desde a organização do concurso de 1933. Às vésperas dos desfiles de 1972, o jornal instituiu o Estandarte de Ouro, posteriormente reconhecido como o Oscar do samba, referência ao mais famoso prêmio de cinema do planeta. O primeiro grupo de votantes era composto pelos jornalistas Félix de Athayde, Heitor Quartin, João Saldanha, Roberto Paulino e Walcir Araújo (negro), do GLOBO; Amauri Monteiro, da TV Globo; e pelo radialista Adelzon Alves, da Rádio Globo. A primeira edição rendeu quatro troféus ao Império Serrano, três à Mangueira, um para a Portela, a Unidos de São Carlos e a Imperatriz Leopoldinense. A entrega foi no programa *Discoteca do Chacrinha*, campeão de audiência na TV.

Já em 1975, o Estandarte teria a primeira mulher entre os julgadores, a gravurista Anna Letycia (1929-2018). Na edição de 2025, dos catorze integrantes do júri oficial, cinco eram mulheres: a carnavalesca Maria Augusta; a pesquisadora, escritora e ritmista Rachel Valença; a cantora Dorina; as professoras Angélica Ferrarez e Juliana Barbosa. Completavam o time o jornalista e empresário Bruno Chateaubriand; o violonista e pesquisador Luís Filipe de Lima; o percussionista Odilon Costa; o professor e escritor Felipe Ferreira; os jornalistas e escritores Aydano André Motta, Bernardo Araujo, Leonardo Bruno e Marcelo de Mello. Mestre Haroldo Costa, aos 94 anos, é o integrante mais antigo e está na premiação desde 1973. O jornalista, escritor e pesquisador Sérgio Cabral (1937-2024) fez parte do Estandarte de 1975 a 1986. Foi um dos notáveis que marcaram presença, assim como Fernando Pamplona, o cineasta Nelson Pereira dos Santos, o cantor e compositor Moacyr Luz, o dançarino e coreógrafo Carlinhos de Jesus, o historiador Luiz Antonio Simas, o escritor Alberto Mussa e a professora, pesquisadora e escritora Helena Theodoro.

Em mais de meio século de jornada, o Estandarte de Ouro testemunhou e reconheceu os principais nomes — entre os quais, porta-bandeiras, mestres-salas, intérpretes, carnavalescos, mestres de bateria, compositores, coreógrafos e personalidades —, as grandes inovações, os maiores desfiles, nem sempre coincidindo com o júri oficial. O maior exemplo é, certamente, o reconhecimento à Beija-Flor de Nilópolis em 1989 pelo desfile "Ratos e urubus, larguem minha fantasia", concebido pelo gênio Joãosinho Trinta e por Luiz Fernando Ribeiro do Carmo (1943-2021), o Laíla, poderoso diretor de carnaval homenageado no enredo campeão da escola em 2025. Na apuração da Liesa, a Beija-Flor perdeu para a Imperatriz Leopoldinense, que levou à Avenida o enredo histórico "Liberdade, liberdade, abre as asas sobre nós", sobre a Proclamação da República, criação do carnavalesco Max Lopes (1949-2023). Ainda hoje, "Ratos e urubus" — que levou à Sapucaí a icônica alegoria do Cristo Mendigo censurado pela Igreja Católica e coberto por um plástico preto — é tido como o maior desfile de todos os tempos. Um ano antes, em 1988, a Unidos de Vila Isabel venceu como melhor escola de samba, com a revolução estética de "Kizomba, festa da raça". Nas alegorias e fantasias, trocou o brilho dos materiais sintéticos por fibras naturais, como palha e sisal, e tecidos com estampas africanas. A concepção disruptiva rendeu o primeiro título à agremiação do bairro de Noel Rosa.

Em 1977, "Domingo", o enredo de Maria Augusta sobre o cotidiano da cidade, rendeu à União da Ilha do Governador o prêmio de melhor escola. A agremiação nunca foi campeã do desfile principal. O Estandarte também celebrou Paulo Barros, então na Unidos da Tijuca, antes do campeonato oficial. Em 2004, o prêmio principal ficou com o Império Serrano pela reedição de "Aquarela brasileira", de 1964, mas a escola do Borel venceu nas categorias enredo ("O sonho da criação e a criação do sonho: a arte da ciência no tempo do impossível") e revelação. O carnavalesco assinou o desfile, que trouxe o inesquecível carro do DNA. A Mangueira, única agremiação campeã em todas as décadas desde a origem das escolas, é também a maior vencedora do Estandarte. Só na categoria principal, de melhor escola, venceu nove vezes.

A cobertura do GLOBO eternizou igualmente uma legião de mulheres que se destacaram na Marquês de Sapucaí como rainhas de bateria. É função não avaliada na apuração, mas que adiciona brilho à passagem dos ritmistas. Joãosinho Trinta pôs a travesti Eloína dos Leopardos na frente dos ritmistas da Beija-Flor, em 1976 — ela voltaria à Sapucaí em 2025 para desfilar pelo Paraíso do Tuiuti no enredo em homenagem a Xica Manicongo, manifesto por respeito e dignidade à população LGBTQIAP+ premiado com o Estandarte de inovação. Mas o primeiro reinado reconhecido pelo jornal foi o da modelo Monique Evans, que desfilou na Mocidade Independente de Padre Miguel, nos anos 1980.

Luiza Brunet (Imperatriz Leopoldinense), Adriane Galisteu (Portela e Unidos da Tijuca) e Luma de Oliveira (Caprichosos de Pilares, Tradição e Viradouro) também saíram das passarelas da moda para a Passarela do Samba. As atrizes Juliana Paes (Viradouro), Paolla Oliveira (Acadêmicos do Grande Rio), Juliana Alves (Unidos da Tijuca), Erika Januza (Viradouro) e a apresentadora Sabrina Sato (Unidos de Vila Isabel) se destacaram ao lado de rainhas saídas das comunidades, caso de Raissa de Oliveira (Beija-Flor), Evelyn Bastos (Mangueira) e Mayara Lima (Paraíso do Tuiuti). Viviane Araújo (Salgueiro) e Quitéria Chagas (Império Serrano) tornaram-se personalidades indispensáveis do carnaval carioca. Têm legiões de fãs, que extrapolam as torcidas das próprias agremiações.

Estandarte consolidado, O GLOBO apresentou há uma década seu camarote na Sapucaí, primeiro em parceria com o jornal *Extra*, depois com a revista *Quem*, ambos do mesmo grupo empresarial. Na primeira edição, em fevereiro de 2015, ainda incorporou o Cidade Maravilhosa ao título. O espaço VIP recebe cerca de quinhentos convidados por noite de folia, incluindo o Sábado das Campeãs, quando desfilam as seis primeiras colocadas. O camarote fica no Setor 7 da Avenida e é o único que só recebe convidados, não vende ingressos. Em 2025, ano do centenário do jornal e dos 25 anos da *Quem*, abrigou uma exposição que ajudou a contar, pelas lentes de fotógrafos do GLOBO, a longa história de parceria e paixão pela nossa maior festa.

Flávia Oliveira é jornalista. Carioca, apaixonada por escolas de samba, está no GLOBO há 31 carnavais. Estreou em 1994, na editoria de "Economia". Foi repórter nas áreas de varejo, finanças, macroeconomia e indicadores sociais. Esteve na África do Sul para a cobertura da Copa do Mundo de 2010. Foi colunista de Negócios&Cia. Escreveu em "Sociedade" e "Segundo Caderno". Assina artigos semanais na página 3, na seção "Opinião".

Do linotipo à inteligência artificial

Pedro Doria

O DIA ESTAVA NUBLADO e fazia um daqueles mormaços desagradáveis, de um calor muito úmido, no Rio de Janeiro. 24 de outubro de 1930. "Sujeito a chuvas e trovoadas", informava, discreta, a previsão do tempo. Mas, se não houvesse chuva, aquele era tempo bom para fotógrafos. As nuvens de um cinza muito claro cobrindo todo o céu atuavam como um grande difusor natural, aliviando a luz direta do Sol, suavizando as sombras e iluminando tudo por igual. Com o tipo de câmera e filme que se usava na época, essas eram as condições ideais para registros históricos. Convinha porque aquele foi, também, um dia agitado na pequena Redação do GLOBO, no Largo da Carioca. Naquele dia, o jornal soltaria três edições, três primeiras páginas inteiramente distintas uma da outra. O jornalismo, o melhor jornalismo, acontece ali, no encontro entre uma história que dá sentido à vida das pessoas com a tecnologia que torna possível aquela história chegar ao seu público.

Mesmo no dia a dia das redações, não costumamos pensar desse jeito sobre jornalismo: como um produto que une tecnologia e as humanidades. Mas as transformações na tecnologia que usamos para contar histórias determinam a evolução do jornalismo. No caso do GLOBO, o jornal viveu três fases claras. Uma, de consolidação como veículo. Em seguida, o processo que o levou à hegemonia como o veículo impresso carioca. E, por fim, a fase atual. Da digitalização.

Mas, naquele 24 de outubro, em 1930, a primeira edição, fechada às 17h, tinha fotografias dos generais Mena Barreto, Tasso Fragoso e do cardeal dom Sebastião Leme, que, àquela hora, ainda tentavam convencer o presidente Washington Luís a deixar o cargo. Estavam desde cedo em sua residência, no Palácio Guanabara — e o encontro havia começado dramático, com os generais entrando armados e dispostos a impor a deposição. O que não esperavam é que o presidente fosse ignorar suas armas e dar-lhes uma ou duas lições sobre o exercício da autoridade pessoal. Aquele golpe militar em curso antecipava a chegada de Getúlio Vargas ao Rio na única revolução brasileira. Os gaúchos já estavam vitoriosos, só não haviam chegado à capital. Os generais davam um golpe, livrando-se do presidente uns dias antes, para tentar angariar favores do regime que viria. A artimanha não deu certo, Getúlio botaria uma nova elite militar no comando das Forças Armadas. E aquelas fotos dos generais e do cardeal, na primeira página do jornal, tampouco eram excepcionais. Só retratos em proporção três por quatro, devidamente posados, colhidos dos arquivos. Jornais, naquela época, tinham retratos assim de figuras importantes que eram tirados da estante repetidamente, sempre que necessário. Os leitores habituais já sabiam qual era o retrato de cada personagem que apareceria.

Mas a edição seguinte, das 18h, já não seria tão fria. Apenas uma hora depois. Era assim o jeito de fazer plantões como os da TV no tempo em que O GLOBO nasceu. A nova edição do jornal era impressa, os meninos as pegavam ainda quentes saindo das máquinas no Largo da Carioca e corriam pelas ruas do Centro da cidade gritando que tinham novidades. Era como se dizia que os acontecimentos estavam em curso. Que havia urgência. Se de hora em hora tinha jornal novo, era porque a notícia não havia terminado. Que tudo era grave. Era extraordinário. Extra. Aqueles jornais saindo sequencialmente, os meninos gritando pelas esquinas sem parar, mobilizavam a população. Todos sabiam que não era um dia comum. E, naquela segunda edição, o texto sumiu da primeira página, substituído por um mosaico de fotografias. Agora as imagens, exclusivas, vinham direto dos jardins do Palácio Guanabara.

Mostravam ação. Em todas apareciam soldados diversos com seus uniformes cáqui, calças de culote, botas de couro altas até o joelho. Nos destaques, Tasso Fragoso à porta do palácio e Maurício Lacerda, talvez o maior nome da esquerda brasileira à época, fazendo um discurso entusiasmado para os militares por ali. Lacerda aparece elevado, talvez em cima de um banquinho, e lança a mão direita ao alto, na direção das palmeiras imperiais que o circundam, o queixo empinado, e todos ao redor prestam a máxima atenção às suas palavras. (Quem o ouviu dizia que era um orador melhor do que seu filho Carlos.) No total são sete fotografias, uma primeira página histórica. "Todo o povo da capital da República, delirando de entusiasmo, consagra a vitória do movimento pacificador da família brasileira!", informa a manchete. Aquilo era de todo incomum. Sete fotos do dia, fotos de soldados, de políticos, e de gente. Gente aguardando a notícia final que ainda não havia chegado. Uma primeira página não poderia ter mais impacto do que aquela.

Mas aí veio a edição das 20h.

Em três quartos da primeira página, uma única fotografia. Uma fotografia que, dali em diante, seria mencionada, possivelmente, em todo texto biográfico já escrito sobre o jornalista Roberto Marinho. É a foto de Washington Luís saindo preso.

Tecnologia na raiz do jornalismo

Da maneira como nos acostumamos a contar essa história no GLOBO, ela se deu assim: o jovem repórter tinha a informação de que dom Sebastião Leme havia convencido o presidente de que ele não tinha saída. Ele deixaria o Palácio Guanabara em um carro, preso. Marinho então pegou uns galhos de árvore que haviam por ali e pôs no caminho do automóvel. Isso obrigaria o motorista do presidente a dar uma parada, suficiente para que o registro fosse feito. Engenhoso. Ágil. Inteligente. Todos os jornais daquele dia, os vespertinos que saíam entre o fim de tarde e ao longo da noite, tiveram fotos dos jardins do palácio ocupados por militares. O que eles não tinham, só O GLOBO teve, foi o registro do presidente preso. Furo de um repórter que, aos 25 anos, ainda não dirigia o jornal que lhe pertencia, mas que já compreendia a essência do que é jornalismo: o uso da tecnologia para contar uma história que dê sentido à vida das pessoas. A tecnologia é o meio sem o qual é impossível alcançar o público.

    Mas engenhoso por quê? Esse é o pedaço que, na celebração do jornalista que ao longo de sua vida deu rosto e alma ao O GLOBO, raramente explicamos. Porque não é óbvio. Afinal, a fotografia de Washington Luís preso tem muito do tipo de instantâneo que vemos por toda parte. Estamos habituados a instantâneos assim. O presidente coça a orelha. Um tenente, com sua boca entreaberta, lança o olhar para o lado. Dois outros militares se põem concentrados, de pé, segurando a carroceria do automóvel. Ninguém fita o fotógrafo, ninguém está posando. É como se ele, o fotógrafo, desaparecesse. Nós esperamos fotos assim. Compreendemos fotos jornalísticas desse jeito. É aquilo que o mestre fotógrafo Henri Cartier-Bresson batizou de "o instante decisivo". O momento exato do clique. Aponta a câmera, encontra o instante, toca o botão. Foto feita. A tecnologia da câmera some em função do objetivo final. Flagrar um instante de ação.

    Porém, tirar aquela foto em outubro de 1930 não era simples como sacar a Leica II que o francês Bresson usaria mais de dez anos depois, muito menos o smartphone que sacamos hoje. Os filmes eram de baixa sensibilidade, precisavam de mais tempo expostos à luz. A abertura do diafragma tinha de ser calculada e feita na mão. O foco, idem. Numa câmera de fole apoiada sobre o abdome, o fotógrafo precisava curvar o rosto e observar a imagem de cabeça para baixo espelhada num pequeno vidro. Não se apoiava a câmera contra o rosto, dando firmeza. O gesto era bem mais difícil: câmera contra a barriga, pescoço para baixo, o fotógrafo precisou ajustar com as mãos, empurrando para a frente ou para trás o fole até acertar a distância entre lente e obturador. Certamente fez tudo isso com destreza, pois encontrou o foco cristalino que esta imagem tem. Era para isso, o fole: para deslizar a lente sobre um trilho. Aqueles segundos do carro parado eram o suficiente para um fotógrafo experiente fazer tudo. Checar a abertura, fazer o foco, enquadrar. Clique. Mas o carro precisava parar ou não haveria registro. Em 1930, para haver o instante decisivo de Bresson não bastava um toque de botão. A construção daquele instante dependeu de alguns muitos segundos de ação, cálculo e concentração de um fotógrafo muito experiente. Segundos com a cena parada. Com o carro, portanto, parado ou se movimentando muito lentamente.

Não temos como saber se Roberto, o doutor Roberto, pôs aqueles galhos para o carro parar. Pode ter muito de mito em como nos acostumamos a contar essa história. Mas sabemos aquilo que a foto informa. O carro estava parado, e nenhum outro fotógrafo estava preparado, naquele ponto, para o carro parar. O homem a serviço do GLOBO estava. E Roberto era o repórter ao seu lado, explicando do que precisava.

Ter consciência das limitações e das possibilidades da tecnologia é a essência do jornalismo sempre. A revolução digital é tão recente que pensamos em tecnologia na forma de smartphones, tablets ou inteligência artificial. Não pensamos nela como as lentas câmeras de fole. Mas, ali, naquele instante em que a História ocorria, as câmeras de fole eram o melhor que a tecnologia poderia oferecer. Rápidas o bastante para não exigir que as pessoas posassem rígidas. Portáteis o suficiente para serem transportadas para qualquer canto. E, ainda assim, não eram instantâneas. E, com todas essas limitações, o jornalista Roberto Marinho já tinha na cabeça o que o leitor mais queria naquele momento. Ele queria ver a cara de um presidente recém-deposto.

O último presidente deposto havia sido Deodoro da Fonseca, em 1891. Quase quarenta anos antes. Pois aquela, de 1930, era ainda mais do que uma deposição. Ninguém tinha como saber o que seria o governo Vargas, mas o Brasil estava em convulsão desde 1922. A queda de Washington Luís não era só o fim de seu governo. Era, também, o fim da Primeira República. O fim de todo um regime e o fim de uma crise que se estendia fazia oito anos e três presidentes. Aquele regime havia tido enorme sucesso em enriquecer o país, criar uma estrutura de Estado brasileiro que o Império não conseguiu erguer e, assim, promover o surgimento de dois novos grupos sociais. Operários, devidamente organizados e muito politizados de um lado. Uma classe média urbana pujante — funcionários públicos, comerciantes, profissionais liberais, até jornalistas — do outro. O regime criou espaço para que esses dois grupos surgissem, mas não foi capaz de recebê-los com voz na política no debate público. As eleições eram abertamente fraudadas. Os anseios de operários e da nova classe média eram ignorados. E O GLOBO nasceu para servir de porta-voz àquela classe média urbana. Era seu público, era com quem conversava, era quem representava. Era a essa "família brasileira" que a manchete da segunda edição, naquele dia, se referiu. Os leitores do jornal sabiam disso muito bem.

O jovem Roberto Marinho compreendeu o peso que aquele retrato do presidente deposto tinha para quem ansiava por uma transformação mais profunda do Brasil. A imagem tinha mais peso do que qualquer outra informação que o jornal pudesse publicar em texto, pois, no Centro da capital federal, meninos jornaleiros de calças curtas e bonés já gritavam em cada esquina, a plenos pulmões, "Extra", "Extra", o presidente caiu. Todos os jornais tinham a notícia. Todo mundo em todos os becos já sabia, e a informação se espalhava pela cidade no ritmo dos trilhos de bonde e, pelo país, na velocidade do telégrafo. O que O GLOBO tinha de diferente era a imagem. A prova. O instante. O presidente coçando a orelha, a boca em curva para baixo, o cenho franzido, o olhar derrubado. Uma imagem que seria impossível existir se o carro simplesmente saísse do Palácio Guanabara. Se foram galhos de árvore ou não, algo parou o carro e permitiu que a tecnologia do tempo capturasse para sempre um momento da História brasileira.

A fotografia de Washington Luís se tornou um dos principais clichês da história do GLOBO. Clichê, hoje, quer dizer lugar-comum. Aquilo que contamos sempre que tratamos de um assunto e, por isso mesmo, o fazemos com pouca originalidade. Mas clichê, na origem, era a chapa em zinco ou cobre, como um carimbo, onde a fotografia estava reproduzida em negativo. Essa técnica, na época em que os jornais ainda eram feitos com tipos de chumbo prensados com tinta contra o papel, que permitia que aparecessem fotografias nas páginas. Como as fotos de personagens eram reproduzidas com muita frequência, aqueles clichês foram guardados para constante retorno. "Traz o clichê do fulano", dizia o editor. Ou seja, a imagem que sempre usamos de fulano. A história repetida.

Nós, jornalistas, com o avanço da tecnologia das câmeras e a melhoria das técnicas de reprodução, fomos criando um certo horror a clichês. A tudo aquilo que não é novo ou original. Aí ampliamos para além das fotos esse desgosto pelo que se repete. Mas clichês têm seu valor quando, ao longo do tempo, se transformam em cultura. Viram um recurso para reafirmar uma ideia, compartilhar uma sensação. Um atalho que a linguagem oferece para ativar uma memória ou uma história compartilhada. Histórias repetidas muitas vezes, quando atalhos para essa emoção compartilhada por muitos, têm imenso valor.

A foto de Washington Luís se tornou tão repetitiva, um atalho tão fácil para contar algo sobre o Roberto Marinho jornalista ou ilustrar um momento ali do início do GLOBO, que, por vezes, esquecemos seu valor. É simultaneamente a captura de um momento precioso da História brasileira como, também, um símbolo potente do que O GLOBO nasceu para ser.

O sentido da imprensa

Quando O GLOBO nasceu, mais de uma dezena de jornais, entre matutinos e vespertinos, circulava no Rio de Janeiro. Eram títulos como *Jornal do Brasil*, *O Paiz*, *O Imparcial*, *Correio da Manhã* e *Jornal do Commercio*, entre tantos. O censo de 1920 havia calculado que, na capital da República, vivia quase 1,2 milhão de pessoas. Era a maior cidade do Brasil. E jornais não eram nacionais, eram todos fundamentalmente locais. Jornais eram formadores de identidade das cidades. A história da imprensa moderna vem de dois fenômenos simultâneos — o surgimento das primeiras democracias, ainda que fossem inicialmente oligárquicas, e o das cidades que a partir do século XIX começavam a cruzar a linha do milhão de habitantes.

O período de industrialização do mundo foi, também, um de êxodo rural e de urbanização. Os processos não foram simultâneos à toa. A tecnologia criou máquinas que substituíam a força humana. Isso possibilitou que, num pequeno galpão em uma cidade, se produzisse mais dinheiro em menos tempo do que em fazendas inteiras. Foi um choque, uma mudança brutal, o rompimento com 10 mil anos de História. Pela primeira vez, a principal forma de construir riqueza não era mais plantando. A repercussão política foi imediata. Se antes o poder estava nas mãos das elites rurais — os condes e barões e duques e viscondes —, ele logo passou para as elites urbanas. Como as elites urbanas são muito mais variadas, esse processo levou à democratização. Um governo dos nobres, essencialmente os senhores de terra, não fazia mais sentido. A riqueza, portanto, o poder, havia mudado de mãos. São as revoluções liberais.

No momento em que nos lançamos nesse experimento de autogestão das sociedades, em que decidimos que escolheríamos nós, as sociedades, quem nos governaria, logo se percebeu que era preciso criar uma instituição com duas funções distintas, porém, complementares. Uma, que apresentasse as vozes presentes no debate público. Os diagnósticos sobre problemas e as ideias a respeito de soluções oferecidas pelas muitas correntes de opinião na disputa democrática. A outra função era a de noticiar, trazer informações sobre o que fazem os que estão no Estado, como votam e se posicionam os parlamentares, o que ocorre pelas ruas. Só que cidadãos não nascem prontos, dedicados e interessados, dispostos de imediato à participação popular que as democracias exigem. Os jornais precisavam cumprir sua função, mas precisavam, também, ser interessantes. Sedutores. Precisavam atrair seus leitores.

Cidades com um milhão de habitantes ofereciam também um problema novo para nós, humanos. Afinal, a primeira impressão que elas nos passaram foi de solidão. Parecia que formavam selvas urbanas, máquinas de morar com trabalhos massacrantes e ameaças a cada esquina. Cidades não formavam comunidades. A poesia daquelas metrópoles iniciais, no século XIX, falava de solidão e depressão, de abandono. A ficção falava de terror, falava da luta para sobreviver. É mais triste do que tenro o período do Romantismo. As cidades produziam rostos anônimos na multidão. Estávamos todos abandonados, sonhando com o idílio da vida no campo, nostálgicos em relação ao passado.

O que faltava ali era o que sempre soubemos fazer nas cidadezinhas de escala menor: contar histórias que criavam uma ideia de comunidade. Que produziam uma cultura comum. As fofocas, as lendas, os causos, o drama das ameaças eventuais. Aquilo que era discutido ao batente das janelas, em praças e coretos, na igreja aos domingos, aquelas histórias construíam um conjunto de experiências compartilhadas que, com o passar do tempo, criavam uma comunidade. Davam um sentido comum àquele aglomerado de seres humanos. É isso que as grandes cidades não tinham. Quase todo mundo era novo ali, poucos eram filhos, netos ou bisnetos de quem já vivia no local.

Então, a imprensa construiu essas histórias. Nas manchetes de crimes que todos acompanhavam ávidos, nos feitos de heróis anônimos, nos debates mais acirrados da política, todo dia havia uma história nova sobre a qual discutir na padaria entre uma média e um pão com manteiga ou, à noite, tomando um chope na saída do trabalho, com O GLOBO fresco nas mãos, em uma das muitas galerias que atravessavam os andares térreos de edifícios cada vez mais altos que o Centro do Rio ia ganhando. O lugar de comprar o jornal era o Centro, onde quase todos trabalhavam. Um jornal publicado no fim do dia para servir de companhia naquela parada postergando a ida para casa, para distrair no bonde de volta e, quem sabe, terminar já confortável, aconchegado à poltrona da sala. Jornais como O GLOBO construíram a ideia do que era o Rio de Janeiro quando a capital se tornou metrópole e, ao fazê-lo, inventaram também o que era ser carioca ao oferecer histórias que todos pudessem ter como suas. Histórias que criam pertencimento.

E O GLOBO, claro, ia além. Jornais, nesse período do fim da Primeira República e antes da Primeira Guerra Mundial, respondiam a algum grupo político. Eram a voz de um partido, de uma classe. Pois O GLOBO buscou desde cedo se encaixar como o jornal da classe média que a República criou: aqueles comerciantes, profissionais liberais, funcionários públicos, toda uma gente urbana que não conseguia influenciar no regime que morria, mas que tinha opiniões e gana de participação. O jornal refletia suas preocupações, sua visão de mundo. Um jornal da capital da República, jornal que nasceu liberal e progressista, pois, sim, tinha sede de mudança. Queria um regime da República que acolhesse aquele grupo a quem representava. Um jornal que nasceu com a ambição de influenciar na transformação do país.

A CONSOLIDAÇÃO

A fotografia da nadadora Piedade Coutinho, publicada na primeira página de 17 de agosto, em 1936, não é muito nítida. Seu rosto é quase um borrão escuro, mas a silhueta é clara o bastante, e o movimento de braço está evidente. Ela havia se classificado para as finais de quatrocentos metros livre nas Olimpíadas de Berlim. Foi a primeira vez que um jornal brasileiro publicou uma telefoto — era o jeito de receber imagens à distância. Um aparelho não muito diferente de um scanner primitivo, ou de um fax, para quem ainda se lembra deles, que lia a fotografia e a traduzia em uma série de impulsos elétricos mais fortes ou mais fracos dependendo do tamanho dos pontos pretos ou brancos que compunham a imagem. Esses impulsos eram transmitidos por rádio ou telefone enquanto um aparelho similar reimprimia a foto na ponta receptora.

O Regime Vargas cumpriu alguns papéis no processo de transformação do Brasil. Parte da classe média, principalmente os funcionários públicos do Estado que a Primeira República havia erguido, encontrou voz no regime. O mesmo ocorreu com os operários. Mas Getúlio não trouxe para dentro, como se esperava, os muitos profissionais liberais, pequenos comerciantes, a base da classe média urbana. Um bom naco dos leitores a quem O GLOBO servia. A Constituição de 1934 até ofereceu espaço para a organização política desse grupo, só que o governo decretou estado de sítio em novembro de 1935, após a Intentona Comunista, e nunca mais restabeleceu plenos direitos. Foi a primeira Constituição boa da República, mas mal valeu um ano. Isso empurrou o jornal para a oposição desde cedo.

Ainda assim, apesar do autoritarismo, o regime modernizou o Brasil e, nessa toada, fez algo particularmente importante: deu novo sentido à ideia do que era ser brasileiro. O conceito da união de três raças, promovido por antropólogos como Gilberto Freyre, foi abraçado pelo regime e rompia com a eugenia, com a política de branqueamento que era promovida até então. E parte dessa promoção do ideal brasileiro passava pelos esportes. Era a ideia de que o Brasil poderia ter destaque no exterior pelo que era. Como era. O futebol se estabeleceu como esporte nacional a partir daí. Jogadores brasileiros começaram a se tornar conhecidos internacionalmente. E Piedade Coutinho, nadando em Berlim, foi um desses símbolos do Brasil que desejava se apresentar ao mundo.

Isso, esse novo ideal de Brasil, O GLOBO abraçou e promoveu desde cedo. Era natural — como diário da nova classe média, não nasceu como jornal das elites. Como lembra Pedro Bial em sua biografia sobre Roberto Marinho (Zahar, 2004), Manoel Francisco do Nascimento Brito, que futuramente seria dono do *Jornal do Brasil*, se referia ao rival como "o mulato". Francisco de Assis Chateaubriand, o Chatô, dono dos Diários Associados, preferia "crioulo". Embora não simpático ao Estado Novo, para as elites tradicionais, ele, assim como seu jornal, era símbolo daquele país que se reinventava.

E, nesse ritmo, outras tecnologias foram sendo incorporadas. Em 1957, o jornal publicou as duas primeiras páginas coloridas da imprensa brasileira. Aconteceu, por coincidência, no mesmo dia em que o jornal noticiava que o ex-presidente Washington Luís havia recebido os últimos sacramentos. Dois anos depois, uma fotografia da jovem rainha Elizabeth foi a primeira imagem internacional colorida vista num jornal do país. O ineditismo, em ambos os casos, é mostra de uma compreensão estratégica fundamental: de novo, o melhor jornalismo está no encontro entre tecnologia e uma boa história. A tecnologia é o suporte. Quem tem a melhor tecnologia, quem está na ponta, à frente, conta essa história de forma mais atraente e amplia seu público. O GLOBO, desde cedo, foi movido por essa compreensão e esteve sempre disposto a investir agressivamente. Esses movimentos davam um sentido importante aos negócios.

As primeiras telas

A segunda onda de transformação dos jornais, não só aqui como em todo o Ocidente, foi consequência da entrada da televisão. No Brasil, a estreia foi em 1950, com a TV Tupi de São Paulo e, em 1951, no Rio de Janeiro. Ao longo das duas décadas seguintes, canais de TV se espalharam por todo o país. Eram, assim como os jornais, todos canais locais e falavam com a população das grandes cidades. E por serem tão atraentes para o público, conforme seu alcance aumentava, foram sugando a verba publicitária que sustentava em cada metrópole pelo menos uma dezena de jornais. Com o dinheiro rareando nos mercados locais, não haveria mais espaço para tantos diários. Durante a década de 1960, um título após outro foi encontrando seu fim, um processo também acelerado após o AI-5, no final de 1968, que impôs uma censura generalizada.

Cidades muito grandes passaram a ter dois títulos fortes concorrentes, e alguns bem pequenos, como satélites. Em São Paulo, foram o *Estadão* e a *Folha de S.Paulo*. No Rio, os sobreviventes que se colocaram para disputar o espaço foram O GLOBO e o *Jornal do Brasil*. Assim como na Europa, nos Estados Unidos, no Canadá e no resto da América Latina, os jornais que sobreviveram à carnificina foram aqueles que conseguiram se manter atraentes. Páginas coloridas, fotografias vindas de fora, mas também modernização da linguagem e a capacidade de refletir, como um espelho, os valores do leitorado. Em 1965 foi inaugurada a TV Globo do Rio. A partir dos anos 1960, O GLOBO foi antecipando lentamente o horário de sua publicação e, em 1972, o jornal deixou definitivamente de ser publicado à tarde para assumir-se como matutino. Ambos os movimentos garantiram que o jornal fosse um dos sobreviventes.

Aquilo que consideramos jornalismo moderno, com valores como o de ouvir ambos os lados num debate, nasce desse período e é um fenômeno mais das Américas do que da Europa. Lá, como os países são menores, os jornais das capitais passaram a ter alcance nacional muito rápido e, assim, continuaram representantes de lados específicos do debate público. No Novo Mundo, embora a partir dos anos 1970 e 1980 a distribuição para outras metrópoles tenha se tornado possível, isso só ocorreu em pequena escala. Os títulos seguiram percebidos como representantes de suas cidades até o princípio do século XXI. Isso obrigou os jornais a falarem com públicos cada vez mais amplos, de classes distintas e, principalmente, com tendências políticas diferentes.

O resultado só poderia ser um: a crise que ceifou títulos. O último dos tradicionais, morto com o auxílio da ditadura, foi o *Correio da Manhã*, em 1974. A partir daí, o JB, que já era um jornal de elite, continuou falando com mais força principalmente com a Zona Sul do Rio. O GLOBO teve seu maior alcance no restante da cidade.

Isso mudou na última década do século por conta de dois movimentos. A partir dos anos 1990, primeiro o Plano Real e depois as políticas sociais dos quinze anos seguintes produziram a maior expansão da classe média na História do Brasil. No primeiro momento, essa classe média que ascendia viu na compra diária de um jornal um dos símbolos de seu novo status. Foi então que alguns diários alcançaram, nas principais metrópoles do país, tiragens que chegavam ao milhão de exemplares nas edições dominicais.

Foi nesse período que o JB enfrentou uma profunda crise de negócios e não conseguiu fôlego para aproveitar o tempo de fartura. O GLOBO viu-se, então, com um concorrente vindo do mundo dos jornais populares. Era O *Dia*, que, após uma injeção de capital, se sofisticou e preparou o bote para o ataque. A estratégia de defesa do GLOBO se deu por duas vias.

Desde o início da década, O GLOBO vinha se aproveitando da crise do concorrente tradicional para contratar algumas de suas principais estrelas. Isso permitiu ir aos poucos ganhando leitores do *Jornal do Brasil* e, enfim, se tornando dominante na Zona Sul, o último ambiente que lhe faltava. Simultaneamente, lançou o *Extra*, um título popular para disputar o espaço popular com O *Dia*. Ao forçar o novo rival a se defender na briga pelos olhos da nova classe média, impediu-o de lutar pelos leitores mais sofisticados. Esse reposicionamento final do GLOBO o prepararia para entrar no mundo da internet.

Esse período de briga entre os concorrentes se deu, também, por avanços tecnológicos. Em 1985, ao completar sessenta anos, O GLOBO incorporou um *mainframe* ao cotidiano da Redação. Não seria, ainda, a era de um computador pessoal para cada jornalista. A informatização chegou na forma de um grande computador central ao qual se ligavam terminais. Cada jornalista tinha acesso a um monitor e um teclado ligados a essa mesma máquina, e nela digitavam seus textos. Foi uma transformação gigante para todos, uma transformação cultural. Vinham, afinal, de gerações que identificavam a chegada à Redação pelo barulho do digitar nas máquinas de escrever, principalmente no final da tarde, quando o jornal começava a ser fechado. Aquele barulho sumiu, sendo lentamente substituído pelo teclar surdo dos computadores.

Dez anos depois, em 1995, os terminais do *mainframe* foram novamente substituídos, agora por computadores individuais para cada funcionário, com Windows. Foi nesse momento que também a composição das páginas, o desenho gráfico, a diagramação, passou a ser feita diretamente na tela. Em ambos os casos, foi um dos primeiros jornais brasileiros a implementar essas mudanças. Embora representassem uma mudança radical no cotidiano, elas traziam também agilidade. Fazer o jornal ficou paulatinamente mais simples, mais rápido.

E, para os repórteres e editores, isso queria dizer mais tempo para se pendurar ao telefone para ter uma última conversa, levantar uma última informação.

Aí vieram as segundas telas

Cora Rónai não queria ir para O GLOBO. Em 1991, com já duas décadas de carreira, tinha uma prestigiosa (e pioneira) coluna sobre computação pessoal no *Jornal do Brasil*, que lhe proporcionava o luxo, incomum à época, de trabalhar de casa. Fazia seus próprios horários, aproveitava as belas tardes cariocas, só ia à redação quando dava vontade. Escrevia como bem entendia. Trocar a Avenida Brasil pela Rua Irineu Marinho — maneira como nós, jornalistas, nos referíamos aos dois diários — seria, mais do que uma troca de endereço, uma mudança radical de estilo de vida. Contudo, Evandro Carlos de Andrade, talvez o mais importante diretor de Redação da história do GLOBO, insistia. Queria que ela criasse um caderno de "informática", palavra que, por um bom tempo, designou qualquer coisa relacionada a computadores. Ela poderia estabelecer os horários que bem entendesse, contratar quem quisesse, escrever como achasse melhor: o que ele queria era um caderno pronto no dia do fechamento, só isso. O desafio acabou sendo tentador demais para deixar passar.

"Informáticaetc." foi publicado pela primeira vez na segunda-feira, 4 de março de 1991, menos de um mês depois da conversa entre Cora e Evandro. Era um troço diferente de tudo o que havia na imprensa brasileira, não só pelo tema. Cora usou a carta branca que recebera para montar um time eclético. Ela e a subeditora, Cristina De Luca, eram jornalistas que entendiam um bocado de computadores. Os outros jornalistas do time, porém, não eram "micreiros", não conheciam o jargão, não compreendiam os conceitos. Para equilibrar o jogo, vieram nomes que acabaram fazendo história na área, como B. Piropo e Carlos Alberto Teixeira (o CAT). Estes, sim, conheciam a "informática", mas escrever para jornal jamais havia sido ofício de ninguém ali. Cora e Cris precisaram, por um bom tempo, ler elas próprias cada linha publicada de um caderno que tinha muitas, muitas páginas. Afinal, ninguém além das duas conhecia tanto texto quanto o assunto. O resultado foi um produto jornalístico de uma informalidade como a imprensa não tinha visto ainda. O tom era coloquial, conversado. O caderno era autorreferente — tratava de si próprio o tempo todo, e pelo diminutivo. Era o *caderninho*. E isso criou um clima de familiaridade e intimidade entre os leitores e quem escrevia. É como se antecipasse o que viria a se transformar o jornalismo nos tempos da internet.

O "Informáticaetc." foi também, principalmente na década de 1990, relevante jornalisticamente. Teve acesso aos principais nomes do Vale do Silício. Entrevistou o jovem Bill Gates. Esteve com Steve Jobs no período fora da Apple e, depois, quando ele voltou. Entrevistou Andy Grove, o homem-chave da Intel. Comprou também brigas relevantes para o Brasil. Como foi lançado ainda no período da reserva de mercado, quando os impostos para importação de computadores eram altíssimos, o *caderninho* brigou. Denunciou. Parte do que atrasava o Brasil tecnologicamente era a insistência, pelo regime militar e depois pelo governo José Sarney, de criar uma indústria local de fabricação de computadores às custas de tornar impossível a aquisição de máquinas estrangeiras. Como de praxe com políticas de reserva de mercado, uma indústria brasileira de qualidade nunca se formou. O custo foi que o país se informatizou tardiamente.

O "Informáticaetc." respondia a um interesse crescente de leitores pelo tema, mas não só isso. Atendia também, fundamentalmente, a uma estratégia comercial óbvia. Os vendedores de anúncios do jornal percebiam uma crescente busca por lojistas da área por espaço em classificados. A existência de um caderno específico abria páginas o suficiente para esses anúncios, ao mesmo tempo que atraía os leitores mais interessados. A agilidade do GLOBO em ir atrás desse dinheiro novo foi mais um golpe no JB. Nos anos seguintes, a crise só se agravaria.

A internet

Os jornais foram entrando na internet, na segunda metade da década de 1990, sem lá muita intenção. Era, principalmente, uma jogada de marketing. Raros percebiam na rede uma estratégia de negócios. Claro: talvez, no futuro, aquela fosse uma das fontes relevantes de renda. Mas, em meados dos anos 1990, com os jornais batendo recordes de tiragem, era quase inimaginável a ideia de que um dia os impressos pudessem perder sua relevância. Bem o contrário: eles engordavam, ganhavam mais suplementos, eram vendidos com fascículos de Atlas ou enciclopédias, edições de clássicos da literatura, CDs ou DVDs, cupons que poderiam ser trocados por toda sorte de produtos, de panelas a agendas eletrônicas. Jornais eram um grande negócio. Estar na internet, ter sites, isso era pura sinalização: um dizer que estavam atentos ao mundo digital. Eram, afinal, modernos. E não foi apenas por miopia, por deixar de perceber como a rede se tornaria dominante no planeta. Os jornais em todo o mundo estavam, no fim das contas, seguindo o mapa que o próprio Vale do Silício esboçou.

As *startups* que deram início à internet comercial, a partir de 1994, tinham por missão resolver um problema: trazer gente para aquele ambiente digital. Naquele mundo, telefones celulares estavam apenas começando a ser usados. No Brasil, por exemplo, as primeiras linhas foram instaladas no Rio de Janeiro, em 1992, para a Conferência Mundial do Meio Ambiente. Aliás, o mesmo ocorreu com a rede — o primeiro provedor de acesso fora das universidades, no país, foi instalado pela ONG Ibase para atender o mesmo público que incluía a maior reunião de chefes de Estado jamais ocorrida até ali. Os computadores pessoais já haviam se tornado comuns nos escritórios, mas ainda começavam a aparecer nas casas das pessoas. Ficar on-line exigia uma configuração razoavelmente complicada em máquinas precárias. Além disso, era necessário comprar um modem para conexão com a rede via linha telefônica. E, no fim, não era lá muito grande a World Wide Web, a coleção de páginas para ler on-line. Em geral, páginas pouco atraentes e quase sempre feitas por amadores entusiasmados.

Naquele ambiente com muito pisca-pisca e cores caóticas por todo lado da web inicial, era difícil convencer alguém a pagar por qualquer assinatura de conteúdo. Essa cultura não existia. Até ali, pagava-se quase sempre por coisas. Ao comprar um disco, levávamos um objeto para casa. Ao comprar um jornal, uma revista, idem. Havia outros modelos de negócio para conteúdo, evidentemente. Naquele tempo da internet inicial, estávamos terminando de trocar a mídia de vídeo preferencial, fitas em VHS, por discos digitais, os DVDs. Raramente comprávamos filmes. Nós os alugávamos em lojas de bairro primeiro, grandes cadeias depois. Ir à locadora de vídeos na sexta-feira era um programa familiar para o fim de semana. Já existia, incipiente, o negócio da TV a cabo para a qual pagávamos uma assinatura. Só que, ainda assim, havia objetos físicos ali no meio da transação. Um técnico precisava ir à casa do assinante, instalar muitos metros de cabo e conectá-lo à televisão através de uma misteriosa caixa preta com pequenas luzes enfileiradas. E, ora, a TV a cabo oferecia benefícios evidentes, canais com filmes o tempo todo, canais de notícias e de esportes, uma programação infinita que os quatro ou cinco canais de TV aberta não conseguiam bater. A internet não tinha nada, era confusa. Atraente para um público jovem e um público fissurado, os leitores do *caderninho*, mas não muito mais.

Era inevitável que o conteúdo na internet fosse percebido como de pouco valor. Pagava-se o preço da linha telefônica, uns anos depois, o da banda larga. E só. O resto tinha de ser de graça. *Information wants to be free* era o mote que emanava do Vale do Silício. A informação quer ser livre. Ou gratuita.

No dia 29 de julho, em 1996, foi posto no ar O GLOBO_On. O jornal completava assim seu aniversário de 71 anos abrindo sua página pela primeira vez para aquele um milhão de usuários que navegavam pela rede brasileira. Em essência, o número de habitantes no Rio quando O GLOBO nasceu. Seu conteúdo digital, atualizado pelos repórteres da Agência O GLOBO ao longo do dia, não tinha ainda a urgência de hoje. Mas foi um embrião. Dois anos depois, o site ganhou equipe própria e, em 1999, passou a ser atualizado 24h por dia. Quando o novo século entrou, o site já recebia 20 milhões de pessoas todos os meses.

A virada

Na manhã de 13 de agosto de 2014, cheguei à Redação do GLOBO cedo, pouco antes das 7h. Esse era o horário em que, como editor-executivo, me reunia com os editores do jornal para definir que histórias cobriríamos naquele dia. Sentávamo-nos, todos, ao redor de uma grande mesa de madeira redonda que havia pertencido a Roberto Marinho. A rotina era nova. Até poucos meses antes, o momento mais nobre na rotina do jornal se dava no final do dia, às 17h. Era quando aqueles mesmos editores se reuniam para definir, de tudo o que os repórteres haviam coberto durante a manhã e à tarde, o que estaria na primeira página do jornal com outro editor-executivo. Ali, definiam juntos a manchete. Só que o jornal impresso havia deixado de ser, estrategicamente, o mais importante. Pois O GLOBO decidiu ser o primeiro grande jornal do país a transformar de maneira radical seu jeito de trabalhar. Os editores de "Política", "Economia", "Cidades", "Segundo Caderno", "Esportes" e dos suplementos, todos passaram a compreender que seu trabalho mais importante não era mais produzir um maço de papéis para vender nas bancas. Era alimentar o site por onde a vasta maioria dos assinantes se informava desde cedo pela manhã até o fim da noite.

A reunião de pauta, o novo momento mais nobre do dia, ainda estava acontecendo quando apareceu a notícia de que um helicóptero havia caído no litoral paulista. Deslocamos um repórter da sucursal, mas aquilo não parecia notícia grande. Já havíamos nos levantado da mesa, cada um indo tocar suas tarefas, quando uma das editoras me chamou discretamente. "Parece que não era helicóptero, era avião. E está circulando que Eduardo Campos estava nele." O político tinha 49 anos, era candidato à Presidência pelo PSB e crescia nas pesquisas. Já era percebido como um dos nomes com chances de chegar ao Planalto. Na véspera, dera uma entrevista de grande sucesso ao *Jornal Nacional*.

Nós, jornalistas, tínhamos um problema difícil nas mãos. Um problema novo e, no entanto, não tão diferente assim daquele que Roberto Marinho teve no distante 1930: dependemos da tecnologia para informar a sociedade. A decisão editorial se submete, naturalmente, às ferramentas. Em cada momento, a tecnologia impõe um jeito de informar. Traz limitações, mas também abre possibilidades. Em 1930, O GLOBO circulava em edições vespertinas, tiradas de hora em hora, jornais distribuídos por meninos circulando pelas ruas do Centro da velha capital, o Rio de Janeiro. Em 2014, o coração do GLOBO havia se tornado um site e falava com uma audiência nacional. Atualizado a cada minuto.

O jornalista Roberto Marinho precisava de uma confirmação: Washington Luís não era mais presidente. E precisava demonstrar isso de alguma forma — a fotografia dele deixando o Palácio Guanabara preso. Nós, seus descendentes, sentados à sua mesa e tocando o mesmo jornal quase um século depois, precisávamos também de uma confirmação. Um possível presidente estava num avião que caiu. E precisávamos demonstrar isso de alguma forma. A demonstração para Roberto Marinho, lá atrás, veio com uma fotografia. Ele tinha a imagem que ninguém tinha. A nossa confirmação chegou pelas redes sociais. Quando no Twitter (hoje, X) políticos e assessores do PSB começaram a se manifestar publicamente implorando para que Eduardo Campos desse algum sinal de vida, aquilo nos bastou. Nem eles, seus assessores mais próximos, conseguiam encontrá-lo. Podíamos mostrar isso: políticos do PSB acreditam que seu candidato morreu.

Por um par de horas, nenhum daqueles assessores confirmou que Eduardo Campos estava no avião. Eles tinham esperanças. Sim, estava programado que ele tomaria o jatinho para ações de campanha no litoral paulista. Mas podia ter decidido não pegar o voo — pelo menos outros dois que viajariam, desistiram. Campos podia ter mexido na agenda para uma visita pessoal qualquer. Cada jornal brasileiro, naquela manhã, teve de conviver por um tempo com a informação de que o ex-ministro e ex-governador estava possivelmente morto. Todos queriam ser o primeiro a informar, mostrando para os leitores capacidade de precisão e agilidade. Ninguém, por isso mesmo, queria noticiar errado.

O GLOBO deu a notícia primeiro porque havia trazido logo cedo seus editores e, com eles, ampliou a capacidade de tomar decisões editoriais rápidas.

Os novos desafios

Mas chegar a esse ponto foi um processo lento. Quando entrou o século XXI, uma angústia tomou as grandes redações do mundo. A partir dos ataques de 11 de setembro de 2001 aos Estados Unidos, ficou claro que a internet seguiria crescendo rápido e logo se tornaria a principal fonte de informação do planeta. Mas isso impunha um problema essencial: como sustentar o negócio on-line? Jornais são físicos, são coisas vendidas em lugares específicos que ficam em cada esquina. Jornais eram dos raros veículos para dar publicidade a novos produtos e marcas. A internet virou isso de cabeça para baixo.

O problema não é difícil de explicar. Antes de haver internet, o custo de levar informação para longe e para muita gente era (e é) alto. É preciso ter uma gráfica ou uma produtora de programas de rádio, TV. O custo para distribuir é ainda maior. Muitos caminhões, acertos complicados com as capatazias que controlam as bancas de jornal de cada região e um sistema paralelo de grandes times que entregam a edição cedo para assinantes, de moto ou bicicleta.

Se era (e ainda é) complicado para os impressos, as torres de retransmissão de rádio e TV não bastavam para o áudio e vídeo. Como as ondas de rádio são um recurso finito, não há espaço para muitos canais ou estações. Ou seja, são concessões públicas que exigem inúmeras condições para serem oferecidas. Muito jornal tradicional quebrou, ou chegou bem perto de quebrar, quando não conseguiu espaço no ar para criar sua TV. Aí veio a internet e jogou no chão o custo de produzir e distribuir informação. O modelo de negócios da imprensa se baseava na escassez. Se alguém queria levar longe sua propaganda, tinha poucas opções. Com a internet, isso mudou. E foi rápido.

A primeira solução para ganhar dinheiro, criada pelo site da revista americana *Wired*, veio nos banners publicitários. Internet, talvez, tivesse a vocação de ser como televisão aberta. De graça, financiada pelos anunciantes. Só que a esperança não durou muito. Em junho de 2003, o Google pôs no ar um sistema baratíssimo de propaganda on-line. O jovem site de buscas era, já, o centro da internet mundial. Todos precisavam passar por ele para encontrar o que fosse. E não só. Para quem tinha sites pessoais, e esse é o momento no qual blogs começavam a se popularizar rapidamente, encaixar os reclames do Google em suas páginas e ganhar alguns centavos por clique era muito simples. O sistema de AdSense era tão barato e tão eficiente que sugou a verba publicitária da rede. Quando, em 2007, o Facebook entrou com sua máquina de propaganda num modelo construído pela mesma executiva que havia sido responsável pelo sistema do Google, as duas companhias sugaram bem mais do que a metade de todo o dinheiro de marketing digital.

Antes de a primeira década do século terminar, os impressos estavam entrando numa crise profunda. Google e Facebook formaram um monopólio para distribuição de propaganda na internet. Não bastasse, jogaram no chão o valor da publicidade. Jornais espalhados pelo mundo perderam anunciantes e diminuíram suas tiragens. As gerações que alcançaram seus vinte anos a partir dos anos 2000 deixaram de criar o hábito de assinar um jornal, coisa que fazia parte dos marcos de chegada à vida adulta no Ocidente. E, enquanto isso ocorria, seus sites não eram, ainda, capazes de sustentar grandes redações. "Estamos trocando o que vendíamos em dólares por algo que, agora, vendemos por centavos." Foi essa a frase que gestores do negócio da comunicação passaram os anos 2000 dizendo. O período de muito dinheiro dos anos 1990 não só acabou rápido como foi substituído por um de cortes profundos. Quando os anos 2010 chegaram, as grandes redações brasileiras começaram a demitir. Cortaram na carne. No GLOBO, os cortes foram feitos de maneira a preservar pelo menos duas editorias: "Política" e "Economia". Ali estava o coração do que o jornal entregava. Onde ele podia fazer mais diferença na vida nacional.

É sempre igual: a internet provocou o mesmo movimento que a entrada das TVs, décadas antes, sugando a verba publicitária. Desta vez, não foram alguns jornais que morreram, restringindo os mercados urbanos a poucos títulos. Foi pior. Naqueles anos, morreram, primeiro, as revistas mensais. Depois, as semanais se tornaram moribundas. Simultaneamente, os jornais locais, aqueles das cidades de médio porte, emagreceram — e aí, igualmente, fecharam as portas. Formaram-se, em todos os países do Ocidente, bolsões de desertos de notícias. Cidades inteiras, muitas vezes importantes, sem cobertura jornalística. Esse problema persiste. Nesse processo de crise, os jornais americanos e ingleses enxergaram uma zona de escape: mergulharam num processo de internacionalização. Encontraram audiência num mundo anglofalante. No Brasil, os títulos das grandes capitais seguiram uma fórmula similar: se nacionalizaram. E todos sacrificaram a cobertura local.

O GLOBO jamais parou. A cultura implantada por Roberto Marinho, de perseguir sempre a tecnologia do momento mesmo sem clareza de qual o destino exato a seguir, estava lá. Em 2006, foi para o ar uma versão digital do impresso. Era possível ler o mesmo jornal vendido nas bancas, virando suas páginas e tudo, na tela do computador. Aí, em 2007, o site foi adaptado para os smartphones que se popularizariam. Em 2009, atento ao aquecimento das redes sociais e de uma internet que se mostrava cada vez mais interativa, chegou o app EU Repórter, que permitia aos leitores mandarem fotos e notícias para o jornal. Dali saíram alguns bons furos sobre a cidade do Rio.

Quando a Apple lançou o iPad, em 2010, acendeu uma luz de esperança. Porque a Apple, diferentemente de outras companhias do Vale, já vinha buscando criar outros modelos de negócio digital para conteúdo. Cedo botou uma loja de venda de músicas digitais que estancou a sangria nas gravadoras, em crise pela perda do negócio da venda de discos de vinil, CDs e cassetes. Se o tablet colasse, aquele aparelho poderia criar um espaço para produtos jornalísticos escritos, diagramados com qualidade gráfica, e que poderiam ser vendidos por assinatura. Em 2012, o jornal arriscou lançando O GLOBO *A Mais*, um vespertino. Sim, o digital trazia O GLOBO de volta às tardes — e a escolha do horário não foi acidental. Foi, pelo contrário, uma homenagem. Era uma revista elegante e sofisticada, que misturava recursos multimídia com bom texto, e que encerrava o dia do leitor. Foi um sucesso. Quem lia O GLOBO *A Mais* ficava três vezes mais tempo imerso no conteúdo do que qualquer outro leitor de jornalismo digital. O iPad realmente estimulava a leitura. E, por um tempo, o caminho pareceu estar lá.

Só que o público era pequeno e jamais cresceu. Os anos 2010 não foram dos tablets. Foram das redes sociais, seu dinamismo, o conteúdo curto. No mesmo ano de 2012, Facebook e Twitter implementaram seus algoritmos de recomendação, um dos primeiros contatos que tivemos com inteligência artificial. Algoritmos capazes de botar, na frente de cada pessoa, aquele conteúdo que lança jorros de dopamina e enche nossos cérebros de satisfação. Uma satisfação quase sempre compulsiva e divisível. A partir de 2012, as democracias começaram a se dividir em grupos que se odeiam. Quando TikTok e Instagram assumiram as rédeas dessa briga, a cama já estava armada.

Para os jornais, a solução foi implementar os *paywalls*. Alguns artigos de acesso aberto, mas depois disso só quem lê são os assinantes. A cultura de assinar conteúdo digital, hoje, está estabelecida. Os serviços de streaming ajudaram muito nisso. Houve muitos pioneiros que não conseguiram se criar — o primeiríssimo foi a Real, em 2000. Streamings só começaram a fazer sentido quando a penetração de acesso à internet por banda larga residencial ganhou corpo. A faixa de 30% dos domicílios com internet rápida chegou, nos Estados Unidos, em 2008. No Brasil, em 2012. A Netflix lançou seu serviço de distribuição de cinema e séries on-line em 2007, e o Spotify foi para o ar, na Suécia, em 2008. As redes de celular 4G, que levaram banda larga aos smartphones, contribuíram para esse avanço. No Brasil, veio em 2014. Poder levar internet rápida no bolso, com essa cultura de informação digital de qualidade estabelecida, salvou os jornais. As pessoas deixaram de achar incompatível pagar pelo que é diferenciado. Em 2016, O GLOBO chegou a 150 mil assinantes digitais contra 163 mil no papel. No ano seguinte, as duas curvas se cruzariam para nunca mais se reencontrarem.

Os jornais mudaram, claro. Quem entra hoje no site do GLOBO vê informação chegando rapidamente. Se algo aconteceu no Rio, no Brasil ou no mundo, que tenha relevância, estará lá. Chega primeiro um parágrafo curto com a informação essencial, e a equipe de jornalistas profissionais vai dando corpo, detalhes, contexto. A matéria nasce perante os olhos do leitor, com precisão e com agilidade, e também pode ganhar o papel em nova versão. Mas é, também, o tipo de conteúdo que todos têm.

Melhor do que os outros jornais, O GLOBO compreendeu cedo que, para o modelo de assinatura vingar, era preciso oferecer algo exclusivo. São os colunistas que estão no centro da estratégia atual, tanto no impresso quanto no site. Alguns dão notícia que ninguém mais tem, em geral com notas curtas. Outros oferecem análise. É mais do que mera opinião: é um juntar das peças espalhadas pelo noticiário, é informação de contexto que ajuda a compreender o que é importante e o que não é. A qualidade do time de colunistas montado tornou O GLOBO talvez o jornal com maior capacidade de se sustentar financeiramente mesmo dentre os grandes. O "talvez" é por um motivo simples: os dados necessários para fazer a conta não são públicos. Ao menos, não todos. Mas quem compara valor da assinatura com número de assinantes percebe qual, dentre os principais concorrentes, se estabeleceu sobre pilares mais fortes.

Os desafios não acabaram. O Brasil, como o mundo, vive uma pandemia de desinformação. Com ela, veio a polarização afetiva na política, quando países racham em duas partes mais ou menos iguais e incapazes de se entender. O fenômeno parece um só, mas não é. São dois, distintos e complementares. As pessoas não se entendem, em grande parte, porque se informam cada vez mais em ambientes diferentes. Escolhem os perfis das redes sociais que seguem e optam por veículos que selecionam notícias e as analisam com o objetivo de reafirmar um mesmo ponto de vista. É como se os veículos à esquerda e à direita retratassem, todos os dias, um país completamente diferente para seus leitores.

O desafio do GLOBO é, usando a tecnologia, buscar uma nova linguagem jornalística. Uma que fure as bolhas. Que atraia. A foto de Washington Luís oferece as duas coisas. Era atraente. Atendia ao interesse de ver o que há de humano, o que há de impacto pessoal no rosto do presidente que ia embora. Era, igualmente, notícia. Informação que mudava a vida do país.

Os próximos passos já começaram. Dão mostras desse caminho, por exemplo, no Projeto Irineu, lançado em 2024: incorporar ao cotidiano de jornalistas e leitores sistemas de inteligência artificial. Modelos que resumem notícias ou as traduzem para outras línguas, facilitando a leitura para mais públicos. E não é só isso, claro. O GLOBO já não é mais só texto há algum tempo. Vídeos, podcasts, calculadoras (que ajudam o leitor em serviços essenciais, indo do Imposto de Renda ao INSS, da pontuação de concursos ao lugar na fila de vacinas), tudo faz parte dessas ferramentas para contar histórias de novas maneiras.

Pois o jornalismo, o melhor jornalismo, segue acontecendo ali, no encontro entre uma história que dá sentido à vida das pessoas com a tecnologia que torna possível àquela história chegar ao seu público. Ele, o jornalismo, não mudou em nada.

Pedro Doria é diretor de jornalismo do Meio, colunista do GLOBO e da CBN. Foi editor-executivo do jornal entre 2011 e 2015. É autor de oito livros, entre eles, *Tenentes: a guerra civil brasileira* e *Fascismo à brasileira*.

Os amigos das colunas

Ancelmo Gois

> *Enquanto a plebe rude na cidade dorme*
> *Eu ando com Jacinto, que também é de Thormes*
> *Terezas e Dolores, falam bem de mim*
> *Eu sou até citado na coluna do Ibrahim*
>
> "Café Society", Miguel Gustavo

A imprensa nasceu junto com as colunas dedicadas a registrar nascimentos, batizados, casamentos, enterros e outras efemérides do gênero, quase sempre do pessoal do andar de cima. Com O GLOBO não foi diferente. A primeira edição do então vespertino circulou no dia 29 de julho de 1925 trazendo a coluna "O GLOBO em Sociedade" e, com ela, estas notinhas:

"Fazem anos hoje: o sr. Lucillo Bueno, ministro do Brasil, em Copenhague, dr. Dario Ferreira Pinto, intendente municipal, e Helio Pereira de Queiroz, filho do sr. Elpidio Pereira de Queiroz, capitalista em São Paulo."

"Dr. Tude de Lima Rocha, advogado no nosso foro, contractou casamento com a senhorita Isaura Godoy, filha do sr. Joaquim Godoy, corretor de fundos públicos."

"Acha-se enriquecido o lar do sr. Waldemar Pessoa de Barros, comerciante em Quatis de Barra Mansa, e exma. esposa, d. Maria da Gloria Barros, com o nascimento de sua filhinha Dulce."

"No Cemitério de S. João Baptista, foi sepultada hoje a exma. sra. d. Emilia Nora Branco, progenitora das senhoras Georgia Branco Brício, Julia Branco de Bello e Alfredo Euclydes de Carvalho."

Ao longo de um século, o colunismo social sofreu grandes transformações no GLOBO. Do registro de aniversário do ministro Lucillo Bueno (1886-1928), que, além de diplomata, foi poeta e autor de vários livros, o jornal, hoje, fez opção preferencial por um colunismo voltado para notas relevantes sobre política, economia, negócios, esporte e cultura. É o caso da coluna do jornalista Lauro Jardim.

Lauro foi responsável pela divulgação, que abalou a República, de trechos de depoimentos e áudios das delações dos irmãos proprietários da JBS, Joesley e Wesley Batista. É dele também a notícia de que Lula queria colocar Guido Mantega, ex-ministro da Fazenda no governo Dilma Rousseff, na presidência da Vale. Também antecipou que a Rede D'Or ia comprar a centenária SulAmérica de Seguros e que o show da Madonna na Praia de Copacabana estava confirmado e deveria ser o maior de sua carreira.

Um pouco de história

Nos anos 1930 do século passado, os Estados Unidos eram varridos por um furacão chamado Walter Winchell (1897-1972), considerado o inventor do colunismo social moderno e, no seu tempo, para muitos foi o homem mais poderoso da América. Ele rompeu com um tabu: acabou com uma espécie de dogma na imprensa americana até então — a preservação da vida privada de pessoas públicas, sejam políticos, artistas ou mesmo empresários. Para ele, não tinha esse negócio de que a privacidade dos poderosos deveria ser preservada.

Antes dele, o noticiário "social" dos jornais e rádios trazia, quase sempre, retratos cor-de-rosa de personalidades, muitas vezes num tom bajulador. Os jornalistas também temiam se indispor com os poderosos. A coluna de Winchell chegou a ser distribuída em cerca de 2 mil jornais, além do rádio. Ele caiu em decadência na década de 1950, quando apoiou as atividades do senador Joseph McCarthy, que, a pretexto de combater o comunismo, perseguia políticos e artistas, entre outros. No seu enterro, somente a filha compareceu.

Por aqui é difícil saber quem começou com o gênero jornalístico de coluna social. O querido Ruy Castro foi ousado. Para ele, o primeiro colunista social do Brasil foi João do Rio (1881-1921), o fabuloso jornalista, cronista, contista, romancista, tradutor e teatrólogo. Aliás, João do Rio e Irineu Marinho (1876-1925), fundador do GLOBO, foram amigos e trabalharam juntos na *Gazeta de Notícias*.

Louve-se ainda aqui o *Diário Carioca*, que introduziu, na década de 1940, várias novidades no jornalismo, como o lead e o sublead. E também um estilo de colunismo social, por assim dizer, moderno. Foi nessa época que surgiu a coluna "Jacinto de Thormes". Por trás desse pseudônimo — nome de um personagem do romance *A cidade e as serras*, de Eça de Queirós — estava o jornalista Maneco Muller (1923-2005), que misturava crônicas com notas do colunismo social tradicional. A sua lista das "dez mulheres mais elegantes" era aguardada com grande ansiedade.

A década de 1950 ficou conhecida como a dos "anos dourados", devido às grandes transformações ocorridas no Brasil e no mundo. Na política, o governo Juscelino Kubitschek (1956-1961), com seu projeto desenvolvimentista, injetou grande otimismo na sociedade brasileira. Na economia, surge a indústria automobilística e nasce a Petrobras (criada ainda no governo Vargas, em 1953). O então magnata da imprensa Assis Chateaubriand (1892-1968) inaugura em São Paulo a TV Tupi, a primeira no Brasil. Nasce o rock n'roll nos Estados Unidos e, no Brasil, no final da década, surge a Bossa Nova pelas mãos, entre outros, de João Gilberto.

Foi nesse caldo de cultura, com o país otimista, que Ibrahim Sued começou, mais exatamente em 1954, a fazer uma coluna social no GLOBO. Antes, fez parte, na década de 1940 e começo da de 1950, do "Clube dos

Cafajestes". Era uma turma animada, irreverente, que, ao contrário do jornalista, nascera em famílias abastadas e de classe média alta.

O Clube era uma verdadeira instituição da boemia carioca. Entre os membros, além de Ibrahim, estavam o comandante Eduardo Martins de Oliveira; o famoso playboy e milionário Mariozinho de Oliveira; um integrante da família imperial brasileira, Dom João de Orleans e Bragança; o industrial Francisco Matarazzo Pignatari; o produtor de cinema e dono do Canal 100, Carlos Niemeyer; e o jogador Heleno de Freitas.

Ibrahim Sued não era "Turco", seu apelido entre os mais chegados, e sim filho de imigrantes pobres, libaneses, do bairro de Botafogo, embora tenha sido criado na Tijuca e em Vila Isabel. Na escola, foi até o curso ginasial. Sua estrela começou a brilhar com intensidade com apenas 22 anos, fazendo freelance de fotografia. Em 1946, ao cobrir a visita ao Brasil do então comandante das tropas aliadas na Segunda Guerra Mundial (1939-1945), general Dwight D. Eisenhower, fez uma fotografia em que o político baiano Otávio Mangabeira, avô do filósofo e ex-ministro Roberto Mangabeira Unger, parecia beijar a mão do americano. Um prato cheio para os nacionalistas que protestavam contra o "servilismo" brasileiro em relação aos Estados Unidos. Antes de começar sua rica trajetória de colunista social no GLOBO, Ibrahim trabalhou na revista *Diretrizes*, na *Tribuna da Imprensa* e no jornal *Vanguarda*.

Divulgar notícias, se possível em primeira mão, foi o que o "Turco" fez nos 41 anos de coluna no GLOBO, o que se encerrou com sua morte em 1995. Ele contou com alguns repórteres brilhantes em sua equipe. Basta dizer que Elio Gaspari e Ricardo Boechat (1952-2019), dois dos maiores jornalistas brasileiros, integravam no começo de suas carreiras a equipe do colunista.

Foi a coluna do Ibrahim que primeiro noticiou, em plena ditadura militar, que o general Emílio Garrastazu Médici seria o próximo presidente e que o general Costa e Silva havia sofrido um derrame. Noticiou, antes de todo mundo, que uma doença, futuramente conhecida como Aids, estava atingindo homossexuais. "Furou" a imprensa, inclusive o próprio O GLOBO, ao anunciar que o economista Delfim Netto iria para o Ministério da Fazenda durante o governo Costa e Silva, informação relevante numa época em que a ditadura podia tudo, inclusive na economia. Essas notícias eram precedidas pela expressão "Bomba! Bomba! Bomba!".

Entre 1966 e 1974, o jornalista foi também para a TV com o programa *Ibrahim Sued Repórter*. Depois, entre 1976 e 1981, ganhou um quadro no *Fantástico*, onde entrevistou nomes como o pintor Di Cavalcanti, o ator italiano Marcello Mastroianni, o playboy Chiquinho Scarpa e a cantora Aracy de Almeida.

Na TV, o colunista fez uma reportagem embaraçosa na Academia Brasileira de Letras (ABL). Ele perguntou a um grupo de imortais: "O senhor é contra ou a favor do ingresso de mulheres na ABL?". A instituição fundada em 1897, como se sabe, manteve-se contra a presença feminina até aquele ano de 1976. Em 1977, Rachel de Queiroz (1910-2003), autora de *O quinze*, foi a primeira mulher a ingressar na ABL.

Embora circulasse com desenvoltura junto ao pessoal do andar de cima, Ibrahim era muito popular, a ponto de ser aplaudido pelo povão na Marquês de Sapucaí no Carnaval de 1985. Nesse ano, ele foi tema ("Ibrahim, de leve eu chego lá") do samba-enredo da Acadêmicos de Santa Cruz, composto por Zé de Angola e Grajaú. Um trecho: "Na sociedade quem sabe, sabe/ Quem não sabe, quer saber/ Desse gigante nobre/ Filho de imigrante pobre/ Que lutou pra vencer/ Ademã, doa a quem doer/ Só merece a voz do povo/ Quem já fez por merecer".

Também fez sucesso na voz de Marlene, no Carnaval de 1956, uma marchinha de Miguel Gustavo — o compositor da música "Pra frente Brasil" — dedicada ao jornalista. Um trecho: "Ô Ibrahim/ Piu, piu!/ Ô Ibrahim/ Piu, piu!/ Ô Ibrahim/ Bota o meu nome no jornal/ Eu quero ser também metido a 'gente de bem'/ Dependurado na coluna social". Na verdade, quase uma dezena de músicas celebrou o jornalista.

Mas o que caiu no gosto popular foram os bordões do colunista. Alguns ficaram bem famosos, como "Ademã, que eu vou em frente" ou "Sorry, periferia". Por ocasião da sua morte, em 1995, O GLOBO fez um levantamento completo desses bordões recolhidos. Veja só:

Ademã, que eu vou em frente — Saudação final nos programas de TV
Bola Branca! — Exclamação de agrado
Bola pra frente — Ir em frente
Bola preta! — Desagrado

Bomba! Bomba! Bomba! — Furo de reportagem
Bonecas e deslumbradas — Quase sempre mulheres lindas e bem--nascidas
Café society — Grã-finagem
Cavalo não desce escada — Alerta, aviso para se tomar cuidado
Caixa alta — Sujeito com grana
Caixa baixa — Sujeito metido a rico
Os cães ladram e a caravana passa — Provérbio árabe
Cocadinha — Nome que dava às moças bonitas mais jovens
Dama de preto — Mulher antipática
De leve — Ir com calma
Depois eu conto — Suspense
Domingo, dia de pernas de fora — Dia de estar à vontade
Ela passou e deu aquele alô — Mulher linda e simpática
Em sociedade tudo se sabe — Estar por dentro das coisas na alta-roda
Fio especial — Fonte de informação confidencial
Geladeira (ficar na) — Não ser citado por Ibrahim
Gigi, eu chego lá — Exclamação de otimismo
Locomotiva — Pessoa que comanda um grupo
Maracujá de gaveta — Mulher velha, enrugada
Níver — Aniversário
Pé no jato! — Viagem
Pantera — Mulher linda
Pão com cocada (geração) — Juventude dourada
Periferia — Aqueles que estão por fora da sociedade; os não colunáveis
Rebu — Confusão
Sábado, dia de saias curtas — Dia de roupas informais
Sorry, periferia — Confirmação de um furo, usada para chatear os concorrentes

Ibrahim morreu no dia 2 de outubro de 1995. Ele tinha deixado a coluna pronta quando sofreu um enfarte agudo do miocárdio. A coluna daquele dia trazia o seguinte pensamento: "Sorria, sorria, três vezes por dia. Quarenta e dois anos de colunismo e otimismo. Até pra semana, tá?".

O GLOBO prestou uma grande homenagem ao seu colunista, a partir da manchete que dizia "Ademã, Ibrahim". Ainda a primeira página trazia um artigo de Roberto Marinho, com o título "Um otimista", despedindo-se do amigo: "Ibrahim Sued era chamado de colunista social, mas os seus colegas de profissão, como eu, que o conheço há quase meio século, sabem o quanto essa definição é pobre, imprecisa". Para Marinho, Ibrahim realmente era, e nessa condição conquistou um lugar entre os melhores de seu tempo, um repórter. "Nele se juntavam as qualidades essenciais do cavador de notícias: curiosidade permanente, extraordinária audácia e uma noção, que nele era quase instintiva, mas não menos poderosa por isso, da importância da livre circulação da informação numa sociedade." E arremata: "Ibrahim criou o moderno colunismo".

Aqui, os depoimentos dos dois notáveis alunos da Escola Ibrahim:

Ricardo Boechat, em depoimento para o projeto Memória GLOBO, diz que seu mestre "foi o maior fenômeno da imprensa brasileira fora da TV e da internet de todos os tempos. Ele era muito exigente, ele queria que os repórteres dele fossem capazes de entrar em qualquer ambiente, de furar qualquer bloqueio, de chegar às fontes primárias, fossem quais fossem. Eu entrei pra cobrir férias e fiquei quase catorze anos".

Já Elio Gaspari, na apresentação do livro *Em sociedade tudo se sabe* (Editora Rocco), organizado por Isabel Sued, filha do colunista, diz que "havia festa com ou sem Ibrahim. Seguindo a metamorfose iniciada por Walter Winchell nos Estados Unidos, adicionou à crônica da boa vida do andar de cima a agenda dos negócios e das tramas políticas. Conseguiu isso trabalhando duro".

Coluna de Carlos Swann

Em 1963, Ibrahim Sued se desentendeu com O GLOBO e foi por um tempo para o *Diário de Notícias*. O fato aconteceu num sábado. No dia seguinte, o jornal convocou às pressas o editorialista Álvaro Americano (1927-1984) para a tarefa de criar, a toque de caixa, uma nova coluna no primeiro caderno. Na segunda-feira, 20 de maio de 1963, estreou a coluna "Carlos Swann", nome fictício que remete a um personagem do francês Marcel Proust, em sua monumental obra *Em busca do tempo perdido*.

Álvaro Americano ficou na coluna pouco mais de dois anos. Ele continuava fazendo editoriais. Foi nessa época que ele abrigou no Swann um jovem repórter da então editoria "Geral" — que chegou a fazer uma matéria sobre uma girafa do zoológico — chamado Zózimo Barrozo do Amaral. Americano foi um mestre para Zózimo. Ele é descrito no livro *Zózimo: diariamente* (Editora EP&A), escrito pelo filho Fernando Barrozo do Amaral, como um "sujeito intelectualmente consistente e de uma enorme bagagem cultural".

Aliás, na sua reestreia no GLOBO, em 1993, Zózimo escreveu uma nota intitulada "Dois mestres". Diz lá: "Este reinício de atividade no GLOBO não teria total sentido sem uma menção a dois nomes aos quais o colunismo praticamente tudo deve. Ibrahim Sued e Álvaro Americano. Nessa ordem — a de entrada em cena como colunistas. O primeiro deu grande importância e destaque ao gênero, cabendo ao segundo valorizá-lo aos limites da dignidade e compostura. A rigor, na especialidade, dois grandes mestres".

Além do jornalismo, Americano exerceu diversos cargos públicos; na administração Sá Freire Alvim, na Prefeitura do Rio, foi secretário interno de Agricultura; no governo Negrão de Lima, no estado da Guanabara, foi secretário sem pasta e de Administração. Integrou ainda o Conselho Estadual de Cultura e a diretoria do Museu de Arte Moderna (MAM) e foi também procurador do Estado.

Por trás do fictício Carlos Swann, passaram "muitos colunistas secretos". Uma dessas figuras foi a jornalista Anna Maria Ramalho, que morreu em 2022. Ela integrou a equipe da coluna entre 1977 e 1990. Mas, por uma década (de 1974 a 1984), Swann foi entregue a uma dupla que projetou muito a carioquice do jornal: Carlos Leonam (1939-2024) e Fernando Zerlotini (1931-2013), o Zerlô.

Mestre Zuenir Ventura já falou algumas vezes sobre a existência da lenda de que Leonam teria sido o "inventor" do ritual de aplaudir o pôr do sol na Praia de Ipanema. "A cerimônia se repete todo dia. Quando o sol acaba de cumprir o seu trajeto habitual e desaparece lá pelos lados do Vidigal, os banhistas da

Zona Sul se levantam da areia e aplaudem de pé. Os moradores já estão acostumados com o ritual. [...] São jovens que não eram nascidos no verão de 1968/1969, quando o costume foi lançado num 'dia de exportação', como se dizia. Diante de um pôr do sol como esses de agora, o jornalista Carlos Leonam não se conformou: 'Essa tarde merece uma salva de palmas!'. Imediatamente, o grupo em que estava na altura do Posto 9 — Glauber Rocha, Jô Soares, João Saldanha, entre outros — deu início aos aplausos. Depois, o publicitário Roberto Duailibi consagrou a cena, recriando-a num comercial de bronzeador para a televisão. A cidade que, segundo Nelson Rodrigues, vaiava até minuto de silêncio era capaz, também, de aplaudir o entardecer", contou Mestre Zu. Em seu livro *1968: o ano que não terminou*, Zuenir lembrou ainda que a expressão "esquerda festiva" foi cunhada também por esse colunista secreto.

Como fotógrafo, Leonam recebeu um Prêmio Esso por uma imagem do astronauta russo Yuri Gagarin clicada no Alto da Boa Vista. Carlos Leonam foi ainda editor-executivo do Canal 100, famoso cinejornal do produtor carioca Carlos Niemeyer. Também participou de vários filmes no papel dele mesmo.

O jornalista publicou o livro *Os degraus de Ipanema* (Record), que reúne uma seleção de seus textos em grandes jornais e revistas do país no período entre 1960 e 1990.

A "Coluna de Carlos Swann" só saiu da clandestinidade no final dos anos 1990. A partir daí, o nome do colunista vinha abaixo do título da coluna, com direito também a uma foto miúda ao lado. Foi nessa época que assumiram o posto de Swann os jornalistas Alessandro Porro (1930-2003) e Fred Suter (1947-2011). Foi também quando se projetou o nome do Ricardo Boechat.

Alessandro Porro

Foi um experiente jornalista. Como correspondente internacional, tinha passagens por Londres, Paris, Buenos Aires, Tel Aviv e Roma, onde foi correspondente do GLOBO. Trabalhou cerca de trinta anos na Editora Abril, onde fez muitas matérias internacionais para as revistas *Realidade* e *Veja*, além de ter sido diretor da sucursal do Rio. Uma de suas matérias foi uma entrevista com a princesa Soraya, mulher do xá Reza Pahlevi, do Irã. Para isso, fez-se passar por assistente de um famoso estilista, de quem era amigo. Em 1997, estreou no GLOBO na "Coluna de Carlos Swann". Alessandro nasceu em Nápoles, Itália, em 1930, onde chegou a trabalhar como repórter. Sobreviveu à guerra, criança, na ilha de Capri. Escreveu os livros *Memórias do meu século* e *Casamento & divórcio: manual para candidatos*.

Fred Suter

Durante dezessete anos ele foi o segundo do Zózimo. Os mais íntimos chamavam a dupla de Fred e Carequinha. Isto quer dizer que um determinado percentual de notas do Zózimo era, na verdade, do Fred. Ele, que nasceu na Suíça, assumiu o Swann em 1989. Depois, durante dez anos, assinou uma coluna diária no jornal *O Dia*. Foram ao todo 43 anos de jornalismo.

Ricardo Boechat

Em *Toca o barco* (Editora Máquina de Livros), livro que traz o depoimento de 32 jornalistas sobre Boechat, o coleguinha Flávio Pinheiro lembra, citando o filósofo francês Albert Camus, os quatro meios ou princípios indispensáveis para a defesa da liberdade de imprensa: lucidez, desobediência, ironia e obstinação. "À sua maneira, Boechat professava esses quatro princípios, sempre com vigor, ainda que às vezes cedendo a bravatas. Sem exaltação e exagero, ele não seria Boechat, e registre-se que além dos princípios cultivava a curiosidade, atributo primordial de bons jornalistas."

Já Aluizio Maranhão (que trabalhou com Boechat por um período curto no *Estadão*) dizia que seu colega era uma força da natureza. "Inquieto, brincalhão, mordaz, transformou-se em uma máquina de apurar notícias." Maranhão lembra que Boechat, mesmo quando assumiu cargo de chefia (diretor da sucursal no Rio) no jornal, não largava o telefone, apurava sem parar. "De suas apurações saíam pautas, informações para ajudar repórteres ou matérias. Boechat era um repórter na mais pura acepção da palavra."

Aliás, Aluizio Maranhão, ao lado Boechat, Suely Caldas e Luiz Guilhermino, ganhou o Prêmio Esso, em 1989, pela Agência Estado. A matéria revelou um escândalo de extorsão envolvendo a BR Distribuidora da Petrobras. O segundo Prêmio Esso de Boechat, em 1992, em parceria com Rodrigo França, foi por uma reportagem para O GLOBO sobre uma concorrência fraudulenta aberta pelo Exército para a compra de uniformes. O terceiro, também pelo GLOBO, teve como título "Sinal verde para o contrabando", em 2001, em parceria com Chico Otavio e Bernardo de la Peña. Era uma reportagem sobre as brechas na alfândega que permitiam a livre entrada de mercadoria contrabandeada no país. Boechat era ainda o recordista de vitórias no Prêmio Comunique-se, com 17 troféus. Em pesquisa do site Jornalistas & Cia em 2014, que listou cem profissionais do setor, ele foi eleito o jornalista mais admirado.

Filho de diplomata, Boechat nasceu no dia 13 de julho de 1952, em Buenos Aires, Argentina, e foi registrado na Embaixada brasileira. Mas viveu boa parte de sua vida em Niterói. Em depoimento para o projeto Memória GLOBO, Boechat conta que não pensava em ser jornalista até conseguir um emprego no *Diário de Notícias*, por intermédio do diretor comercial, Kléber Saboya, pai de uma amiga. "Naquela época você entrava nos jornais sem mostrar muito documento, às vezes, nenhum", recorda. Aos dezessete anos, sua única experiência era a da militância política de estudante secundarista. Foi o então editor-chefe do *Diário de Notícias* que o indicou para trabalhar como repórter para Ibrahim Sued, ícone do colunismo social na época. "Foi uma coisa decisiva para a minha formação como repórter" — e o que era um "bico" se estendeu por catorze anos. Ibrahim foi a grande escola de Boechat, principalmente na arte de apurar notícias.

Boechat ainda teve uma breve passagem pela "Coluna do Zózimo" no *Jornal do Brasil*. Em 1983, começa sua trajetória vitoriosa no GLOBO e passa a tocar a "Coluna de Carlos Swann" na fase em que ainda não aparecia o nome do titular. Foi o Boechat "invisível" que revelou um cassino ilegal no antigo Clube Umuarama, no alto da Gávea. O lugar tinha roleta e mesas de *blackjack*. Os seguranças usavam smoking. Após a denúncia, o clube foi interditado, e seus responsáveis foram denunciados na Justiça.

Em 1987, o jornalista deixou O GLOBO para ser secretário de Comunicação Social do então governador do Rio, Moreira Franco. Ele tinha sido assessor de Moreira na Prefeitura de Niterói. Em maio de 1989, reassumiu a "Coluna de Carlos Swann", agora com seu nome abaixo do título, na editoria "Grande Rio". Em 1997, a coluna muda de nome. Passa a ser "Coluna do Boechat". O jornalista noticiou em primeira mão que estava praticamente fechada a venda do Copacabana Palace, da família Guinle, para o magnata britânico James Sherwood, dono do grupo Orient-Express. Boechat viria a construir uma boa relação com o hotel, tanto que lançou, em 1999, o livro *Copacabana Palace: um hotel e sua história*.

Por ocasião de sua morte, em fevereiro de 2019, publiquei no GLOBO um pequeno artigo. Aqui alguns trechos:

"Tinha dois Boechat. O primeiro: o colega e amigo. O Boechat boa gente, embora de temperamento difícil, até mesmo explosivo, mas que, no fim das contas, sempre pedia desculpas. Quando eu assumi o seu lugar nesse espaço, em 2001, no meio de uma crise, Boechat foi de extrema generosidade comigo.

Começamos a conversar às 9h da manhã, numa padaria em Ipanema. Terminamos quase ao pôr do sol. Pacientemente, ele me dava dicas, sugestões, opiniões de como eu deveria ocupar o espaço que era dele. Não é comum, convenhamos, alguém deixar um posto de tanto prestígio profissional e ficar torcendo pelo sucesso do cara que vai ficar em seu lugar. E mais: no rádio, ficava falando da coluna e elogiando o colunista. Isso é raro. Mostra a marca da generosidade que sempre o acompanhou.

Mas não foi só comigo que houve essa suprema gentileza. Até hoje, vários motoristas de táxi do ponto em frente ao GLOBO recordam-se de gestos semelhantes do amigo — que, inclusive, ajudou um deles a comprar o próprio carro. Jogava pelada com todo mundo. Era uma figuraça.

O outro Boechat, o Brasil conheceu. O seu amor pela notícia levou alguns amigos, eu entre eles, a inventarem que ele tinha até um calo na orelha de tanto ficar pendurado ao telefone, à cata de novidades. Fumava escondido na Redação (a mesa dele era cheia de queimaduras de cigarro).

É difícil dizer, neste momento, o que ele era: um colunista inovador, um grande repórter, um ótimo apresentador de telejornal ou um estupendo homem do rádio. Na verdade, era tudo isso.

Como colunista, assim como outros, como Ibrahim e Zózimo, Boechat ajudou a fazer uma importante transposição: do colunismo social de vaidades que exaltava bem-nascidos e celebrava — como se notícia fosse — uma simples festa de quinze anos para um colunismo de notas variadas onde há espaço para informações relevantes sem jamais perder o humor. Como repórter, deu vários furos, o que o fez ser um dos jornalistas mais premiados de sua geração.

Como apresentador de telejornal, ele deu conta do recado. E, finalmente, foi um gigante do rádio. Soube se reinventar. Acho que nem ele sabia que era tão bom assim com o rádio popular. Os seus comentários — algumas vezes inconvenientes, para o meu gosto — faziam um tremendo sucesso. A quem quiser comprar briga com motorista de táxi no Rio: tente falar mal do Boechat. Era e é simplesmente adorado.

À sua família, deixo uma certeza: Boechat foi uma grande figura humana e um dos melhores jornalistas da minha geração. Foi mesmo. Saudades".

Minha vez

Cheguei ao GLOBO em 2001. Portanto, desse centenário do jornal, sinto-me contemplado com uma fatia de quase um quarto do bolo. A tarefa não era fácil: substituir meu amigo Ricardo Boechat, que na época fazia uma das melhores colunas diárias de notas do jornalismo brasileiro. Minha ideia era reproduzir no quadrado da coluna o universo de interesses dos leitores do jornal. Se 20% das pessoas que liam O GLOBO preferiam o noticiário político, 20% das notas teriam de ser políticas. Se outros 20% consumiam mais as páginas de economia, 20% da coluna teria de ser dedicada à economia. E por aí vai.

Também cheguei com a ideia de dar atenção ao dia a dia da cidade, suas mazelas, seus encantos. Assim, as fotos das socialites, embaixatrizes e madames da alta sociedade deram lugar aos ipês floridos de junho, à volta das capivaras à Lagoa Rodrigo de Freitas — retorno, aliás, que a coluna teve a alegria de ser a primeira a noticiar —, aos passarinhos do Jardim Botânico, ao renascimento da Lapa, ao samba no Bip Bip...

Por falar em Bip Bip, o botequim miudinho de Copacabana, reduto de algumas das melhores rodas de samba e choro da cidade, passou a aparecer mais na coluna do que os salões perfumados do Copacabana Palace, por exemplo. Nada contra o Copa, que eu adoro. E por falar também em Jardim Botânico, orgulhosamente, nesses anos todos, a coluna foi o centímetro quadrado do jornal que mais espaço deu ao parque fundado por dom João, em 1808, patrimônio verde do Rio e do Brasil. No JB, a coluna tinha até um "correspondente voluntário". "Seu" Laizer Fishenfeld, um aposentado que ia todos os dias tirar fotos do Jardim. Inúmeras imagens de árvores, flores e passarinhos foram feitas por leitores tão ilustres quanto Joaquim Levy e Carlos Lessa!

Foi também a coluna que, no governo Lula 1, noticiou a sugestão gaiata feita pelo genial Chico Buarque de criação do Ministério do Vai Dar Merda, com a missão de antecipar algum problema e avisar o presidente. Mais de duas décadas depois, o ministério parece necessário, como mostrou a recente confusão com o Pix.

Era preciso, no entanto, não perder o foco na notícia exclusiva, no furo político, nas novidades da economia e até no noticiário internacional. Foi assim que a coluna noticiou a descoberta do pré-sal, em 2006. Ou, pouco antes, revelou o escândalo do propinoduto, em 2002.

Nada disso foi feito sozinho pelo colunista. No seu suporte, sempre esteve a Turma da Coluna — viva ela! —, formada pelos profissionais que já integraram ou ainda integram a equipe. Ana Cláudia Guimarães, por exemplo, a "pitbull da notícia", que até outro dia trazia furos para a coluna! Ou a querida Márcia Vieira, que sabia tudo o que se passava na alta-roda da cidade! As duas formaram com Marceu Vieira a primeira equipe da coluna depois da grande "Era Boechat".

Aliás, formaram a primeira... Turma da Coluna, termo que surgiu no dia a dia de trabalho como tantos outros que a coluna, digamos, "viralizou" — isso num momento em que a internet ainda não tinha a influência de hoje. Na equipe constava também a saudosa Pomona Politis. As notícias internacionais chegavam quase todas pela elegante Pomona, jornalista que, até hoje, neste centenário do GLOBO, quatro anos depois de sua morte, aos 98 anos de idade, tem a memória reverenciada no Itamaraty.

A Turma da Coluna não perdeu também a atenção na festa. A cobertura de carnaval, por exemplo, sempre foi especial. A palavra "mulata" ainda não estava cancelada quando a coluna movimentou as escolas de samba da cidade com o concurso "Mulatas do Gois", sob a coordenação do coleguinha Aydano André Motta. Uma das edições do concurso chegou a registrar mais de 500 mil votos na eleição popular. Aliás, a coluna foi uma das primeiras a se atualizar e noticiar o movimento de cancelamento do termo "mulata".

Na defesa intransigente da cidade, a Turma da Coluna criou ainda o MSC, Movimento dos Sem-Calçada, mutirão de luta contra a ocupação do espaço sagrado do pedestre por carros e obras irregulares. Ao MSC, juntou-se o próprio leitor, maior fornecedor de fotos de flagrantes delitos de roubo de calçada. A defesa do vernáculo também foi outra trincheira da coluna, que passou a denunciar agressões ao idioma em sites de órgãos públicos, placas de trânsito e até em outdoors de publicidade. E a turma não se limitou a combater escorregões na gramática. Também implicou com estrangeirismos como "halloween", viralizando o desabafo "Halloween é o cacete!".

A coluna também revigorou expressões como "fofo", disseminadas até mesmo na prosódia da rotina de Brasília (a primeira vez que o termo apareceu na coluna foi numa nota cujo título era "Suplicy é fofo!" — e vai dizer que o ex-senador não é fofo mesmo?!). O imortal Marcos Vilaça adorava a palavra "saliência", usada pela coluna, e, brincando, prometeu que a ABL, veja só, iria incluir no seu dicionário a palavra. São orgulhos e alegrias que o colunismo do GLOBO, como um todo, coleciona neste centenário do jornal. Em tempo: também são ou foram da Turma da Coluna. Bernardo de la Peña (1975-2023), Jorge Antônio Barros, Daniel Brunet, Telma Alvarenga, Tiago Rogero, José Figueiredo, Nelson Lima Neto e Fernanda Pontes.

Coluna do Zózimo

Costumo dizer que o Zózimo foi o brasileiro que, na minha opinião, melhor escrevia três linhas. Contar uma história completa em poucas linhas é sempre mais difícil do que num espaço maior. Vindo do *Jornal do Brasil*, onde fez uma coluna de sucesso, Zózimo voltou para O GLOBO em junho de 1993. Ficou no jornal até sua morte, por câncer de pulmão, no Hospital Mount Sinai, em Miami, Estados Unidos, em 1997. O colunista ganhou, em 2016, uma grande biografia escrita pelo nosso Joaquim Ferreira dos Santos com o título *Enquanto houver champanhe, há esperança* (Intrínseca).

Para Joaquim, Zózimo aperfeiçoou o que já era uma tendência nas colunas ditas sociais. "Jacinto de Thormes foi o primeiro a abrir o leque de assuntos, deixando os chás, os bolos, as valsas de debutantes e demais eventos de salão para fazer jornalismo mais sério. Dava notícias de política, de economia e de futebol, mas aquelas que interessavam ao black-tie de seus leitores."

Segundo Joaquim, o já citado Ibrahim Sued radicalizou o processo e passou a fazer da coluna um jornal dentro do jornal. Zózimo continuou com as notícias, foi diminuindo cada vez mais os acontecimentos sociais e acrescentou um estilo de texto insuperável. "Principalmente, tinha humor", ressalta Joaquim. "Manuel Bandeira dizia que Rubem Braga escrevia crônicas ótimas, mas, quando não tinha assunto, elas eram melhores ainda, porque o mestre evidenciava ainda mais a sua arte de bem escrever."

Zózimo, por mais glamuroso que fosse pessoalmente, um homem bonito que se vestia bem, de boa origem social, era um operário da notícia. "Trabalhava em fins de semana, em feriados. Muitas vezes não tinha notícia alguma, como nas crônicas em que Rubem Braga não tinha assunto, e aí brilhava com bordões e observações repletas de estilo literário e humor carioca."

Joaquim lembra, ainda, que outra novidade trazida por ele foi no visual da sua página. As dondocas do "soçaite" foram deixadas de lado. Zózimo começou a publicar no *Jornal do Brasil* — e continuou no GLOBO — fotos de jovens bonitas em vestidos provocantes, não mais em acontecimentos de salões fechados, mas nas boates de Ipanema.

A nossa querida Míriam Leitão esteve um tempo, acredite, trabalhando na equipe do Zózimo. Para ela, Zózimo iluminava a Redação ao entrar. "Impossível não o ver. Bonito, charmoso, carismático, tinha no cotidiano o mesmo bom humor e a presença de espírito que se liam em suas notas. Zózimo Barrozo do Amaral sempre pareceu com as colunas que escreveu", diz. E prossegue Míriam: "Ele se divertia a cada truque de linguagem que usava em frases curtas, a cada furo, a cada informação certeira. Esse é um desafio do colunismo de notas. As linhas são escassas, o tempo de leitura tem que ser curto, a informação precisa ser entregue com charme. A mistura será sempre eclética. Algo sobre famosos, alguma novidade que depois movimentaria outras editorias, algo inusitado, temperados por notas saborosas de ler porque eram frases bem construídas. Isso era Zózimo. O estilo era ele".

Míriam lembra que Zózimo conhecia como ninguém o mundo das celebridades, e se movia nele com elegância, mas também conhecia as fontes das notícias que movimentariam a política, a economia, a cultura, o país e o Rio de Janeiro. Apurava nas festas, nos restaurantes, nos bares e na Redação com a mesma naturalidade. Iniciava qualquer conversa como se fosse um encontro casual com um amigo, com uma amiga e dele(a) extraía a informação sem às vezes a pessoa perceber.

"Havia dias de fartura", segue Míriam. "Ele chegava com o bolso recheado de pérolas garimpadas em eventos em sua ronda pela noite carioca. Anotava palavras ou frases em pequenos papéis ou guardanapos e enfiava tudo no bolso. Na Redação, ia tirando as anotações de cada bolso, da calça, da camisa, do bloquinho. Havia dias de escassez. Coisa que qualquer colunista sabe que é o perigo constante. Mas ele era capaz de escrever notas sobre o nada, sobre nenhum acontecimento, apenas usando o estilo literário Zózimo Barrozo do Amaral. Nesses dias de poucas informações, ele também se divertia. Disparava para si mesmo, ou quem estivesse com ele, a ordem: ligar para todo mundo.

Todo mundo poderia ser qualquer uma das inúmeras fontes. Com elas, a conversa começava com alguma anedota, alguma graça qualquer e em seguida os silêncios e as anotações. Quem trabalhou com ele guarda lembranças de boas risadas, decisões inesperadas, desembarques na Redação com ar de quem antes tomou um banho de mar."

O livro do Joaquim Ferreira sobre Zózimo narra um episódio com a participação indireta de Míriam e de Fred Suter, então os dois assistentes do colunista. Era sexta-feira. Faltava uma nota para fechar a coluna. Deu um branco total. Nenhum dos três tinha uma nota. Depois de muito pensar, Zózimo escreveu o bordão que muitas vezes o salvara:

— Não será surpresa para esta coluna.

Sim, e daí? O que dizer depois? A equipe não tinha a menor ideia de como seguir adiante. O tempo passava, até que Zózimo teve uma sacada genial e completou a nota:

— ...Nada mais é surpresa para esta coluna.

Coluna fechada.

Em tempos de ditadura, Zózimo foi preso duas vezes. A primeira por causa de uma nota, em 1969, que citava o general Lyra Tavares, na época muito poderoso. O colunista foi parar na Barão de Mesquita, onde fica o Batalhão da Polícia do Exército. A segunda, no ano seguinte, porque dera uma nota contando que o comandante do Forte de Copacabana, coronel Osmani Pilar, tinha ido três vezes ao show de Leila Diniz, então muito malvista pelo regime militar.

Aqui algumas tiradas do Zózimo:

Zózimo soubera que os empresários Donald Trump e Naji Nahas estavam conversando com o objetivo de se associarem. Tomou a liberdade de sugerir o nome da nova empresa: "Trampolinagem". Na época, Trump não era político, e sim um empresário de má fama.

Outra: "O problema de Brasília é o tráfico de influência. Já no Rio é a influência do tráfico".

Mais outra: "Prosa & Verso. Depois de uma certa idade, o homem da cintura para cima é poesia; da cintura para baixo, prosa".

A que mais gosto: um amigo da coluna confidenciou que, quando morresse, queria que as cinzas fossem espalhadas numa loja da rede Bloomingdale's, endereço chique de Nova York. Só assim teria a certeza de que a viúva iria visitá-lo.

Segundo Caderno
Nina Chaves

Assim como Zózimo, vários dos colunistas que abrilhantaram as páginas do GLOBO eram publicados no "Segundo Caderno". Nina Chaves, por exemplo, mineira de Uberaba, jornalista militante em Londrina e São Paulo, viveu 27 anos em Paris, onde chegou a ser correspondente do GLOBO. Em janeiro de 1964, meses antes do golpe militar, ela liderou a equipe que lançou a revista *Ela*, voltada para o público feminino, mas com uma pegada no colunismo social, principalmente na coluna "Linhas Cruzadas", assinada pela própria Nina.

"O conceito", disse ela numa entrevista ao jornal, era "introduzir no GLOBO um estilo de colunismo nos moldes de Louella Parsons, pioneira sobre fofocas de celebridades, além de moda e entrevistas". A americana Louella (1881-1972) foi escritora, roteirista e considerada a primeira colunista sobre cinema de Hollywood. Sua coluna, contratada pelo magnata William Randolph Hearst (1863-1951), para muitos o personagem retratado em *Cidadão Kane*, filme de Orson Welles, era distribuída para cerca de quatrocentos jornais em todo o mundo e lida por um público de 20 milhões de pessoas.

Em outra entrevista ao GLOBO, Nina Chaves (em 1966, ela tiraria uma vogal do sobrenome, passando a usar Chavs) afirmou que, quando se tratava de colunismo social, "fazia questão de desconhecer áreas-limite ou fronteiras de notícias que deveria levar aos leitores".

A colunista também cunhou a expressão "dondoca", que ganhou os dicionários com algumas variações de sentido, e escreveu o livro *Paris via Varig*, editado pela Francisco Alves em 1977.

Hildegard Angel

Hildegard Angel chegou ao GLOBO com dezessete, dezoito anos, como assistente de Nina Chaves, a pedido da mãe, a estilista Zuzu Angel. Aqui, um parêntese: Zuzu e o filho Stuart, irmão mais velho da Hildegard, foram, como se sabe, mortos pela ditadura.

Em 1976, Hildegard ocupou o lugar que no passado fora de sua mestra Nina Chaves. Inicialmente assinada com o pseudônimo Perla Sigaud, a coluna ocupava duas páginas inteiras, amplamente ilustradas, aos sábados, com notícias da chamada sociedade brasileira. O pseudônimo foi tomado emprestado de duas, digamos, personalidades. Perla era uma referência à "socialite" carioca de projeção internacional, Perla Mattison, que morreu em 2010. O Sigaud é do pintor Eugênio Sigaud (1899-1979).

Em 1998, Hildegard, que fez também a primeira coluna de TV do jornal, assumiu uma coluna diária de notas na página 3 do "Segundo Caderno". Nesta coluna, Hildegard conseguiu grandes furos, como uma entrevista com a princesa Grace de Mônaco.

Mas foi em 1994 que ela provocou um grande debate ao criar a expressão "Nova Sociedade Emergente" (NSE). O dinheiro no Rio tinha mudado, não só de mãos, mas também de lugar. O novo rico era normalmente morador da Barra da Tijuca. O emergente geralmente tinha feito fortuna em negócios tipo postos de gasolina, supermercados, lojas de material de construção ou rede de padarias, como era o caso de Vera Loyola, uma espécie de rainha da NSE. Aliás, para Hilde, "Vera Loyola é a Carmen Mayrink Veiga dos emergentes". Carmen (1927-2017) foi a mais famosa "socialite" carioca durante boa parte da metade do século XX.

O fato é que a Nova Sociedade Emergente ganhou livros, teses de mestrado e muitos holofotes. O decorador Eder Meneghine, outro personagem badalado na época, contou ao GLOBO, em 2017: "Não havia um dia em que não saísse uma notícia sobre mim nos jornais. E confesso que ficava até deprimido quando isso não acontecia".

Hildegard fez também carreira como atriz nos anos 1970. No cinema, participou, entre outros, dos filmes *O caso Cláudia* e *Prova de fogo*. Na TV, esteve no elenco das novelas *Selva de Pedra* e *Dancin' Days*. No teatro, fez mais de uma dezena de peças, entre elas, *As feiticeiras de Salém* e *Berenice*.

Joaquim Ferreira dos Santos

Em 2013, O GLOBO encomendou ao coleguinha Joaquim Ferreira dos Santos uma coluna no "Segundo Caderno", no espaço que era tradicionalmente dedicado às notas sociais. "Só que os personagens desse tipo de noticiário já tinham perdido todo o seu charme, e a grana também não era mais aquela", lembra Joaquim. Para ele, Zózimo tinha começado o processo. "Em seus últimos anos quase não noticiava mais os jantares dos grandes brasões cariocas, cujo mais ostensivo era o Mayrink Veiga."

Ainda segundo Joaquim, os ricos, do jeito que apareciam nas colunas antigas, pareciam formar um principado à beira-mar do Rio. "Eram os nossos príncipes, nosso reino encantado. As colunas sociais vendiam esse sonho, mas, como John Lennon tinha dito no final dos anos 1960, o sonho acabou. Zózimo tinha trocado a Lourdes Catão, bela senhora e seu belo casarão na Urca, pela Karmita Medeiros, frequentadora das boates, com pouco dinheiro, mas muita graça física. A Polícia Federal tinha ido uma vez ao apartamento dos Mayrink Veiga, confiscou tapetes, carros. Definitivamente, não havia nada mais 'down' do que a 'high society'."

Ao assumir a coluna, Joaquim deu o nome de "Gente Boa", o que em si já era um manifesto: "Trata-se de uma expressão das ruas, do falar carioca. Além disso, instalei no trono de preferências da coluna os personagens da rua, uma imensa galeria de tipos populares que faziam a fama da descontração e do jogo de corpo da cidade. No lugar dos bacanas, os bons sacanas da alma carioca. A mulher de branco de Ipanema tomou o lugar da Silvia Amélia Marcondes Ferraz. No lugar dos salões cansados, a rua 40 graus, purgatório da beleza e do caos, que é o charme do Rio, a vida ao ar livre".

As mudanças introduzidas por Joaquim repercutiram. Muniz Sodré, professor-titular da UFRJ, que estudou o colunismo social no Brasil, escreveu: "A coluna de Joaquim Ferreira dos Santos, dono de um dos melhores textos da crônica de hoje, tem um título sintomático: 'Gente Boa', e não 'Gente de Bem'. A troca do advérbio pelo adjetivo é claro sintoma de mutação tanto na forma de tratamento dos bem-postos na vida social quanto na sua seleção. Os personagens da coluna têm agora a ver com a mídia ou com situações suscetíveis de passar pelo crivo da midiatização".

Joaquim ficou no comando da coluna por dez anos, de 2003 a 2013. Seu lugar foi ocupado depois pela jornalista Cleo Guimarães, que trabalhava na coluna desde seu início. Antes, Cleo, que começou como estagiária no *Jornal do Brasil*, trabalhou na coluna de Mônica Bergamo, na *Folha de S.Paulo*, de início em São Paulo e depois na sucursal do Rio. Ficou na "Gente Boa" até 2018.

A partir daí, a coluna passou a se chamar "Marina Caruso", a jornalista que tinha ocupado posição de destaque em várias redações no eixo Rio-São Paulo, inclusive como diretora de Redação da revista *Marie Claire*. Filha de Chico Caruso e sobrinha de Paulo Caruso (1949-2023), dois fantásticos cartunistas, Marina ficou pouco tempo fazendo a coluna de notas. Em 2019 foi escolhida para comandar no GLOBO a revista *Ela*, que teve Nina Chaves como primeira editora.

Jorge Bastos Moreno

A rigor, o universo das colunas de notas se espalha pelo jornal inteiro. Tem coluna para todos os gostos. São muitas vezes impessoais. Não têm rodeios. Vão direto ao ponto. Quem quebrou essa regra na Política, com charme, estilo e informação relevante, foi o saudoso Jorge Bastos Moreno (1954-2017) com seu "Nhenhenhém", coluna publicada aos sábados, de 1996 até a sua morte. O primeiro título — depois passou a se chamar "Coluna do Moreno" — era inspirado num desabafo do então presidente Fernando Henrique Cardoso para que os jornais "parassem de nhenhenhém" e tratassem do que ele considerava temas mais importantes.

Tema importante era o que não faltava na "Coluna do Moreno". Só que embalados num tom irônico, debochado até. Aliás, o ex-presidente FH, por ocasião da morte do jornalista, disse que Moreno tinha três qualidades. "Primeiro, ele ia ao fato. Segundo, ele traduzia o fato com rapidez e precisão, palavras simples. Terceiro, dando a impressão de que não estava falando de coisa séria, ele analisava o processo histórico, político." Veja o caso do ex-deputado Eduardo Cunha, então presidente da Câmara dos Deputados, a quem se atribuía malfeitos e que ganhou da coluna o apelido de "Coisa ruim". O deputado processou o colunista. Mas quem acabou preso de 2017 a 2020 foi Cunha, acusado de corrupção. Na verdade, o deputado foi um dos poucos desafetos do Moreno, que tinha uma invejável coleção de amigos e fontes na República em todos os níveis.

O jornalista, que nasceu em Cuiabá e viveu em Brasília desde a década de 1970 e no Rio nos últimos dez anos de vida, exerceu a profissão por mais de quarenta anos. Seu primeiro grande furo como repórter foi ainda no *Jornal de Brasília*, durante a ditadura militar: a nomeação do general João Figueiredo como sucessor do general Ernesto Geisel. Após a redemocratização, já no GLOBO, onde trabalhou por 35 anos, foi autor de outro furo que viria a selar a história do primeiro presidente eleito pelo voto direto no país desde 1960. Durante o processo de impeachment de Fernando Collor de Mello, em 1992, quando a própria CPI instalada no Congresso Nacional procurava uma prova cabal que ligasse o presidente aos cheques de "fantasmas" que vinham do esquema PC (montado por Paulo César Farias, tesoureiro da campanha eleitoral), foi Moreno quem revelou que uma Fiat Elba de propriedade do presidente tinha sido comprada pelo "fantasma" José Carlos Bonfim.

Com outro grande furo de reportagem, a notícia da queda do então presidente do Banco Central, Gustavo Franco, e a desvalorização do real — manchete do GLOBO em 13 de janeiro de 1999 —, o jornalista venceu o Prêmio Esso de Informação Econômica do ano.

Moreno também escreveu os livros *A história de Mora: a saga de Ulysses Guimarães*, publicado em 2013, e *Ascensão e queda de Dilma Rousseff*, lançado em março de 2017, três meses antes de sua morte.

Ponto final

E, quanto à divulgação de nascimentos, batizados, casamentos e coisas do gênero, a coluna vai muito bem, obrigado. Não sai de moda.

Só que migrou para o Instagram e para as outras redes sociais.

Ancelmo Gois, 76 anos, sergipano de Frei Paulo, é colunista do GLOBO desde setembro de 2001, ou seja, quase um quarto da centenária história do jornal completada em 2025. Na década de 1980 foi o primeiro jornalista a assinar o "Informe JB", tradicional coluna do antigo *Jornal do Brasil*. Na década seguinte assinou a coluna "Radar", na *Veja*, cargo que acumulou com o de chefe da sucursal carioca da revista.

À LUZ DA HISTÓRIA

Merval Pereira

Há CEM ANOS, desde que foi fundado em 29 de julho de 1925 por Irineu Marinho, o jornal O GLOBO está no centro dos acontecimentos principais do país, sempre marcando sua posição liberal, a favor da democracia, e contrário a regimes de exceção, fossem comunistas ou integralistas, "extremismos verde e vermelho", como definiu em editorial algumas vezes. Nesse período, viu passarem pela Presidência da República 30 presidentes, seis deles ditadores, uma junta governativa, uma junta militar.

Cobrou de Getúlio uma Constituinte que institucionalizasse a Revolução de 1930, foi contra o Estado Novo, apoiou com vigor a Constituição de 1946 e defendeu a posse de Juscelino Kubitschek em 1955, quando essa foi questionada por setores civis e militares. A linha editorial do GLOBO sempre foi pelo cumprimento da Constituição, ou pela institucionalização do regime ou por meio de uma Constituinte em momentos revolucionários. Quando se afastou desses limites, como no apoio ao Golpe Militar de 1964, cometeu um erro de avaliação que só seria reparado anos depois, em setembro de 2013, quando publicou uma declaração admitindo que o caminho para defender a democracia é mais democracia.

Apoiou Vargas na Revolução de 1930, mas logo começou a cobrar a Constituinte para instituir o Estado de Direito. Insurgiu-se contra os comunistas em 1935 e os integralistas em 1938. Na ditadura do Estado Novo, fundado pelo golpe de Getúlio e militares em 1937, tão logo ficou livre da censura, ergueu as mesmas bandeiras legalistas. Nos vinte anos durante os quais a ditadura civil-militar perdurou, a partir de 1964, O GLOBO, nos períodos agudos de crise, mesmo sem retirar o apoio aos militares, sempre defendeu o restabelecimento, no menor prazo possível, da normalidade democrática. Essa defesa se manifestava principalmente no noticiário. O GLOBO, mesmo apoiando editorialmente os militares (principalmente os projetos econômicos de Roberto Campos e, depois, de Delfim Netto), abriu espaço (às vezes reduzido, às vezes surpreendentemente com destaque) para a oposição (MDB) e seus líderes (Tancredo Neves, Ulysses Guimarães, Pedroso Horta, Franco Montoro, Chagas Freitas, entre outros).

Foi a favor da distensão política iniciada no governo Geisel, sofreu atentados por parte da linha dura militar por isso; foi pressionado, com ameaças sub-reptícias do governo de cassar suas concessões de rádio e televisão, a não apoiar a campanha das Diretas Já; e, por considerar que a melhor saída da ditadura militar seria a eleição de um civil através de eleições indiretas, apoiou a candidatura de Tancredo Neves.

Anos depois, as circunstâncias permitiram ao jornal fazer uma autocrítica, admitindo que o apoio à ditadura não foi uma decisão correta, embora os que a tomaram na ocasião considerassem que seria uma solução para defender o país do que viam como uma ameaça comunista à democracia. "O GLOBO não tem dúvidas de que o apoio a 1964 pareceu, para os que dirigiam o jornal e viveram aquele momento, a atitude certa visando ao bem do país. À luz da História, contudo, não há por que não reconhecer, hoje, explicitamente, que o apoio foi um erro, assim como equivocadas foram outras decisões editoriais do período que decorreram desse desacerto original. A democracia é um valor absoluto. E, quando em risco, ela só pode ser salva por si mesma", afirmava o texto publicado em 1º de setembro de 2013.

Nessa trajetória centenária, é fácil um jornal diário desagradar grupos ou cometer erros, difícil é manter sua coerência, o que fica constatado na série de pronunciamentos oficiais do GLOBO através de seus editoriais.

O GLOBO foi fundado por Irineu Marinho, que se desligara de *A Noite*, que também fundara, para lançar um jornal que "renovasse os padrões dominantes na imprensa carioca". Desde o primeiro momento, defendeu o capital estrangeiro como instrumento para o desenvolvimento do país. A manchete da primeira edição foi "Voltam-se as vistas para nossa borracha", iniciando uma campanha em favor de Henry Ford, "o grande industrial arquimilionário norte-americano" que viera ao Brasil investir na produção de borracha da Amazônia.

Vinte e um dias depois da fundação do GLOBO, Irineu Marinho morreu, e o jornal passou a ser chefiado por Eurycles de Mattos, o secretário de Redação, pois os filhos, ainda jovens, não tinham condições de comandar. Roberto Marinho, filho mais velho de Irineu, assumiria a direção do jornal apenas em 5 de maio de 1931, quando tinha 26 anos, com a morte de Eurycles de Mattos, apoiado por seus irmãos Rogério e Ricardo Marinho. O GLOBO nasceu como vespertino e, mesmo depois, quando fez uma transição cuidadosa para tornar-se matutino, devido à dificuldade de distribuir um jornal à tarde em uma cidade que crescia, não perdeu seu estilo vigoroso de linguagem.

Em 1929, o presidente Washington Luís, eleito pelo Partido Republicano Paulista, quebrou o acordo com os mineiros conhecido como "política do café com leite" e, procurando manter a hegemonia política em seu estado, indicou como sucessor outro paulista, Júlio Prestes, o que fez com que Minas Gerais, Rio Grande do Sul e Paraíba formassem a Aliança Liberal, lançando a chapa formada por Getúlio Vargas à Presidência e João Pessoa à Vice-Presidência da República, que teve o apoio do jornal.

Na edição de 21 de setembro daquele ano, O GLOBO publicou, em chamada que ocupou mais da metade da primeira página, o lançamento do manifesto da Aliança Liberal, de oposição ao candidato paulista Júlio Prestes. No dia 3 de outubro do mesmo ano, com as urnas ainda em apuração, o jornal dedicou toda a primeira página, numa colagem de fotos, aos candidatos liberais — Getúlio em destaque. Nas páginas internas, a celebração do desempenho do candidato gaúcho e dos liberais no colégio eleitoral do Rio de Janeiro e um novo alerta: "A fraude campeou desenfreadamente em várias seções dos dois distritos da capital. Preparam-se ainda, segundo corre, novos resultados para a vitória da chapa reacionária".

Continuava o editorial: "A despeito de toda a prepotência e ameaças do governo, a cidade carioca elegeu os Srs. Getúlio Vargas, João Pessoa, Seabra, Maurício de Lacerda, Adolpho Bergamini e Candido Pessôa. Com a vitória do candidato paulista, os acontecimentos se precipitaram. O assassinato de João Pessoa, candidato a vice de Getúlio, no dia 26 de julho de 1930 (O GLOBO registrou o crime na edição do dia seguinte, dedicando ao assunto toda a primeira página), levou a radicalização a um ponto insustentável. Deflagrado o movimento, que depôs Washington Luís e impediu a posse de Júlio Prestes, o presidente foi para o exílio.

Roberto Marinho, que atuava como repórter na ocasião, produziu um trabalho de apuração que resultou numa página histórica do GLOBO (sexta-feira, 24 de outubro, 3ª edição). Conta-se que ele esperava a saída de Washington Luís do Palácio Guanabara e teria espalhado galhos no caminho por onde passaria o carro com o presidente deposto, o que obrigaria o motorista a reduzir a velocidade pelo tempo necessário para que o fotógrafo fizesse um exclusivo flagrante do ilustre passageiro no banco de trás do veículo. Na Redação, a foto, um furo do GLOBO, foi editada em sete colunas (que era como se dividiam então as páginas dos jornais) da capa, uma ousadia gráfica para aquele período.

No período, o jornal defendeu a aceleração do processo de redemocratização, colaborando dessa forma "para que a nova ordem de coisas produzisse seus frutos". Seus editoriais advertiam para a necessidade da "restauração do clima constitucional", através da eleição de uma Assembleia Constituinte. A Revolução Constitucionalista de São Paulo foi noticiada buscando a neutralidade. O jornal publicou editoriais afirmando que os revoltosos visavam apenas à reconstitucionalização do país. Após a Assembleia Nacional Constituinte em 1933 e a Constituição, em 16 de julho de 1934, O GLOBO considerou "extinto o regime discricionário".

A decretação, em abril de 1935, da Lei de Segurança Nacional foi recebida com desconfiança. Embora a considerasse necessária contra a oposição que o jornal classificava como "extremistas verde e vermelho", a Aliança Nacional Libertadora e a Ação Integralista Brasileira, O GLOBO temia que a nova lei apenas fortalecesse o poder de Getúlio Vargas.

A Revolta Comunista no Nordeste em novembro de 1935 e, dois dias depois, no Rio de Janeiro por meio do levante do 3º Regimento de Infantaria, sediado na Praia Vermelha, e de uma companhia de Escola de Aviação Militar do Campo dos Afonsos, foi noticiada pelo GLOBO na edição do dia 25. E, quando, dois dias depois, a tentativa de revolta foi sufocada, o jornal declarou em editorial que "sobre as cabeças de seus criminosos" cairiam as "maldições da sociedade brasileira".

O golpe, em 10 de novembro de 1937, estabeleceu o Estado Novo, em que Getúlio Vargas governou com poderes ditatoriais, daí nascendo o Departamento de Imprensa e Propaganda (DIP), que submeteu o jornalismo a censura. Em 1938, o movimento integralista tentou depor Getúlio, com o apoio de setores oposicionistas liberais. O golpe integralista foi condenado pelo GLOBO, que continuava em sua posição de "não diferençar nos seus intuitos e técnicas os amantes do credo verde dos de Moscou".

Desde o início da Segunda Guerra Mundial, e apesar de indícios de que Getúlio tendia a apoiar uma aproximação com a Alemanha, O GLOBO se colocou a favor dos Aliados, defendendo em editorial os ideais pan-americanistas. Em agosto de 1942, O GLOBO classificou de "traiçoeira selvageria" ataques a navios brasileiros por submarinos alemães, publicando um editorial defendendo o ingresso do Brasil na guerra. O GLOBO deu amplo apoio à atuação da Força Expedicionária Brasileira (FEB) na Itália, fazendo campanha pelo voluntariado e lançando o tabloide "O GLOBO Expedicionário", que circulou de 7 de julho de 1944 a 23 de maio de 1945, semanalmente.

Durante os últimos anos do Estado Novo, O GLOBO apoiou movimentos a favor da redemocratização, especialmente o Manifesto dos Mineiros, pronunciamento da oposição contra o Estado Novo por parte de lideranças políticas liberais e conservadoras, lançado em outubro de 1943. O jornal assumia posição favorável à convocação de uma Constituinte para substituir a Constituição de 1937.

O período posterior ao Estado Novo foi tratado pelo GLOBO como de redemocratização, "somente perturbada pela ação subversiva dos comunistas, que, através de sua atividade partidária e parlamentar, mantiveram a nação permanentemente agitada… com a fomentação de greves e outras provocações". O GLOBO, que apoiara mais uma vez o brigadeiro Eduardo

Gomes à Presidência, não fez oposição ao governo do marechal Eurico Dutra, vitorioso nas eleições de 2 de dezembro de 1945.

O jornal esteve próximo do tenentismo e já acompanhara a Coluna Prestes antes de seu comandante, Luís Carlos Prestes, assumir a condição de comunista. Em janeiro de 1927, O GLOBO publicou, em capítulos, uma crônica da expedição escrita pelo deputado gaúcho João Baptista Luzardo, único defensor no Parlamento da caravana contra o presidente Artur Bernardes liderada por Prestes e Miguel Costa. Em 1947, o jornal foi a favor de colocar o PCB na ilegalidade. Também apoiou a campanha para cassar os mandatos dos representantes comunistas e o rompimento das relações diplomáticas com a União Soviética. Durante o governo Dutra, fez campanha contra os jogos de azar, o que resultou em sua proibição no país.

A sucessão de Dutra teve três candidaturas importantes: Getúlio Vargas, lançado pela coligação do Partido Trabalhista Brasileiro (PTB) com o Partido Social Progressista (PSP); brigadeiro Eduardo Gomes, novamente indicado pela UDN; e Cristiano Machado, do PSD. Este último acabou sendo traído por seu partido, que apoiou Getúlio, e deu nome a uma figura da política brasileira, a "cristianização". O GLOBO, que fora o primeiro jornal a advertir sobre a possibilidade de retorno de Vargas ao poder, apoiou mais uma vez o brigadeiro, mas procurou dar ampla divulgação ao debate político.

A crise política do governo Vargas, que vencera a eleição, aprofundava-se e O GLOBO liderava a oposição, criticando medidas econômicas como o aumento de 100% do salário mínimo, a criação da Petrobras e participando da campanha contra o jornal situacionista *Ultima Hora*, de Samuel Wainer, que recebera financiamento do Banco do Brasil para funcionar. O GLOBO fez ampla cobertura do chamado atentado da Rua Tonelero, em 5 de agosto de 1954, contra Carlos Lacerda, cuja vítima foi seu acompanhante, o major-aviador Rubens Vaz, que integrava sua escolta.

O inquérito policial militar instaurado pela Aeronáutica para apontar os responsáveis ficou conhecido como "A República do Galeão", pois funcionava na Base Aérea da Ilha do Governador, e foi importante para o acirramento da campanha contra Getúlio. Acusado de ser o mandante do crime, Gregório Fortunato, chefe da guarda pessoal do presidente, foi julgado e condenado à prisão dois anos depois, em 1956. O GLOBO publicou em setembro de 1954 todo o relatório do inquérito num tabloide sob o título "O livro negro de corrupção". O suicídio do presidente Getúlio Vargas, em 24 de agosto de 1954, no Palácio do Catete, desencadeou uma onda de protestos, tendo sido O GLOBO invadido por "tropas de assalto" teleguiadas, sem ligação com a "massa popular", como definiu o jornal em editorial de primeira página.

É falsa a acusação, no entanto, de que o jornal conspirara para a derrubada de Getúlio. "Opor-se a um político não pode ser confundido com conspirar a fim de desestabilizá-lo e tirá-lo do poder", afirmaria O GLOBO anos mais tarde, em documento hoje inserido no site Memória Globo. A Rádio Globo, instalada no mesmo prédio do jornal, tinha em sua grade o programa *Parlamento em Ação*, do radialista Raul Brunini, que serviu de palanque para Carlos Lacerda, líder da UDN, então diretor da *Tribuna da Imprensa*, criticar Getúlio e enfrentar Samuel Wainer, enquanto transcorria uma CPI instalada para investigar o favorecimento do jornal *Ultima Hora* pelo Banco do Brasil.

Na edição de 25 de março de 1954, o editorial "Prestígio ao governo constitucional" se opõe à retirada do presidente do Palácio do Catete pelo Congresso. O jornal cita o argumento de "crimes de responsabilidade", apresentado por Bilac Pinto e Aliomar Baleeiro, da UDN, na tentativa de aprovar o impedimento de Getúlio, mas não se considera convencido da oportunidade do afastamento legal do presidente. O GLOBO prefere que Getúlio cumpra o mandato, até 31 de janeiro de 1956, sem interrupções. Não acha compensadora para a nação a turbulência política que seria causada pelo impeachment.

Com a morte de Getúlio, O GLOBO defende a posse do vice-presidente Café Filho. E evita, também em editorial, julgar o presidente morto ("muito cedo, ainda, para estudar-se, imparcialmente, o homem e a obra..."), para depois afirmar que ele desconhecia o atentado a Lacerda e os "delitos" de Gregório Fortunato. Na sucessão presidencial, foram lançadas as candidaturas de Juscelino Kubitschek e João Goulart, pela coligação entre PSD-PTB, e de Juarez Távora, pela UDN. Ao longo do governo de Juscelino Kubitschek, O GLOBO, em editoriais, criticou a construção de Brasília, atribuindo a inflação aos gastos do governo com suas obras, mas apoiou a implantação da indústria automobilística.

A oposição não impediu, porém, que Juscelino Kubitschek devolvesse a Roberto Marinho a concessão de televisão (para a futura TV Globo, inaugurada em abril de 1965) que Getúlio revogara e o nomeasse secretário da Comissão Nacional da Ordem do Mérito. Na sucessão de Juscelino, O GLOBO apoiou a candidatura de Jânio Quadros, que tinha como vice-presidente João Goulart, filiado ao PTB. Mas o jornal surpreendeu-se — e criticou duramente — com algumas medidas do governo Jânio na política externa, como a condecoração de Ernesto "Che" Guevara, ministro das Relações Exteriores de Cuba, e o projeto de reatamento de relações diplomáticas com os países socialistas. A renúncia de Jânio, em 25 de agosto de 1961, pegou o país de surpresa, e O GLOBO foi contra a posse de João Goulart, aceitando solução parlamentarista adotada pelo Congresso em setembro de 1961 para permitir a posse do vice-presidente.

Durante o governo João Goulart, O GLOBO permaneceu na oposição, defendendo a importância do capital estrangeiro e atacando as chamadas "reformas de base". O jornal declarou-se contrário, por exemplo, à reforma agrária, considerando o minifúndio inviável economicamente. Criticou o plebiscito de janeiro de 1963, que provocou o retorno ao regime presidencialista, e apoiou o movimento militar de março de 1964, que derrubaria o governo Goulart. Esse apoio foi dado num contexto de Guerra Fria que dividiu o mundo, a política e a opinião pública entre comunistas x capitalistas. Roberto Marinho, com sua visão liberal e empresarial (e anticomunista), sempre apoiou propostas que apontassem para o desenvolvimento capitalista em uma sociedade liberal.

No início de abril de 1964, O GLOBO defendeu a Revolução, afirmando que "o Congresso dará o remédio constitucional à situação existente, para que o país continue a sua marcha em direção a seu grande destino, sem que os direitos individuais sejam afetados, sem que as liberdades públicas desapareçam, sem que o poder do Estado volte a ser usado em favor da desordem, da indisciplina e de tudo aquilo que nos estava a levar à anarquia e ao comunismo".

No editorial "50 anos", publicado em 1975, no 50º aniversário do jornal, viu o episódio como o reencontro da nação: "Os tenentes, então generais reformados, os expedicionários, então responsáveis pela chefia das

Forças Armadas, e os líderes políticos herdeiros de tradições de várias décadas de luta pela democracia uniram-se, sob a pressão das grandes marchas populares, para uma nova revolução".

Apoiou explicitamente o marechal Castelo Branco e seu governo e o defendeu como candidato nas supostas eleições que seriam restabelecidas em 1966. Com a morte de Castelo, O GLOBO apoiou o regime editorialmente, mas sempre defendendo seus profissionais, manifestando-se contra a censura (muitas vezes por meio do noticiário), publicando matérias sobre o MDB e suas posições diante dos acontecimentos, sobre a tortura de presos políticos (ainda que de forma discreta).

Devido a estar rompido politicamente com Carlos Lacerda, nas eleições de outubro de 1965 apoiou a candidatura oposicionista de Negrão de Lima ao governo da Guanabara. Negrão, que havia sido colega de colégio de Castelo Branco e não foi importunado pelos "revolucionários". O GLOBO opôs-se à Frente Ampla, movimento oposicionista organizado por Carlos Lacerda e pelos ex-presidentes Juscelino Kubitschek e João Goulart, e permaneceu apoiando as renegociações do governo com o FMI, o Plano de Ação Econômica organizado por Roberto Campos, e o programa de austeridade monetária, aprovando a prorrogação do mandato de Castelo Branco.

Durante o governo do marechal Costa e Silva, empossado em 15 de março de 1967, o jornal, embora seguisse em seu apoio às principais teses do movimento militar de 1964, mostrou algumas reservas, tendo enfrentado uma crise quando publicou uma manchete que dizia "São Paulo à beira do caos econômico", justamente no dia em que o presidente visitava o estado. Em 1969, depois da doença de Costa e Silva (o presidente sofreu um AVC em agosto), O GLOBO publicou uma série de reportagens do assessor de imprensa do governo, Carlos Chagas, que voltara a trabalhar no GLOBO, intitulada "113 Dias de Angústia", onde relatava os meses da transição para uma junta militar que impediu a posse do vice-presidente Pedro Aleixo e assumiu interinamente o governo até outubro daquele ano. Houve uma crise política importante, e o jornal foi obrigado a publicar uma outra série, escrita por um jornalista escolhido pelos militares, dando a versão oficial dos acontecimentos.

Já no governo seguinte, do general Garrastazu Médici, o projeto econômico do ministro Delfim Netto agradou a Roberto Marinho, que também tinha uma relação pessoal com o próprio presidente e alguns de seus ministros, como o chefe do Gabinete Civil, Leitão de Abreu. Houve, porém, momentos de instabilidade na relação, especialmente quando o jornal publicava casos de desaparecimentos e torturas, críticas à censura de novelas e em especial conflitos com o ministro das Comunicações, Hygino Corsetti, o que voltou a acontecer no governo Ernesto Geisel (1974-1979) com o ministro Quandt de Oliveira.

No ano em que o movimento dos militares completou duas décadas, em 1984, Roberto Marinho publicou editorial assinado na primeira página. Nele, ressaltava a atitude de Geisel, em 13 de outubro de 1978, que extinguiu todos os atos institucionais, o principal deles o AI-5, restabeleceu o *habeas corpus* e a independência da magistratura e revogou o Decreto-Lei nº 477/1969, base das intervenções do regime no meio universitário. Destacava também os avanços econômicos obtidos naqueles vinte anos, mas, ao justificar sua adesão aos militares em 1964, deixava clara a sua crença de que a intervenção fora imprescindível para a manutenção da democracia e, depois, para conter a irrupção da guerrilha urbana. E, ainda, revelava que a relação de apoio editorial ao regime, embora duradoura, não fora todo o tempo tranquila.

Nas palavras dele: "Temos permanecido fiéis aos seus objetivos [da revolução], embora conflitando em várias oportunidades com aqueles que pretenderam assumir a autoria do processo revolucionário, esquecendo-se de que os acontecimentos se iniciaram, como reconheceu o marechal Costa e Silva, 'por exigência inelutável do povo brasileiro'. Sem o povo, não haveria revolução, mas apenas um 'pronunciamento' ou 'golpe', com o qual não estaríamos solidários".

O projeto de distensão "lenta, gradual e segura", vindo da facção liberal do regime militar, foi festejado pelo GLOBO como um processo de transição para a democracia. O jornal, porém, apoiou o fechamento do Congresso em abril de 1977 para a aprovação do chamado "Pacote de Abril", um conjunto de leis com o objetivo de fortalecer o partido governista, visto como necessário para a "boa evolução do problema institucional brasileiro".

Em 1979, aprovada a Lei de Anistia, permitindo a libertação de presos políticos e a volta de políticos exilados, O GLOBO elogiou a iniciativa. No dia do anúncio oficial do decreto da anistia, o jornal publicou em sua primeira página a íntegra do documento, que havia sido desviado do Ministério da Justiça — onde o ministro Petrônio Portella o mostrava para políticos e outras autoridades — por dois repórteres do GLOBO, Etevaldo Dias e Orlando Brito, tornando fato consumado uma decisão histórica que ainda tinha resistências no meio militar.

A publicação foi autorizada pessoalmente por Roberto Marinho. A série de atos terroristas de grupos militares, em protesto contra a aprovação da anistia, recebeu firme oposição do jornal. O GLOBO voltou a se destacar no noticiário do atentado do Riocentro, no dia 1º de maio de 1981. A reportagem do GLOBO divulgou a existência de uma segunda bomba no Puma do capitão Wilson Machado e do sargento Guilherme Pereira do Rosário, contrariando a versão oficial de que os militares teriam sido vítimas de um atentado. A residência de Roberto Marinho no Cosme Velho, no Rio, foi atacada por bombas incendiárias nesse período em que a "linha-dura" militar resistia à anistia.

No ano de 1982, com o novo sistema partidário que surgia com o fim da Arena e do MDB, os governadores passaram a ser eleitos pelo voto direto. No estado do Rio de Janeiro, a candidatura de Leonel Brizola, pelo Partido Democrático Trabalhista (PDT), ao Governo foi definida criticamente pelo GLOBO como um "fenômeno populista". O jornal apoiou o candidato do Partido Democrático Social (PDS), Moreira Franco, ex-prefeito de Niterói. Foi na apuração das eleições que surgiu o "Caso Proconsult", nome da empresa de informática contratada pela Justiça Eleitoral fluminense para processar a apuração dos votos. Eis o relato do Memória Globo:

"Tratava-se, ainda, de uma experiência nova na apuração em si, porque o Tribunal Superior Eleitoral (TSE) decidira informatizar a fase final de contagem dos votos. Muitos estados contrataram, para isso, os serviços do Serpro, empresa estatal, mas o Rio de Janeiro preferiu a Proconsult & Racimec Associados, firma privada. O lento andamento da apuração nos primeiros dias e métodos diferentes de acompanhamento da totalização dos votos seguidos por meios de comunicação cariocas, amplificados por uma visão conspiratória, tornaram O GLOBO e a TV Globo alvos de acusações de participarem de uma 'fraude' para impedir a vitória de Brizola.

Os fatos desmentiram as denúncias contra o jornal e a TV. O jornal jamais deixou de apontar a provável vitória de Brizola. No dia seguinte à eleição, 16 de novembro, O GLOBO trouxe a seguinte manchete: 'Ibope aponta vitória de Brizola'. No dia 17, 'Brizola lidera no Rio e Moreira na Baixada'. O texto informava: 'Com 551 urnas processadas no Centro de Computação do GLOBO, Moreira Franco lidera a apuração no Rio de Janeiro com 47.903 votos contra 40.864 para Miro Teixeira e 33.657 para Leonel Brizola'. O jornal destacava, ainda, que a maior parte dos votos contabilizados vinha do interior do estado e, na capital, 'onde o trabalho das Juntas [de apuração] é lento, Brizola vem liderando com boa vantagem (15.589 contra 10.996 para Moreira e 6.178 para Miro)'.

No dia 22, uma semana antes do anúncio do fim da apuração, a manchete do jornal dizia: 'Projeção das urnas apuradas dá vitória a Brizola por 144 mil votos'. E no dia 24, no alto da página, O GLOBO anunciava: 'Moreira Franco reconhece vitória eleitoral de Brizola'.

[...] O senador Saturnino Braga afirmou no Senado que a Proconsult, com o apoio das Organizações Globo, estaria manipulando as eleições, computando somente os resultados favoráveis aos candidatos do PDS e omitindo os que beneficiavam os do PDT.

No dia seguinte, indignado com a acusação, Iram Frejat, coordenador dos trabalhos de apuração no GLOBO, escreveu uma carta ao senador. O jornalista — irmão de José Frejat, candidato a deputado federal pelo PDT — apresentou-se como eleitor de Brizola e do próprio Saturnino e explicou como foi planejado o sistema de apuração do jornal. Afirmou que não houve qualquer ocultação de boletins e que os números da eleição foram apresentados na ordem e na velocidade permitidas pela apuração do TRE. Afinal, os dados em que se baseavam as análises do jornal eram retirados dos mapas das juntas do Tribunal Eleitoral [...]

No dia 27, o TRE pediu à Polícia Federal abertura de inquérito sobre o trabalho da Proconsult e aprovou a realização de uma auditoria técnica, a cargo do Serpro. No início de dezembro, a Proconsult foi considerada apta a continuar a fazer a totalização dos votos. E, em 16 de dezembro, o Serpro divulgou relatório em que considerava a operação da empresa nas eleições mal planejada e desorganizada. Os juízes do TRE terminaram concluindo que os erros não foram intencionais. [...] Todo o problema aconteceu porque Brizola, apesar das evidências, em vez de concentrar as críticas na Justiça Eleitoral e na Proconsult, as estendeu ao jornal e à TV, por motivos certamente políticos. [...] Houve uma má escolha pelo jornal de um sistema inadequado de contabilização dos votos, adotado, também por falha de planejamento, pela TV. Porém, jamais existiu qualquer atuação das Organizações Globo naquela provável tentativa de interferência no resultado das eleições".

A sucessão do general João Figueiredo foi marcada pela campanha a favor de eleições diretas para presidente da República, proposta ao Congresso pela Emenda Dante de Oliveira. O GLOBO não apoiou a campanha nacional a favor da emenda, iniciada no fim de 1983, mas, sim, a posição do governo de manter a eleição indireta, realizada pelo Colégio Eleitoral, ficando as diretas adiadas para o próximo pleito: "O reconhecimento pelo governo de uma vontade nacional de mudança, na direção única da abertura política, confere ao projeto de reforma constitucional do presidente Figueiredo uma índole democrática que nenhuma imperfeição ou omissão tópica da emenda pode desmerecer".

Na data da votação da Emenda Dante de Oliveira, O GLOBO exortou em editorial que o Congresso votasse sem levar em conta o apelo das ruas. Houve uma combinação entre dois fatores: Roberto Marinho estava convencido de que era melhor uma eleição indireta que escolhesse um civil para suceder ao último general da ditadura militar, e o governo o pressionou fortemente para não dar destaque aos atos a favor da eleição direta para presidente.

Na edição de 3 de março de 1983, a notícia da apresentação na véspera da emenda à Mesa da Câmara, pelo então desconhecido deputado Dante de Oliveira, mereceu um pequeno registro na metade inferior de uma página interna. Em editoriais, O GLOBO, embora reconhecesse que as Diretas Já tinham a preferência de "grande parte do eleitorado brasileiro", argumentava que sistemas indiretos ou mistos de preenchimento de cargos convivem com a democracia, como nos Estados Unidos. E tachou de "imprudência máxima" o estabelecimento do voto direto a apenas um ano da sucessão.

Quase um mês depois, na edição de 25 de fevereiro, a cobertura do grande comício da véspera, em Belo Horizonte, o terceiro da campanha, já mereceu foto na metade inferior da primeira página. Ampliava-se o espaço editorial dado ao tema.

O jornal informava que a Secretaria de Segurança estimara a multidão em 150 mil pessoas, e os organizadores, 300 mil. A informação constou da legenda da foto. O discurso do governador Tancredo Neves era citado na abertura do texto. Lá esteve, também, Luiz Inácio Lula da Silva, pelo PT, ao lado da cúpula do PMDB e de outros políticos. Com o avanço da contagem regressiva para a votação da emenda na Câmara, o movimento cresceu e, com ele, o destaque no GLOBO.

Na edição de 22 de março, a passeata no Rio que ocupou a Avenida Rio Branco da Candelária ao Obelisco, na Cinelândia, foi noticiada com uma chamada objetiva na primeira página ("Diretas: passeata vai da Candelária até a Cinelândia") e grande foto no alto. Em página interna, destaque para as estimativas dos organizadores e dos órgãos de segurança: como em Minas, 300 mil e 150 mil. No início de abril, o maior comício da campanha, na Candelária, no Rio, teve cobertura e edição condizentes com a importância do fato.

O tema foi manchete do jornal ("Cidade faz por diretas seu maior comício") e recebeu ampla foto e três páginas internas. Numa delas, o título: "Foi a maior concentração política da história da cidade". Como virou praxe no jornal e em toda a imprensa profissional, foram publicadas várias estimativas de público: de 368 mil, segundo "um especialista em estudos antropométricos", a 1,2 milhão, número dos organizadores, passando por 400 mil, do SNI, "informalmente"; 500 mil, do Ministério da Justiça, e entre 750 mil e 800 mil, da Polícia Militar. No dia anterior ao da votação, 24 de abril, Figueiredo decretou estado de emergência em Brasília e em dez municípios próximos de Goiás, e nomeou o general Newton Cruz, chefe do Comando Militar do Planalto, "linha-dura", o responsável por sua execução. O governo temia manifestações populares que aumentassem ainda mais a dissidência no PDS, partido da situação, a favor das Diretas.

A primeira página do GLOBO destacou as manifestações "em todo o país" pela volta das diretas e outros fatos importantes da véspera. Entre elas, um cerco da PM ao Congresso e a censura ao noticiário das TVs e rádios. No noticiário da derrota, na segunda edição desse mesmo dia, informações sobre a ação da censura. No editorial "O despertar do presidente", o jornal apoia a emenda Figueiredo e se diz convencido de que, qualquer que seja o resultado naquele dia, "será recebido pelo país com naturalidade e maturidade de ânimo".

A Emenda Dante de Oliveira não foi aprovada na Câmara dos Deputados por falta de apenas 22 votos. Passado um dia, na edição de 27 de abril, em editorial de primeira página ("A lição do povo"), O GLOBO elogia a demonstração madura de espírito democrático do povo, apesar do desfecho "frustrante e amargo para tantos milhões de brasileiros [...]". E faz dura crítica aos abusos do general Newton Cruz: "Em contraste com o comportamento impecável das multidões, o país assistiu estarrecido aos desmandos de autoritarismo, vizinhos da histeria, que constrangeram e humilharam a população de Brasília e arredores a partir de um precipitado e descabido uso de medidas de emergência. Grotescos e humilhantes interrogatórios nos pontos de chegada à capital, brasileiros tratados em sua terra como se fossem estrangeiros, invasões, prisões arbitrárias, demonstrações de vã arrogância — ao ponto de controlar-se o trânsito com fuzis para silenciar buzinas —, excessos na censura à televisão e ao rádio com o radicalismo primário que denuncia o deplorável despreparo dos executores da exceção".

O jornal critica, também, a possibilidade da prorrogação da censura. O ambiente se desanuviaria aos poucos. Após a derrota da emenda, em 25 de abril de 1984, O GLOBO passou a defender ainda mais enfaticamente a proposta do presidente Figueiredo, entendendo-a como a única possibilidade de negociação entre o governo e a oposição. Em 7 de outubro de 1984, no editorial "O julgamento da revolução", publicado na primeira página, Roberto Marinho fez um balanço da atuação de seu jornal durante os anos do autoritarismo e concluiu:

"Não há memória de que haja ocorrido aqui, ou em qualquer país, que um regime de força, consolidado há mais de dez anos, se tenha utilizado de seu próprio arbítrio para se autolimitar, extinguindo os poderes de exceção, anistiando os adversários, ensejando novos quadros partidários, em plena liberdade de imprensa. É esse o maior feito da Revolução de 64."

Meses mais tarde, a escolha de Tancredo Neves para concorrer com Paulo Maluf na disputa pela Presidência da República pela via indireta recebeu o apoio do jornal, que via sua candidatura como uma garantia de transição sem riscos. O GLOBO classificou-o de "O mensageiro da conciliação". O vice-presidente José Sarney recebeu o apoio do jornal quando assumiu a Presidência da República em caráter definitivo com a morte, em 21 de abril de 1985, de Tancredo Neves. O GLOBO passou a identificá-lo como continuador da obra de Tancredo, "timoneiro munido das credenciais necessárias" para manter a sustentação política da Nova República. O GLOBO deu total apoio ao Plano Cruzado, implementado por Sarney, visto como a "reforma mais importante da História do país".

No período em que a Assembleia Nacional Constituinte funcionou, iniciado em 1º de fevereiro de 1987, O GLOBO, apoiando a opinião do presidente José Sarney de que o país se tornaria ingovernável, criticou a "prodigalidade nociva" dos capítulos referentes aos direitos sociais, afirmando em editorial que "a Constituinte preocupa-se mais com benesses e favores trabalhistas excessivos e menos com medidas que impulsionem nossa economia". Também acusou os parlamentares de colocarem o Brasil na "contramão da História", ao dificultar a entrada do capital estrangeiro.

A proposta parlamentarista foi considerada golpismo, conforme o editorial de 19 de novembro de 1987, onde se lê: "Os atuais congressistas foram eleitos para exercer funções legislativas, mas não para eleger e depor, de forma indireta, o chefe do Poder Executivo". Na promulgação da nova Constituição, em 5 de outubro de 1988, O GLOBO afirmou que ela exprimia a recuperação da cidadania, parabenizando-a por ter sido "moldada sobre a soberania popular".

O descontrole da economia, como não poderia deixar de ser, dominou a campanha presidencial de 1989. Os últimos meses da disputa mostraram a tentativa do GLOBO de descobrir um candidato que pudesse derrotar os dois únicos que não gostaria de ver no Palácio do Planalto: Lula e Brizola. O GLOBO deu força ao discurso de um dos candidatos, Mário Covas, do PSDB, sobre a necessidade de um "choque de capitalismo" no país; deu destaques variados a candidatos como Afif Domingues e Aureliano Chaves, enquanto o candidato do Partido da Reconstrução Nacional (PRN), Fernando Collor, crescia nas pesquisas de opinião.

O apoio formal do GLOBO a Collor só aconteceu no momento em que ficou claro que ele era o único candidato capaz de derrotar a esquerda. Com a vitória de Collor no primeiro turno, O GLOBO explicitou seu apoio. No editorial "O teste decisivo", publicado após o debate final entre os candidatos, O GLOBO fez um apelo em prol do voto "em quem revelou o discernimento, a segurança e a capacidade de liderança indispensáveis ao próximo presidente da República: Fernando Collor de Mello".

Tendo obtido o segundo lugar, o candidato petista Luiz Inácio Lula da Silva seria o adversário de Collor no segundo turno. Às vésperas do último debate eleitoral, as acusações de Miriam Cordeiro, ex-namorada de Lula, de que teria sido pressionada para abortar a filha Lurian, receberam grande destaque no jornal. A eleição de Collor foi tachada como "a mais limpa e livre jamais levada a efeito no Brasil", representando um avanço na política brasileira: "Ele prega o restabelecimento da eficácia de um Estado mais magro e mais ágil como a única via para alcançar a justiça social. Quer abrir os portos, dinamizar as trocas, aumentar a produção e a produtividade com base na maior liberdade em empreender e pretende encontrar saídas para os pontos de estrangulamento pela via do diálogo e da inserção do país na comunidade das grandes potências econômicas".

A posse de Fernando Collor, em 15 de março de 1990, trouxe surpresas como a apresentação de seu plano econômico, que, apesar dos aspectos recessivos, como a limitação de saques nos bancos, foi apoiado pelo GLOBO, que preferiu valorizar o incentivo às privatizações, à reforma administrativa e a uma nova visão sobre o desenvolvimento econômico, com ampla participação do capital estrangeiro, uma defesa histórica do jornal.

A partir de outubro de 1991, O GLOBO passou a noticiar mais abertamente a série de denúncias de corrupção que surgiam, culminando em 24 de maio de 1992 com a entrevista de Pedro Collor à revista *Veja*, sobre um esquema de corrupção coordenado no interior do governo pelo assessor Paulo César Farias, a mando do presidente. No mês seguinte, o Congresso Nacional instalou uma Comissão Parlamentar de Inquérito (CPI) para investigar as denúncias do irmão de Collor. O GLOBO passou a criticar o governo a partir da cobertura das manifestações públicas de repúdio ao presidente, iniciadas em agosto de 1992, com uma grande participação de jovens conhecidos como "caras-pintadas".

Foi uma reportagem do GLOBO, de Jorge Bastos Moreno, confirmando que uma Fiat Elba de Collor havia sido comprada por um "laranja" de PC Farias, que colocou a pá de cal na crise. Dias após a conclusão dos trabalhos da CPI, em 1º de setembro de 1992, O GLOBO manifestou-se dizendo: "Caso vingue o processo de impeachment, o Brasil não poderá voltar as costas aos avanços significativos que já fizemos na direção de um país moderno, eficiente e, por isso, justo. O atual programa de governo, em suas linhas gerais, representa mais que uma opção correta: ele é a única escolha para uma sociedade que não se conforma com a estagnação e a miséria. Portanto, transcende as pessoas e os partidos".

O GLOBO apoiou o governo Itamar Franco, iniciado em outubro de 1992, após o afastamento de Collor, mas cautelosamente. Não havia uma linha coerente no Ministério da Fazenda, onde ministros se sucediam. Em abril de 1993, a convocação de um plebiscito sobre forma e sistema de governo, em que se discutiu o parlamentarismo, o presidencialismo e a monarquia, não mobilizou a população, e O GLOBO interpretava, no editorial "O voto da desconfiança", as razões do desinteresse: "Desta vez não houve disfarce possível. O que aconselharia antes de mais nada a liberação dessa forma civilizada de protesto. Sendo um direito, o voto não deveria ser nunca uma obrigação".

O novo ministro da Fazenda, Fernando Henrique Cardoso, reuniu um grupo de economistas da PUC-Rio para elaborar o que ficou conhecido como o Plano Real, que contou com o apoio do jornal — O GLOBO considerou que "os mercados e a sociedade é que na verdade determinarão a fase de transição. A discussão prévia sobre as regras de conversão e a postura não intervencionista do governo devem contribuir para que esse período seja breve e a URV possa rapidamente se transformar na moeda nacional". A adoção do real como moeda corrente, em 1º de julho de 1994, teve o apoio do GLOBO, que fez questão de marcar, em editorial, a diferença entre essas medidas e os antigos pacotes econômicos.

A condição essencial para a manutenção da estabilidade econômica residiria ainda "nas grandes reformas modernizadoras que deveriam ter sido feitas na revisão constitucional". Para O GLOBO, o país saía naquele momento do "quadro de calamidade pública" deixado pela inflação. O sucesso do Plano Real levou o ministro Fernando Henrique Cardoso a se tornar candidato à Presidência e principal concorrente de Lula, que liderava as pesquisas de opinião. Em 3 de outubro, O GLOBO anunciava o resultado da pesquisa de boca de urna do Ibope ("FH será presidente"), indicando, assim, a definição da eleição presidencial já no primeiro turno.

O GLOBO apoiou o esforço do governo Fernando Henrique Cardoso para realizar reformas estruturais, como a flexibilização dos monopólios, a extinção de privilégios nas aposentadorias especiais e a reforma administrativa, que acabaria com a estabilidade dos funcionários públicos. Fernando Henrique foi eleito duas vezes em primeiro turno, mas no segundo mandato teve que desvalorizar o real imediatamente depois de reeleito, o que feriu a credibilidade de seu governo.

A partir de então, e enfrentando diversas crises econômicas internacionais, o governo tucano superou muitos problemas, mas chegou à eleição presidencial de 2002 sem o apoio popular necessário para eleger seu candidato, José Serra, derrotado pelo candidato do PT, Lula. Ainda em seu primeiro mandato, Lula enfrentou uma crise de desconfiança com as denúncias sobre corrupção no Congresso para dar apoio ao governo. O episódio foi o ponto de inflexão de seu mandato. Até aquele momento, em 2005, o governo Lula "não roubava nem deixava roubar", na definição do então ministro-chefe do Gabinete Civil, José Dirceu, depois identificado pelo procurador-geral da República como o chefe de uma quadrilha que, de dentro do Palácio do Planalto, organizou a compra de partidos políticos para dar apoio ao governo no Congresso, o chamado mensalão.

No dia em que o publicitário Duda Mendonça, autor do personagem "Lulinha, Paz e Amor" que foi eleito em 2002, confessou na CPI que recebera dinheiro ilegal em um paraíso fiscal como pagamento da propaganda para a campanha presidencial vitoriosa, houve choro e ranger dos dentes no Congresso. Foram meses com o fantasma do impeachment rondando mais uma vez o Palácio do Planalto, e houve até mesmo uma tentativa de acordo levada a cabo pelos então ministros Antonio Palocci, da Fazenda, e Márcio Thomaz Bastos, da Justiça, para que a oposição não insistisse no processo, com a contrapartida de Lula desistir da reeleição.

A oposição, na definição do ex-presidente Fernando Henrique Cardoso, não tinha "gosto de sangue" na boca e temeu a ameaça de que os chamados "movimentos sociais" sairiam às ruas para defender o mandato de Lula. O próprio Fernando Henrique dizia que não era inteligente criar "um Getúlio vivo", referindo-se ao episódio do suicídio de Getúlio Vargas, que reverteu o estado de espírito da população a favor do presidente morto. Lula reverteu a percepção do povo brasileiro de maneira espetacular, sem precisar de gestos extremos, e foi reeleito em 2006.

O julgamento do caso só aconteceria nove anos depois de os fatos ocorrerem, sete anos depois de denunciados e cinco depois do início do processo. No editorial "O mensalão e os ensinamentos do presente", de novembro de 2012, O GLOBO, que deu ampla cobertura a todo o processo, lembrava que "Não é preciso distanciamento histórico para se dimensionar a importância da punição de personagens poderosos da política atual, algo raro neste país". Foi uma espécie de fecho nada dourado à era Lula, trazendo de volta à memória dos brasileiros os dias tumultuados de 2005, que quase interromperam a trajetória vitoriosa do então governante, que chegara à Presidência da República em 2003 depois de ter perdido nada menos que três eleições seguidas, duas das quais, no primeiro turno, para Fernando Henrique Cardoso.

A complexidade da trama fez o julgamento durar quatro meses. Formou-se uma consistente maioria no plenário do Supremo Tribunal Federal (STF) pela condenação de boa parte dos réus (25 foram condenados, 12 absolvidos, e o ex-ministro Luiz Gushiken, retirado do processo por unanimidade). O julgamento do mensalão pelo Supremo Tribunal Federal trouxe definições fundamentais para o aperfeiçoamento da democracia brasileira: a de que houve compra de apoio político no Congresso, inclusive com dinheiro público, por parte do Executivo, e a de que essa prática coloca em risco o equilíbrio entre os Poderes da República. O decano do Supremo Tribunal Federal, ministro Celso de Mello, pronunciou um dos votos mais importantes não só do processo em análise, mas da história da Corte, ao estabelecer que "o Estado brasileiro não tolera o poder que corrompe nem admite o poder que se deixa corromper", enquadrando o julgamento na ótica da preservação da República.

A maioria do plenário concordou que o que houve foi compra de apoio político, e não caixa dois eleitoral, tese que o governo defendia desde 2005, quando o escândalo estourou. Formou-se, nos últimos tempos, o que pode ser comparado a uma "tempestade perfeita" em favor do aperfeiçoamento de nossas instituições democráticas. A Lei da Ficha Limpa, aprovada por pressão direta da sociedade sobre o Congresso, criou as bases para uma gradativa seleção dos candidatos.

Depois dos oito anos de mandato de Lula, ele empenhou-se para eleger como sucessora sua ministra da Casa Civil, Dilma Rousseff. Ela foi eleita em 2010 e reeleita em 2014 por uma diferença de votos pequena em relação ao candidato do PSDB, Aécio Neves, o que já demonstrava o desgaste do governo petista com uma administração catastrófica, e os primeiros momentos do que acabou sendo a maior campanha de combate à corrupção acontecida no país, a Operação Lava-Jato, criada para investigar um grande esquema de cobrança de propina e lavagem de dinheiro envolvendo a Petrobras, o chamado petrolão. A Lava-Jato teve o apoio decisivo do jornal. Tudo, porém, começaria a ser demolido anos depois.

Lula foi classificado pelos promotores da Lava-Jato como "o comandante máximo do esquema de corrupção da Petrobras" ou "o verdadeiro maestro dessa orquestra criminosa", o esquema de corrupção que foi montado em seu governo desde o mensalão até o petrolão. A Justiça brasileira levou quase dez anos para ter condições políticas de denunciar o ex-presidente Lula como chefe da quadrilha, que todo mundo sabia que era, desde o início, no mensalão. Agora ficara demonstrado que mensalão e petrolão eram a mesma coisa — um prosseguimento do mesmo esquema de corrupção montado pelo PT no Palácio do Planalto, que não poderia funcionar sem que Lula fosse o chefe.

A denúncia dos procuradores de Curitiba foi contextualizada dentro de um esquema de corrupção que teria três objetivos: montar uma base política no Congresso, a perpetuação no poder e o enriquecimento ilícito de lideranças políticas. O que o ministro do Supremo Tribunal Federal Gilmar Mendes chamaria de "cleptocracia".

O apartamento triplex no Guarujá e o armazenamento de pertences pessoais de Lula por cinco anos, a cargo da empreiteira OAS, seriam parte desse esquema, e não apenas eles. Lula ainda foi denunciado pelo pagamento de palestras que foram superfaturadas e, em alguns casos, nem existiram; pelo lobby a favor de empreiteiras em países amigos; e pelo sítio em Atibaia, que também teve outra empreiteira, a Odebrecht, a fazer reformas e melhorias.

Essas e outras denúncias foram reforçadas pelas delações premiadas de Léo Pinheiro, da OAS, e Marcelo Odebrecht. O editorial do GLOBO "O ajuste de foco nas manifestações" (18 de agosto de 2015) definiu assim a situação: "É como se o ex-presidente fosse retirado do altar de 'líder popular', do qual pôde observar de altura segura todo o desenrolar do escândalo do mensalão, até o julgamento e a condenação de petistas ilustres e próximos a ele. Isso mudou com a Lava Jato e as evidências de sua extrema proximidade de empreiteiras envolvidas no petrolão, junto às quais abiscoitou alguns milhões em alegadas palestras", diz o texto.

Enquanto se desenrolava a Operação Lava-Jato, o governo Dilma aprofundou a crise econômica. Tentou fazer um cavalo de pau chamando o economista liberal Joaquim Levy para o Ministério da Fazenda, provocou passeatas populares de protesto (as mais memoráveis em junho de 2013), foi denunciado por manobras fiscais que feriram a Lei de Responsabilidade Fiscal, acusado de crimes de responsabilidade que levaram ao impeachment da presidente em 2016. O GLOBO apoiou o processo — no editorial "Não faltam provas para o impeachment de Dilma" (25 de agosto de 2016), destacou que foi dado "todo espaço à defesa, mas que não consegue responder, sem deixar dúvidas, às acusações de crimes de responsabilidade" —, assim como a posse do vice, Michel Temer.

O novo governo começou no mesmo dia do resultado oficial do impeachment, e Temer viajou para a China com plenos poderes para representar o Brasil na reunião do G20. Antes mesmo de haver um processo de impeachment, o grupo de Temer no PMDB lançou um programa, organizado pelo ex-governador do Rio, Moreira Franco, chamado "Ponte para o Futuro", que foi considerado uma traição por parte dos apoiadores de Dilma Rousseff.

Depois de empossado, Temer assumiu o programa, que previa diversas reformas estruturais, como a da Previdência Social e a Trabalhista, esta última aprovada ainda em seu governo. A Previdenciária estava praticamente aprovada quando foi paralisada no Congresso devido a problemas políticos de Temer. O presidente foi gravado em uma conversa à noite, no Palácio da Alvorada, com o empresário Joesley Batista, em que discutiram a necessidade de manter o bom relacionamento com o ex-deputado Eduardo Cunha, que estava preso na ocasião. A conversa foi gravada em um acordo entre o procurador-geral da República, Rodrigo Janot, e o empresário, como parte de uma delação premiada.

Lauro Jardim, colunista do GLOBO, teve acesso a essa gravação e a divulgou com exclusividade em seu blog na noite de 17 de maio de 2017. Conforme editorial do jornal, "A renúncia é uma decisão unilateral do presidente. Se desejar, não o que é melhor para si, mas para o país, esta acabará sendo a decisão que Michel Temer tomará". O texto prossegue: "É o que os cidadãos de bem esperam dele. Se não o fizer, arrastará o Brasil a uma crise política ainda mais profunda que, ninguém se engane, chegará, contudo, ao mesmo resultado, seja pelo impeachment, seja por denúncia acolhida pelo Supremo Tribunal Federal". O GLOBO lembra ainda que "apoiou desde o primeiro instante o projeto reformista do presidente Michel Temer, mas a crença nesse projeto não pode levar ao autoengano, à cegueira, a virar as costas para a verdade". Temer escapou de dois pedidos de impeachment, mas perdeu a capacidade de governar efetivamente.

Condenado em julho de 2017, a confirmação de que o então ex-presidente Lula não poderia concorrer a nenhum cargo público veio com seu julgamento em segunda instância em Porto Alegre, no dia 24 de janeiro de 2018. Como o julgamento ocorreu antes da data-limite de inscrição de candidatura nas eleições daquele ano (15 de agosto), Lula ficou impossibilitado, pela Lei da Ficha Limpa, de concorrer. Apesar disso, o PT insistiu em anunciar a pré-candidatura e a inscrição de Lula como candidato a presidente da República. A defesa do ex-presidente chegou a solicitar *habeas corpus* no Supremo Tribunal Federal, que negou o pedido. No dia 7 de abril de 2018, o ex-presidente Lula foi preso para cumprir a pena de doze anos e um mês por corrupção e lavagem de dinheiro na Operação Lava-Jato.

Por meio de reformas em um triplex, Lula teria lavado a propina recebida da construtora Odebrecht, beneficiada por contratos na Petrobras. Para O GLOBO, a condenação inédita de um ex-presidente da República, diante de tantas provas, reafirmava "a vigência do Estado democrático de Direito" e "o ponto mais alto de um processo de limpeza ética por que passa a vida pública do país, a partir do fortalecimento de instituições do Estado". Lula liderava a corrida presidencial, segundo as pesquisas da época: enquanto tinha 39% das intenções de voto, Bolsonaro aparecia com 22%.

Em um mês, a eleição teve uma reviravolta. Na madrugada do dia 1º de setembro, o Tribunal Superior Eleitoral (TSE) negou o registro de candidatura de Lula ao cargo de presidente da República, dando dez dias para o PT definir um novo candidato. Cerca de uma semana depois, no dia 6 de setembro de 2018, o candidato à Presidência Jair Bolsonaro sofreu um atentado à faca numa manifestação da campanha eleitoral em Juiz de Fora. O autor do ataque, Adélio Bispo de Oliveira, foi preso, confessou o crime à Polícia Federal, e a investigação provou que ele agira por conta própria.

No dia 1º de outubro de 2018, a menos de uma semana para o primeiro turno das eleições, o juiz Sergio Moro liberou parte da delação premiada de Antonio Palocci, ex-ministro da Fazenda de Lula e também ministro da Casa Civil de Dilma Rousseff. O PT acusou Moro de ter motivações políticas nessa liberação para prejudicar Fernando Haddad, o candidato petista à Presidência. O juiz, por sua vez, alegou que retirou o sigilo das declarações por entender que tal ato não prejudicaria o andamento das investigações. Em editorial no dia 3 de outubro, O GLOBO lembrou que a atitude recordava a liberação de conversa grampeada ilegalmente pelo mesmo Moro entre Lula e Dilma em 2016, "agora com evidências de tentativa de interferência no primeiro turno das eleições presidenciais". No mesmo texto, criticava outro ato contaminado de "intenções políticas": a "estranha permissão dada pelo ministro do Supremo Ricardo Lewandowski para que o ex-presidente Lula, preso, condenado por corrupção e lavagem de dinheiro, desse entrevista à *Folha de S.Paulo* com base no argumento da defesa da liberdade de expressão".

Como Bolsonaro, internado, não pôde participar dos debates, eles não aconteceram pela segunda vez desde a redemocratização do país (a primeira foi em 1998, quando Fernando Henrique Cardoso, muito à frente de outros candidatos nas pesquisas, recusou-se a participar). A razão alegada para a ausência foi a bolsa intestinal que Bolsonaro teve que usar após as duas cirurgias feitas em seu abdômen em decorrência do atentado sofrido no mês anterior.

Eleito no segundo turno com 55,13% dos votos válidos, o candidato do PSL superou o petista em 16 estados. O superministério da Economia, liderado por Paulo Guedes, agregava os ministérios da Fazenda, do Planejamento e da Indústria e Comércio. A nomeação de Sergio Moro para o Ministério da Justiça e Segurança Pública teve imenso impacto político, reafirmando a posição do presidente eleito de apoio à Operação Lava-Jato de combate à corrupção. Houve, porém, quem visse na nomeação a confirmação de que Moro assumira uma posição política ao determinar a prisão de Lula para favorecer Bolsonaro. O GLOBO entendeu a escolha como positiva, destacando em editorial que "O Estado brasileiro pode ter começado a se estruturar para de fato fazer frente às máquinas da criminalidade que atuam no Brasil, fora e dentro da esfera pública. Da corrupção ao tráfico de drogas".

O desenrolar do governo, porém, mostraria que Bolsonaro estava mais preocupado em defender-se e à sua família das acusações de corrupção do que propriamente combatê-la. Outra característica de seu governo foi a militarização do primeiro escalão. Seis dos 22 ministérios foram ocupados por militares, da ativa ou da reserva. Os diversos escalões do governo chegaram a ter mais de 6 mil militares em vários cargos.

O site The Intercept Brasil, a partir de 9 de junho de 2019, passou a divulgar, com outros órgãos da imprensa, transcrições atribuídas a um hacker que invadira os celulares de procuradores de Curitiba e do então juiz Sergio Moro. Essas transcrições indicavam que o chefe de procuradores, Deltan Dallagnol, e o juiz da Lava-Jato trocavam informações sobre o transcorrer das investigações, o que sempre foi negado por eles, que não reconheceram a autenticidade das transcrições. Em 24 de julho de 2019, a Polícia Federal prendeu o hacker responsável pela invasão, Walter Delgatti. A chamada "Vaza-Jato" teve repercussão, e as investigações perderam o apoio de ministros dos tribunais superiores. O ministro do STF Gilmar Mendes, que anteriormente fora um dos grandes defensores da Lava-Jato e chamara o governo Lula de uma "cleptocracia", classificou Moro como "chefe da Lava-Jato" e disse que "...eles anularam a condenação do Lula".

A Vaza-Jato teve repercussão em outro nível. O Supremo Tribunal Federal (STF) em 2019, no julgamento das Ações Declaratórias de Constitucionalidade nº 43, 44 e 54, declarou a constitucionalidade do Art. 283 do CPP, consolidando o entendimento de ser inaplicável a execução provisória da pena após a condenação em segundo grau, numa reviravolta de uma decisão ao contrário tomada em 2016. Essa mudança de posição dos ministros do Supremo beneficiou diretamente o ex-presidente Lula, que foi solto após cumprir 580 dias de prisão na Superintendência da Polícia Federal de Curitiba/PR.

O governo de Jair Bolsonaro foi baseado na tentativa de criar um clima no país que permitisse a continuidade do presidente mesmo que ele viesse a ser derrotado no pleito de 2022, contra Lula, já liberado de suas condenações pelo Supremo, que, a partir de uma iniciativa do ministro Gilmar Mendes, levou o ex-juiz Sergio Moro à condenação de parcialidade nos julgamentos em que condenou Lula. Os processos do ex-presidente e da maioria absoluta dos réus da Lava-Jato foram anulados ou arquivados por decurso de prazo. O desmonte da maior operação contra a corrupção da História brasileira foi tema de diversos editoriais, como o de outubro de 2024: "Com todos os seus equívocos, a Lava-Jato teve o mérito de expor ao país como o dinheiro do contribuinte se esvai, para benefício de poucos e prejuízo de muitos. [...] Ainda que possa ter base jurídica, o desmonte da Lava-Jato no STF só faz incentivar a leniência com corruptos".

O presidente Bolsonaro dedicou-se durante seu governo a antagonizar o Supremo Tribunal Federal, em especial o ministro Alexandre de Moraes, que preside o inquérito das *fake news* e tornou-se o responsável por todos os processos ligados a ele, o que o fez algoz dos influenciadores bolsonaristas que espalhavam notícias falsas e alvo principal dos governistas. A base da campanha de *fake news* foi a premissa de que as urnas eletrônicas não eram confiáveis. Bolsonaro dizia que vencera a eleição de 2018 no primeiro turno e que na eleição de 2022 poderia haver fraude se não houvesse voto impresso para conferência.

O jornal colocou-se desde o princípio contrário à desconfiança, publicando reportagens e artigos de especialistas que mostravam a segurança das urnas e de todo o processo eleitoral. Ao mesmo tempo, criticava em editoriais a postura do governo Bolsonaro e o perigo representado pelas *fake news*: "É legítimo levantar dúvidas sore o processo eleitoral por desconhecimento e preocupação com a lisura das eleições. Nesses casos, campanhas de esclarecimento são essenciais. Mas insistir em disseminar mentiras e falácias para questionar a legitimidade do voto é diferente. É crime contra a democracia", alertava em agosto de 2021. Em resposta, Bolsonaro ameaçou não renovar a concessão da TV Globo. Não havia base legal para tal, e as concessões das televisões brasileiras foram renovadas normalmente, entre elas, a da Globo.

Derrotado no segundo turno da eleição presidencial por uma diferença mínima, Bolsonaro levou 44h para fazer o primeiro pronunciamento, mas não reconheceu explicitamente a derrota. "A sociedade não pode ser chantageada por antidemocratas que não aceitam as regras do jogo, a não ser quando vencem", afirmava o editorial do dia 1º de novembro de 2022, que dizia ainda ser hora de "apaziguar os ânimos e seguir em frente", enquanto alertava: "Não há espaço para contestação de resultados, muito menos para aventuras golpistas".

Bolsonaro também não pediu que seus apoiadores desarmassem os acampamentos montados em frente aos quartéis pelo Brasil, especialmente em Brasília, em frente ao Comando do Exército. Foi desse acampamento que partiram os bolsonaristas em direção à Praça dos Três Poderes, no dia 8 de janeiro de 2023, ação que ficou caracterizada como uma tentativa de criar um clima de insurreição no país. Os prédios do Congresso, do Supremo e do Palácio do Planalto foram invadidos e depredados pelos populares. A leniência com que os policiais militares trataram os baderneiros foi caracterizada depois como parte de um plano para provocar a intervenção dos militares. O Alto Comando das Forças Armadas não aderiu ao movimento, que fracassou.

O repúdio ao mais violento ataque às instituições brasileiras desde a redemocratização, nos anos 1980, e a defesa inflexível da democracia foram temas recorrentes nos editoriais do GLOBO, assim como o respeito às opiniões divergentes, os pedidos de investigação e a punição dos golpistas. "A democracia sobreviveu, mas riscos persistem — Sem revanchismo, omissões e conivência diante de ataques golpistas precisam ser investigadas" (15 de janeiro de 2023).

Tentativa de assassinato dos integrantes da chapa eleita e de ministros do Supremo Tribunal Federal, monitoramento de personalidades políticas e utilização de um plano golpista foram sendo descobertos durante as investigações da Polícia Federal, que indiciou o ex-presidente Jair Bolsonaro, o general Braga Netto (candidato a vice na sua chapa em 2022) e mais 32 pessoas por tentativa de golpe, posteriormente denunciados pela Procuradoria-Geral da República. O plano era denominado "Punhal Verde e Amarelo".

Em editorial, no dia 20 de fevereiro de 2025, O GLOBO afirmava que "Denúncia contra Jair Bolsonaro é sólida e gravíssima", observava que o processo fora fortemente construído sobre delações, arquivos, manuscritos, áudios e depoimentos, e que deveria ser conduzido com "a serenidade necessária para que tenha um desfecho justo".

Em 26 de março, a Primeira Turma do Supremo Tribunal Federal decidiu, de forma unânime, tornar réus Bolsonaro e mais sete aliados por tentativa de golpe de Estado, um caso histórico destacado em editorial ("Nunca antes um ex-mandatário foi acusado formalmente de tentar acabar com o Estado democrático de Direito"). O texto também voltou a lembrar a contundência das provas: "Conspiração houve, não resta dúvida. Apenas os fatos reconhecidos pelos ex-chefes militares já bastariam para que Bolsonaro e os demais réus fossem julgados por crimes contra a democracia".

Merval Pereira é comentarista da GloboNews e da CBN e colunista do GLOBO, onde entrou em 1968, como repórter estagiário, tendo sido, entre outras funções, editor nacional, editor-chefe, diretor da sucursal de Brasília, diretor de Redação e diretor-executivo do Infoglobo. Foi diretor de Jornalismo de Mídia impressa e rádio das Organizações Globo. Ocupa a cadeira 31 da Academia Brasileira de Letras e foi presidente da instituição entre 2022 e 2025.

Bibliografia

BIAL, Pedro. *Roberto Marinho*. Rio de Janeiro: Zahar, 2004.

CARVALHO, Maria Alice R. de. *Irineu Marinho: imprensa e cidade*. São Paulo: Globo Livros, 2012.

LEAL, Eduardo e MOLTALVÃO, Sérgio. *Projeto Memória Globo*: CPDOC-FGV.

NOSSA, Leonencio. *Roberto Marinho: o poder está no ar — do nascimento ao Jornal Nacional*. Rio de Janeiro: Nova Fronteira, 2019.

RODRIGUES, Ernesto. *A Globo*: *hegemonia*. Belo Horizonte: Editora Autêntica, 2024. v. 1.

Este livro, composto na fonte Fairfield,
foi impresso em papel Ivory Slim 65g/m² na Leograf.
São Paulo, junho de 2025.